BASTEI
LÜBBE

Über den Autor:

Heinrich Thies, geboren 1953 als Bauernsohn in Hademstorf (Niedersachsen), studierte Germanistik, Politikwissenschaft, Philosophie und Journalistik. 1989 wurde er Redakteur, 1995 Reporter bei der *Hannoverschen Allgemeinen Zeitung*. 2001 erschien sein Buch *Geh aus, mein Herz, und suche Freud.*

HEINRICH THIES

WENN HITLER TOT IST, TANZEN WIR

DAS LEBEN DER HILDE HEART

BASTEI LÜBBE

BASTEI LÜBBE TASCHENBUCH
Band 64216

1. Auflage: Juli 2006

Die Namen einiger Haupt- und Nebenfiguren sowie verschiedene Einzelheiten, die Rückschlüsse auf deren Identität zuließen, wurden aus Gründen des Persönlichkeitsschutzes verändert.

Vollständige Taschenbuchausgabe

Bastei Lübbe Taschenbücher in der Verlagsgruppe Lübbe

Dieses Werk wurde vermittelt durch
die Literarische Agentur Thomas Schlück GmbH,
30827 Garbsen.
Lizenzausgabe: Verlagsgruppe Lübbe GmbH & Co. KG,
Bergisch Gladbach
Umschlaggestaltung: HildenDesign, München
Fotos S. 220, 221 und 224: privat
Titelbild: © Leonard McCombe/getty-iamges und
Eigenarchiv HildenDesign
Satz: UMP Utesch Media Processing GmbH, Hamburg
Druck und Verarbeitung: Ebner & Spiegel, Ulm
Printed in Germany
ISBN-10: 3-404-64216-3
ISBN-13: 978-3-404-64216-6 (ab 1.1.2007)

Sie finden uns im Internet unter
www.luebbe.de

Der Preis dieses Bandes versteht sich einschließlich
der gesetzlichen Mehrwertsteuer.

Inhalt

Dank

Ich danke allen, die mich bei den Recherchen unterstützt und mir mit Tipps und Hilfestellungen zur Seite gestanden haben. In erster Linie gilt mein Dank Else Hunt, die mir trotz schwerer Krankheit einen tiefen Einblick in ihr Leben gewährt hat. Wertvoll waren auch die Briefe und Gespräche von Teresa Chabasinska, der Nichte von Eugeniusz Leśniewski. Auch Detlef Gieseke, der mich auf die Idee zu der Geschichte brachte, bin ich zu Dank verpflichtet.

Ferner danke ich vor allem Vera Kölbetz, Wolfgang Brandes, Karl Lietge (Niedersächsische Landeszentrale für politische Bildung), Martin Michalski, Maria Muchka (»Walsroder Zeitung«), Jill Neale (Southampton), Joachim Wook, meinen polnischen Helfern Karol Poliński (»Gazeta Pomorska«), Piotr Pawlak, Mira Stojak-Leśniewski und Jarosław Porazinski (Staatsarchiv Toruń) – und nicht zuletzt meiner Frau Gabriele Schulte. Ebenso danke ich meinem Lektor Jens Petersen für die fruchtbare Zusammenarbeit.

Hilfreiche Anregungen habe ich dem Film »Für eine Liebe so bestraft« (WDR, 2000) von Erika Fehse entnommen.

Prolog: Wiedersehen im Wartezimmer

Das Gesicht war ihr gleich bekannt vorgekommen. Diese hohe Stirn. Die ausgeprägte Kartoffelnase. Die starken Wangenknochen. Der schwermütige Blick unter den dicken Brillengläsern. Und dann die großen Hände, Hände wie Schaufeln. Bauernhände. Unwillkürlich hatte sie dem Mann mit den schlohweißen Haaren zugenickt wie einem alten Bekannten. Und der hatte den stummen Gruß erwidert – mit Räuspern und Kopfnicken.

Doch der Schmerz in der Hüfte war so stark, dass sie nicht länger darüber nachgrübelte, wer der Alte wohl sein mochte. Sie hatte sich ja regelrecht die Treppe hochgeschleppt, um in die Praxis des Orthopäden zu kommen, der im ersten Stock des Ärztehauses residierte. Das Wartezimmer war fast voll gewesen. Ächzend hatte sie Platz genommen und sich die »Welt der Frau« aus dem Illustriertenstapel gefischt – einfach, um sich abzulenken von ihren Schmerzen und ihrer Unsicherheit.

Wartezimmer hatten Hilde immer verlegen gemacht. Sie konnte sich einfach nicht daran gewöhnen, mit so vielen Menschen in einem Raum zu hocken, ohne mit ihnen ein Wort zu wechseln.

Ein Patient nach dem anderen wurde aufgerufen. Schließlich war sie mit dem alten Mann fast allein. Während sie weiter in der Zeitschrift blätterte, hörte sie, wie er sich räusperte.

»Entschuldigung«, begann er, als sei er gerade aus einem Schlummer erwacht. »Ich wollte schon die ganze Zeit fragen: Bist du nicht Hilde?«

Als habe sie mit der Frage gerechnet, blickte sie auf wie ein schüchternes Schulmädchen und lächelte gefasst. »Jaha, das bin ich.«

»Denn kennen wir uns doch«, fuhr der Mann sehr viel lauter fort. »Heinz. Heinz Krumwieh.«

»Heinz?«

Zärtlich und klagend zugleich klang diese Frage, die eigentlich keine Frage war. Eher die tastende Antwort auf ein Rätsel, das sie heimlich schon längere Zeit beschäftigt hatte.

»Heinz Krumwieh! Dass ich dich nicht gleich erkannt habe.«

»Ich verstehe dich nicht, Hilde«, schrie der Alte zurück, während er mit beiden Händen auf seine Ohren deutete. »Ich hör so schlecht.«

Die kleine Frau stand auf und setzte sich auf den leeren Stuhl neben dem Schwerhörigen. »Ich hab dich zuerst gar nicht erkannt«, wiederholte sie mit festerer Stimme.

Krumwieh nickte lächelnd. »Ja, ja, is ja auch schon eine Zeit her, dass wir uns das letzte Mal gesehen haben, Hilde. Sechzig Jahre bestimmt. Aber ich hab dich gleich erkannt. Du hast immer noch dein kleines, rundes Puppengesicht.«

Sie hatte ihre Hüftschmerzen auf einmal vergessen. »Und du hast auch immer noch deine schönen blauen Augen, Heinz«, sagte sie zärtlich.

Kaum hatte sie den Satz ausgesprochen, fielen ihr die tiefen Tränensäcke auf, die sich in die runzlige Haut des Jugendfreundes gegraben hatten. Über dem Gesicht lag zwar ein rosiger Schimmer, aber es war aufgeschwemmt. Das einstmals blonde Haar war weiß. Es bildete nur noch einen Kranz um das nackte Haupt. Unwillkürlich musste sie daran denken, wie schön dieser Mann einmal gewesen war. Wie sie für ihn geschwärmt hatte.

»Ach, Hilde, der Lack ist ab, da müssen wir uns gar nichts vormachen«, sagte Heinz Krumwieh, als habe er ihre Gedanken erraten. »Ich bin alt und klapprig geworden. Schön war die Jugend, sie kommt nicht mehr.«

»Jaha«, seufzte sie. »Das sag man. Wir werden alle nicht jünger.«

»Du kannst dich ja wohl nicht beklagen«, bellte Krumwieh freundlich. »Du siehst doch immer noch aus wie das blühende Leben.«

Hilde wiegte sich gerührt in den Hüften und kicherte selig. Dass der alte Kerl trotz seiner dicken Brille ihre tiefen Falten nicht sah! Egal. Sie freute sich über das Kompliment – wenn sie es auch kokett abwehrte.

»Immer noch der Casanova von früher, was? Aber man gibt sich Mühe, Heinz. Weißt ja: Man ist so jung, wie man sich fühlt.«

»Ach, ich fühl mich manchmal schon reichlich alt, Hilde. Steinalt. Aber du hast natürlich noch allen Grund, dich jung zu fühlen. Kommst ja wohl noch ganz groß raus im Herbst deines Lebens, was?«

Sie sah ihn fragend an, als erwarte sie einen Angriff. Auf einmal war Heinz Krumwieh für sie wieder der große Bauer und sie die kleine Magd.

»Ich hab dein Bild inner Zeitung gesehen, Hilde. Hab gleich gedacht: Die kennste doch, und dann hab ich alles durchgelesen.«

Er machte eine kurze Pause. Sie wusste nicht, was sie sagen sollte, und knetete ihre Hände.

»Hast ja einiges durchgemacht«, stellte der Schwerhörige lautstark fest. »Aber ich weiß nicht, was das soll, die ollen Kamellen jetzt wieder aufzuwärmen. Da interessiert sich doch heute kein Mensch mehr für, waren ja auch ganz andere Zeiten damals.«

Die Bemerkung versetzte ihr einen Stich. Das klang wie ein einziger Vorwurf. Unwillkürlich presste sie ihren Rücken gegen die Stuhllehne. Ihr war, als würde der alte Poltergeist sie gleich anschreien. Ganz rot färbte sich sein Kopf. Die Haare in seiner Nase zitterten. Wie um sich selbst zu besänftigen, holte er tief Luft.

»Aber schön, dass ich dich mal wiedergesehen habe«, stammelte Krumwieh. Er spürte wohl, wie seine Äußerung sie getroffen hatte. »Wie geht's denn so, Hilde?«

Bevor sie die Frage beantworten konnte, erschien die Sprechstundenhilfe, um Krumwieh aufzurufen. Während er schon auf das Behandlungszimmer zusteuerte, reichte er der Jugendfreundin die Hand.

»Denn man erst mal tschüs, bevor wir uns wieder aus den Augen verlieren, Hilde. Meld dich mal.«

Der gleiche feste Händedruck wie früher. Sie sah, wie ihm Tränen in die Augen traten, und war gerührt. Wie anders wäre doch ihr Leben verlaufen, wenn sie diesen Krumwieh damals geheiratet hätte – »Krummvieh«, wie die jungen Leute früher gealbert hatten, ein Scherzwort, das an dieser stattlichen Erscheinung abgeprallt war wie ein Maiskorn.

»Krummvieh, Krummvieh«, wiederholte sie im Stillen und schmunzelte.

Wäre er bloß kein Bauer gewesen! Denn das hatte für sie als junges Mädchen immer festgestanden: Bäuerin wollte sie auf keinen Fall werden. Kühe melken? Mist aufladen? O nein, das war es nicht gewesen, was sie sich vom Leben erträumte. Schade, denn diesen Heinz Krumwieh hatte sie wirklich gemocht. Vielleicht sogar geliebt.

»Ja, Heinz«, antwortete sie. »Aber du kannst ja auch mal anrufen. Ich stehe im Telefonbuch. Wie ich heiße, hast du ja in der Zeitung gelesen: Heart, mit ›ea‹ in der Mitte, das ist englisch – hart, aber herzlich, weißt ja.«

Sie sprach diese Worte wieder so leise, dass er sie wahrscheinlich gar nicht hörte.

Gleich danach wurde auch sie aufgerufen – wohl als Letzte vor der Mittagspause. Denn das Wartezimmer war mittlerweile leer.

»Verschleiß«, diagnostizierte der Doktor achselzuckend und

verschrieb ihr Massagen und neue Tabletten. Noch mehr Schmerztabletten.

Doch die Begegnung mit Heinz betäubte sie mehr als jedes Schmerzmittel. Dieser wütende Vorwurf hallte in ihr nach. Warum hatte sie sich bloß überreden lassen, ihr Geheimnis preiszugeben? Was sollte das denn? Das interessierte doch wirklich keinen. Da hatte Heinz schon ganz Recht. Nur Feinde hatte sie sich wahrscheinlich damit gemacht. Es war ja längst Gras gewachsen über die Sache. Wozu also alles wieder aufrühren? Wozu?

Sie beschloss, den Journalisten anzurufen, der noch tiefer in ihr Leben eindringen wollte, nahm sich vor, ihre Mitarbeit aufzukündigen. Sie konnte es gar nicht erwarten, wieder zu Hause zu sein, um ihr Vorhaben in die Tat umzusetzen.

Doch als sie endlich ihre Wohnung erreicht und sich keuchend die Treppe in den zweiten Stock hochgeschleppt hatte, war sie so erschöpft, dass sie sich erst einmal hinlegen musste. Sie schlief ein. Wilde Träume schlichen sich in ihren Schlaf. Sie lief um ihr Leben, splitternackt. Und sosehr sie sich auch abmühte – sie kam einfach nicht von der Stelle. Wie gelähmt war sie. Und die riesigen Hunde, die stürmten unaufhaltsam auf sie zu.

Als sie wieder aufwachte, war es stockfinster. Sie lag verschwitzt in ihrem Bett. Musste Licht machen, um zu erkennen, dass es schon nach zehn war – zu spät, um den Journalisten abzubestellen. Sie wollte ihm ihre Entscheidung am nächsten Tag mitteilen. Wenn er kam, um sie, wie verabredet, abzuholen. So nahm sie ihr Stickzeug und schaltete den Fernsehapparat ein.

Es ging schon auf neun zu, als sie die Augen aufschlug. Es war Sonnabend, ein strahlender Septembermorgen. In einer Stunde wollte der Journalist kommen. Ihre Bedenken hatten sich über Nacht aufgelöst wie Regenwolken nach einem kräftigen Schauer.

Ebenso war die Drohgebärde dieses Heinz Krumwieh verklungen. Gespenster der Vergangenheit. Warum sollte sie sich davon bange machen lassen?

Sie beeilte sich, ihren Tee aufzusetzen, bestrich zwei Scheiben Toast mit Marmelade und machte sich fein. Auch wenn sie schon achtzig war und ständig Hüftschmerzen und Herzbeschwerden hatte, wollte sie ja nicht wie eine greise Vettel aussehen. Sie trug ihr duftendes Make-up auf, puderte sich, kräftigte das Rot ihrer rissigen Lippen und legte sich ihre Ohrringe mit den großen grünblauen Glasperlen an. Mühsam zwängte sie sich in ihre weiße Hose und knöpfte ihre erdbeerfarbene Seidenbluse zu. Ein Blick in den Spiegel, schnell noch eine Schmerztablette. Da klingelte es auch schon.

Als der Journalist vor ihr stand, hatten sich ihre Zweifel in Wohlgefallen aufgelöst. Bereitwillig ließ sie sich zu seinem Auto führen, einem verschrammten Golf mit verschmierten Seitenfenstern und Kindersitzen auf der Rückbank. Aber der Himmel war so blau und die Luft so spätsommerlich frisch, dass es ihr vorkam, als würde sie zu einer Spazierfahrt abgeholt.

Dabei sollte es eine Reise in die Vergangenheit werden – in ihr altes Dorf. Nach Jarlingen. Keine acht Kilometer von ihrer Wohnung in Walsrode entfernt. Sie ließ es geschehen, ließ sich chauffieren. Und schon hatten sie den Ort erreicht. Alles erschien ihr anders als damals. Die Bäume viel höher. Die Wege breiter. Wo sich Gärten aneinander gereiht hatten, breitete sich Buschwerk aus. Und das Kopfsteinpflaster der Straßen war von Asphalt überzogen. Alles war ihr einst so vertraut gewesen in diesem weitläufigen Dorf mit den Wiesenhügeln und Schlittenbergen, den Schlittschuhtümpeln und Fischteichen. Diese schönen Feldwege, die in die Nachbardörfer führten, zum Kaufmann und zum Schützenfest. Die klappernde Mühle am rauschenden Bach.

Nein, das war vorbei. Für immer vergangen. Die Häuser sahen

anders aus als früher. Schöner. Größer. Und andere Menschen lebten darin.

»Man kennt die ja heute hier alle gar nicht mehr«, sagte sie zu ihrem Begleiter. Auch wenn ihr Herz schneller und schneller klopfte, erhob sie keine Einwände, als der Mann am Steuer sie drängte, ihn zu den Orten ihrer Kindheit und Jugend zu führen.

Zum Haus ihrer Großeltern. Die neu aufgemauerten roten Ziegelwände ließen das ehemalige Backhaus nur noch erahnen, in dem sie aufgewachsen war. Nur die Eichen rauschten wie einst. Was war aus dem Holzschuppen geworden? Wo waren die Zwetschgenbäume? Auf der Schweineweide wucherten Brombeersträucher. Würziger Güllegeruch wehte von den Feldern herüber.

Weiter. Zu Stockmanns Hof. Auf diesem abgelegenen Gehöft hatte sich nicht so viel verändert. Noch immer führte der Weg über die Warnau-Brücke. Und noch immer stand die Wassermühle an dem schwarzen Bach. Wie ein kleines Schloss erhob sich zwischen Eichen und Buchen das alte Bauernhaus – ziegelrot und herrschaftlich verwinkelt. Die Fensterbänke abgesetzt mit grün glasierten Fliesen, der Balkenspruch frisch nachgemalt: »Schwere Arbeit, saurer Schweiß, süße Ruhe, hoher Preis.« Und: »Wo der Herr nicht das Haus bauet, arbeiten umsonst, die daran bauen.«

Das Vieh war aus den Ställen verschwunden, die Scheune zur Lagerhalle umfunktioniert. Doch wie damals standen in gebührendem Abstand zum Herrenhaus noch die kleinen Gesindewohnungen – aufgeputzt zu schmucken Häuschen mit offensichtlich wohlhabenderen Bewohnern als einst.

Hilde war es peinlich, einzudringen in diese Welt, der sie schon länger als ein halbes Jahrhundert nicht mehr angehörte. So unangemeldet und uneingeladen. Sie drängte zum Aufbruch.

Weiter. Weiter zu der großen Mühle, zum Fischteich. Zu ihrer alten Schule im Nachbardorf Ahrsen, ganz einsam am Waldrand gelegen. Weiter zum früheren Bahnhof, wo sie heimgekehrt war nach ihrer Zeit im Totenreich. Die alten Bilder stiegen in ihr auf. Die höhnische Frage des Bahnhofsvorstehers, wie es denn gewesen sei.

Sie ließ ihrem Herzen freien Lauf, erzählte ihrem Begleiter, was ihr in den Sinn kam. Aber auch der Schmerz kehrte zurück, und die Trauer lähmte die Zunge.

Geburtstag

Wie hat das bloß alles angefangen? Was war eigentlich los an diesem 14. Oktober des Jahres 1941? »Der Todesstoß gegen die Sowjet-Front«, jubelte die »Walsroder Zeitung« in fetten Lettern auf der ersten Seite. Eine halbe Million Gefangene! Die Doppelschlacht bei Wjasma und Brjansk – ein voller Erfolg. Ein Sieg jagte den anderen. Schon seit Wochen mühten sich die Zeitungen, die Menschen in Siegestaumel zu versetzen. Und während die Kriegsherren ihre blutigen Rekorde feierten, zeigten die Fallingbosteler Lichtspiele »Menschen, Tiere, Sensationen«.

Auf Stockmanns Hof in Jarlingen aber drehte sich das Rad der Wassermühle wie eh und je. In gleichförmigem Rauschen ergoss sich das Wasser der Warnau durch das Wehr. Und das Leben zwischen Eichen und Buchen, zwischen Schweinestall und Scheune ging seinen gewohnten Gang. Nicht ganz gewohnt natürlich, es war ja Krieg, und von 18.15 Uhr an mussten die Fenster verdunkelt werden. Wegen der englischen Fliegerangriffe. Aber tagsüber schien die Herbstsonne, und das halbe Heidedorf hatte mit der Kartoffelernte zu tun. Vorneweg marschierte der Mann mit Pferd und Pflug, und die Fußtruppe mit den Draht- und Weidenkörben folgte ihm. Da wurden alle Hände gebraucht. Auch die von Hilde. Durch das ständige Bücken hatte sie am Abend Rückenschmerzen. Aber sie dachte gar nicht daran, sich auf die faule Haut zu legen. Stockmanns Lene hatte ja Geburtstag, Hildes alte Chefin. Und weil Hilde den ganzen Tag bei Stockmanns auf dem Kartoffelacker geholfen hatte, durfte sie natürlich bei der Geburtstagsfeier nicht fehlen.

Es hatte sich abgekühlt. Die Luft schmeckte nach dem Rauch der Kartoffelkrautfeuer, die überall auf den Feldern qualmten. Der Wind trug den Rauch ins Dorf. Über den Wiesen zog Nebel auf – weiß, wabernd. Dahinter hatte die untergehende Sonne den Himmel entflammt. Das Abendrot leuchtete in dunstigen Pastelltönen.

Hilde fuhr mit dem Rad zu dem abgelegenen Stockmann-Hof am Dorfrand. Ihre Großeltern, bei denen sie seit einigen Monaten wieder wohnte, lebten auf der anderen Seite des Dorfes auf ihrem kleinen Gehöft. Das war zu weit, um zu Fuß zu gehen. Hilde wollte ihre Zeit nicht vertrödeln. Die kleine Frau mit den zur Dauerwelle gelegten kastanienbraunen Haaren ging gern unter Leute. Sie war doch in den besten Jahren. Gerade mal neunzehn Jahre alt. Und sie wollte ein bisschen Spaß haben nach der Arbeit – Kaffee trinken, Bratkartoffeln essen, bisschen lachen, bisschen tanzen. Einen Geburtstag gab es schließlich nicht jeden Tag zu feiern. Gleich nach der Arbeit hatte Hilde sich schnell umgezogen. Der rote Rock, den sie sich aus dem Stoff eines alten Kleides ihrer Tante geschneidert hatte, bildete einen kecken Kontrast zu der weißen Bluse. Besonders stolz war Hilde auf ihre Seidenstrümpfe. Etliche Wochen hatte sie darauf gespart.

Natürlich konnte man sich nicht zu den Herrschaften in die gute Stube setzen. Das gehörte sich nicht für das Dienstpersonal. Aber die jungen Leute fühlten sich in der Küche auch viel wohler. Mariechen, die Magd, war da, die Nachbarstochter Erna, das Pflichtjahrmädchen Ulla aus Berlin und dann die Männer: Heinrich Stockmann, der Sohn des Hauses, sein Cousin Herbert, der gerade Heimaturlaub hatte, Kutscher Franz, der Gespannführer auf Stockmanns Hof, und schließlich die beiden Polen: der kleine Arthur und Eugen – »Prinz Eugen, der edle Ritter«, wie der alte Stockmann immer ulkte. Ein hagerer, groß gewachsener

Mann war dieser Eugeniusz Leśniewski – mit auffällig langem Hals und ausgeprägtem Adamsapfel, der sich ständig bewegte. Er wohnte gemeinsam mit seinen Landsleuten in der alten Jarlinger Schule – im selben Klassenraum, in dem Hilde einst das Abc gelernt hatte.

Natürlich war es verboten, dass Deutsche mit polnischen Fremdarbeitern an einem Tisch saßen und – noch schlimmer – zusammen feierten. Aber auf Stockmanns Hof nahm man es mit den Vorschriften nicht so genau. »Wer gut arbeitet, muss auch gut essen«, pflegte Stockmanns Vater zu sagen, der Heinrich hieß wie sein Sohn und die Bibel höher achtete als die Hitler-Fibel.

»Das ist die Liebe der Matrosen«, plärrte es aus dem Volksempfänger. »Auf die Dauer, lieber Schatz, ist mein Herz kein Ankerplatz.« Heinrich füllte die Schnapsgläser nach. Hilde wehrte ab. »Ich komm mir schon jetzt vor, als ob ich auf einem Schiff bei stürmischer See rumtorkel. Wenn ich noch einen trinke, dann fange ich an zu singen, dass die Katzen anscharwenzelt kommen.«

»Nu zier dich nicht so«, drängte der Jungbauer. »Auf einem Bein kann man nicht stehen, Hilde.«

Und prompt war das Glas wieder mit Rübenschnaps gefüllt.

»Prost, Madam«, rief der Jungbauer mit herausforderndem Lächeln. »Auf alles, was wir lieben.«

Widerwillig führte Hilde das randvolle Glas an die Lippen und nahm einen winzigen Schluck. Sie schüttelte sich vor Ekel, der Schnaps spritzte auf die hellbraune Tischplatte. »Schmeckt ja scheußlich. Apfelsaft wär mir lieber.«

»Ach, stell dich man bloß nicht so an, Hilde«, setzte Heinrich nach. »Du bist doch sonst keine Kostverächterin. Ich weiß noch genau, wie du es früher auf dem Schützenfest getrieben hast. Klein, aber oho, was? Stille Wasser sind tief. Aber warum auch nicht? Is doch, wie sie gerade im Radio singen: Meide den Kummer und meide den Schmerz, dann ist das Leben ein Scherz, he, he, he.«

»Trink, trink, Brüderlein, trink, lass doch die Sorgen zu Haus«, tönte es aus dem Kasten mit dem schwarzen Gehäuse. Mariechen, die nebenbei die Geburtstagsgäste in der guten Stube bewirten musste, kam mit einem Tablett voll verschmierter Teller und Schüsseln in die Küche zurück.

»Jetzt setz dich man erst mal hin und trink einen. Ist ja nicht mit anzusehen, wie du dich für die feine Bagage da drinnen abrackerst, Mariechen«, forderte Heinrich die junge Frau mit der vorgebundenen weißen Schürze auf. »Ich weiß doch, dass du dir ganz gerne mal einen genehmigst, du kleine Schnapsdrossel, du.«

»Alter Spinner«, entgegnete Mariechen respektlos. Dennoch setzte sie sich mit an den Tisch, nachdem sie das Tablett abgestellt hatte, und leerte ganz selbstverständlich das Glas Schnaps in einem Zug.

Heinrich blinzelte zu Hilde hinüber. »Haste das gesehen?«, sagte er. »Die ziert sich nicht so wie du. Die putzt das Zeug weg, als wenn es Brause wär. Da solltest du dir mal ein Beispiel dran nehmen.«

»Ach, lass doch die arme Hilde in Ruhe, müssen ja nicht alle so viel saufen wie du«, entgegnete Erna, die Bauerntochter aus der Nachbarschaft, die den Dorfgerüchten zufolge ein heimliches Verhältnis mit Heinrich hatte.

Arme Hilde? Was sollte das denn? Hilde, der es peinlich war, solche Rückendeckung zu erhalten, stieg die Hitze ins Gesicht. Schweißperlen traten ihr auf die Stirn. Jetzt fühlte sich auch Herbert bemüßigt, sich an dem Geplauder zu beteiligen.

»Ich glaub fast, wir sind Hilde nicht vornehm genug«, stichelte der rotwangige Cousin des Juniors mit hochgezogenen Augenbrauen. »Hilde hat es nicht so mit uns Heidebauern. Wir sind ihr zu plump. Sie geht lieber mit den Jungs vom Arbeitsdienst zum Tanzen. Hab ich Recht, Hilde?«

»Du hast Recht wie immer«, sagte Hilde mit gleichgültigem Achselzucken. »Bei den Arbeitsdienstlern sind wirklich welche dabei, die nicht bloß langsamen Walzer tanzen können. Die können auch Tango und Hamburger. Und die trampeln einem nicht so auf den Füßen rum wie du, du alter Mistbauer.«

»Habt ihr das gehört?«, fragte Heinrich mit schalkhaftem Blick in die Runde. »Habt ihr das gehört, Leute? Alter Mistbauer. O Mann, du gibst es uns aber heute, Hilde.«

»Gegen den Mistbauern habe ich gar nichts einzuwenden«, setzte Herbert nach. »Aber das ›alter‹, das nimmst du zurück, du kleines Biest.«

Hilde winkte ab, füllte ihr Wasserglas mit verdünntem Johannisbeersaft. Beide Männer gaben durch ihr Grinsen zu verstehen, dass ihre Attacken nicht allzu ernst gemeint waren. Auch der alte Kutscher Franz und die beiden Polen schmunzelten angesichts der heiteren Mienen. Erneut fühlte sich Erna verpflichtet, für Hilde in die Bresche zu springen.

»Nu hackt man nicht immer auf ihr rum, die ist anständiger als ihr alle zusammen«, rief die Frau mit dem Knoten im Haar, die fünf, sechs Jahre älter als Hilde war. »Nicht umsonst haben sie sie jetzt zur BDM-Führerin hier in Jarlingen gemacht. Die kommt noch ganz groß raus, wartet mal ab. Ihr solltet bloß mal sehen, was Hilde alles schon gestrickt und gehäkelt hat und wie die mit der Nähmaschine umgehen kann. O ja, in Handarbeit, da macht ihr keiner was vor, das könnt ihr mir glauben.«

»Handarbeit«, wiederholte Heinrich glucksend. »Ich glaube, unser Arthur ist auch gut in Handarbeit.«

Mit unterdrücktem Lachen nahm er den jungen Polen mit den kindlichen Gesichtszügen ins Visier, der ängstlich und unsicher um sich blickte und nicht verstand, welch üblen Scherz der Junior mit ihm trieb. Eugen dagegen, gut zehn Jahre älter als Arthur, verstand den schlüpfrigen Hintersinn. Er hatte in der Schule sechs Jahre Deutsch gelernt und konnte mehr deutsche Gedichte hersagen als alle anderen am Tisch zusammen.

Während Arthur den Landsmann fragend und hilfesuchend anstarrte, brachen die drei deutschen Männer in dröhnendes Lachen aus.

»Du hast den armen Jungen ja ganz verlegen gemacht«, ermahnte Herbert seinen Cousin glucksend. »Der weiß doch noch gar nicht, was der mit seinem Piemann anfangen soll.«

»Sag das nicht«, entgegnete Heinrich. »Die Polen haben es faustdick hinter den Ohren.«

Die Bemerkung wurde von Herbert und Kutscher Franz mit grunzendem Gelächter quittiert, die Frauen kicherten. Doch in dem Geplänkel lag keine Feindseligkeit. Von der Propaganda, die vor dem Umgang mit polnischen Fremdarbeitern warnte, waren die Scherze weit entfernt. Wie Nachrichten aus einer anderen Welt erzählte man sich in dieser Geburtstagsrunde im Beisein der Polen, was die »Walsroder Zeitung« über die angeblichen Verbrechen der polnischen Landarbeiter schrieb. In Bielefeld, war zu lesen, sei am 11. Oktober 1941 die zwanzig Jahre alte Polin Jula Karbosiak hingerichtet worden, nachdem ein Sondergericht sie als »Volksschädling« zum Tode verurteilt hatte. Aus »persönlicher Unzufriedenheit und Rachsucht« habe die Polin das Anwesen ihres Arbeitgebers in Brand gesteckt.

»Das gehört sich ja auch nicht«, kommentierte Herbert.

»Trotzdem können einem die armen Frauen Leid tun«, entgegnete Mariechen mit etwas zu dick aufgetragenem Mitgefühl. Die beiden Polen am Tisch schwiegen. Arthur, weil er nicht verstand, wovon die Rede war; Eugen, weil er spürte, dass er bei all der Heiterkeit auf der Hut sein musste. Das Gekicher erstarb. Es war, als sei ein Schatten auf die fröhliche Runde gefallen. Auch Ulla, das strohblonde Pflichtjahrmädchen aus Berlin, das sonst eher die Rolle der Frohnatur einnahm, wirkte nachdenklich.

Gleichwohl waren die zur Abschreckung gedachten Polengeschichten von so hohem Unterhaltungswert, dass es sich auch Mariechen nicht verkneifen konnte, einen Zeitungsbericht zum Besten zu geben.

»Habt ihr das gelesen?«, fragte sie in Richtung von Herbert und Heinrich. »In der Nähe von Hamburg haben sie eine Polin aufgehängt, die ihren Bauern vergiften wollte. Moment mal, ich glaube, das stand gestern erst in der Zeitung.«

Und schon hatte sie die erwähnte Ausgabe aus dem Zeitungsstapel gefischt und aufgeschlagen.

»Das Sondergericht in Kiel verurteilte eine einundzwanzig Jahre alte Polin zum Tode«, las sie schleppend. »Die Angeklagte war bei einem Bauern in Kaltenkirchen beschäftigt, der die Polin wegen ihrer Faulheit und Widerspenstigkeit des Öfteren handgreiflich zurechtweisen musste. Aus Rache beschloss sie, den Arbeitgeber umzubringen. Sie mengte Glassplitter in den Kuchenteig, die jedoch glücklicherweise entdeckt wurden. Darüber hinaus hatte die Angeklagte Nägel und Nadeln in das Viehfutter gemischt. Eine große Anzahl von Kühen erkrankte und gab infolgedessen weniger Milch.«

»Das war ja wohl 'ne richtige Hexe«, bemerkte Franz.

»Ach, ich möchte nicht wissen, was der Bauer vorher mit dem Mädchen gemacht hat«, sagte Heinrich. »Aber ihr seht alle so ernst aus auf einmal. Steht denn nichts Lustiges inner Zeitung?«

»Hier«, meldete sich Mariechen. »Die Maggi-Reklame, die les ich immer gern:

›Sind Maggi's Suppenwürfel da?
Wohl jeder Kaufmann sagt gern ja.

Und sagt er nein, nehmt den Verzicht
Vernünftig hin und grollt ihm nicht.‹«

»Apropos Maggi«, fügte Mariechen an. »Da sind noch Bratkartoffeln, und 'n bisschen Sauerfleisch ist auch noch da. Wer will noch mal, wer hat noch nicht?«

Sie sprang auf und verteilte den Rest des Pfanneninhalts auf den Tellern von dem alten Kutscher, von Hilde, Ulla, Arthur und Eugen. Währenddessen fuhr Heinrich, der weiter »Flüssignahrung« vorzog, mit seinen Anzüglichkeiten fort. Wieder wählte er sich Arthur zur Zielscheibe seiner derben Späße.

»Arthur, Junge«, hob er an. »Ich glaube, wir müssen hier mal überprüfen, ob du überhaupt schon zeugungsfähig bist. Hol doch mal deinen Piemann raus, damit wir messen können, ob der auch lang genug ist.«

Wie zuvor schüttelten sich Herbert und Heinrich vor Lachen, während die Polen schwiegen – Eugen, weil er als guter Katholik moralisch entsetzt war; Arthur, weil er wieder nicht verstand.

»Du kriegst zehn Mark von mir, wenn du deinen Mannesstolz auf den Tisch des Hauses legst«, lockte Heinrich. »Zehn Mark, Junge!«

»Nu hör aber mal langsam auf mit dem Schweinkram«, mahnte Erna, die dabei jedoch nicht sonderlich ernst aussah, sondern kichernd zu Hilde und Mariechen hinüberblickte. »Lasst uns lieber die schöne Musik hören.«

»Oh, Donna Clara – ich hab dich tanzen gesehn«, plärrte es aus dem Volksempfänger. Heinrich sprang auf und drehte die Musik lauter.

»... und deine Schönheit hat mich toll gemacht!
Ich hab im Traum dich dann im Ganzen gesehn,
das hat das Maß der Liebe voll gemacht.«

Der Schlager gefiel Hilde auch. Sie konnte sogar mitsingen. Auch die anderen stimmten ein. Essen und Schnaps entfalteten ihre Wirkung. Die übermütige Stimmung kehrte zurück. Der Schlagertext wurde wie üblich leicht abgewandelt:

»Oh, Donna Clara – ich hab dich nackend gesehn,
oh, Donna Clara – du warst wunderschön.«

Darauf folgte ein Wiener Walzer. »Donau so blau … durch Tal und Au …«

Heinrich rückte Tisch und Stühle zur Seite und forderte Erna zum Tanzen auf. Und die Aufgeforderte ließ sich trotz kopfschüttelnd erhobener Einwände nicht lange bitten. Hilde beneidete die Tanzenden. Eugen musste wohl bemerkt haben, mit welch sehnsüchtigen Blicken sie den Schritten und Drehungen von Heinrich und Erna folgte. Der hagere, groß gewachsene Pole mit der Adlernase legte den Kopf zur Seite und lächelte sie von unten an. Dann stand er auf und verbeugte sich vor der kleinen Hilde – artig wie ein Tanzschüler.

»Na, Hilde, wollen wir es auch mal versuchen?«

Hilde kannte Eugen schon länger. Sie war bei Stockmanns in Stellung gewesen, als der Pole Ende 1939 auf den Hof gekommen war. Sie hatte ihn von Anfang an gern gemocht. Er sprach sogar eine Art Plattdeutsch, »Weichselplatt«, das er bei den Deutschen in seinem Dorf im Warthegau aufgeschnappt hatte. Vor allem aber gefiel es Hilde, wenn Eugen seine schönen Gedichte aufsagte. Dieses Herbstgedicht von Eduard Mörike hatte sie sich sogar von ihm beibringen lassen:

»Im Nebel ruhet noch die Welt,
noch träumen Wald und Wiesen:
Bald siehst du, wenn der Schleier fällt,

den blauen Himmel unverstellt,
herbstkräftig die gedämpfte Welt
in warmem Golde fließen.«

Er sah gut aus, dieser Mann mit dem forschenden Blick, der sie um zwei Köpfe überragte. Aber mit einem Polen tanzen? Bei den BDM-Treffen hatten sie doch immer wieder gesagt, dass man sich vor denen in Acht nehmen musste. Es standen ja auch hohe Strafen darauf.

All dies schoss der jungen Frau durch den Kopf, als der Pole sie aufforderte.

»Nee, Eugen, das geht nicht«, wehrte sie ab, bemüht, ihren Kavalier nicht vor den Kopf zu stoßen. »Wenn Hitler tot ist, können wir meinetwegen tanzen. Aber noch ist es nicht so weit.«

Eugen schluckte, setzte sich enttäuscht wieder hin.

Hilde war es peinlich, dem freundlichen Mann einen Korb gegeben zu haben. Ihr wurde heiß im Gesicht, und sie blickte errötend zu Boden.

»Du machst ja Sprüche, Hilde«, raunte Herbert ihr zu. »Dass das man keiner rumerzählt.«

Hilde war viel zu sehr mit ihren Selbstzweifeln wegen der Zurückweisung beschäftigt, um den Sinn der Bemerkung zu verstehen. Und ehe sie nachfragen konnte, zupfte Mariechen an ihrem Blusenärmel und forderte sie zum Tanzen auf.

Ein Fanfarenstoß beendete die Tanzmusik.

»Das Oberkommando der Wehrmacht gibt bekannt …«

Erfolgsmeldungen von der Ostfront: Die sechste Armee habe die sowjetische Stadt Achtyrka erobert, in Kalinin hätten deutsche Soldaten die Wolgabrücke in Besitz genommen. Neue Siege, neue Gefangene. Nur mit dem Wetter stehe es nicht zum Besten. Die Schlammperiode verzögere den Vormarsch der Deutschen.

Obwohl der Alkohol schon seine Sinne umnebelt hatte, hörte Heinrich gebannt zu, wie der Radiosprecher in feierlichem Ton die Neuigkeiten von den Fronten verkündete. Vielleicht würde er schon bald selbst die deutschen Reihen verstärken müssen. Wer wusste denn, wie lange er als Angehöriger des Reichsnährstandes noch von der Einberufung verschont blieb. Herbert hatte der Ruf des Vaterlandes schließlich schon ereilt.

»Dann lasst uns man noch einen trinken«, rief Heinrich Stockmann, als die Durchsage beendet war und seichte Filmmusik erklang. Hilde ließ es geschehen, dass er ihr Wasserglas mit Bier füllte. Sie nahm einen tiefen Schluck von dem schäumenden Gebräu – nun gar nicht mehr so abgeneigt, sich einen kleinen Rausch anzutrinken. Danach half sie Mariechen beim Abwaschen und radelte nach Hause.

Die Festnahme

Hilde war auf dem kleinen Hof ihrer Großeltern in Jarlingen aufgewachsen. Hier war sie am 30. Mai 1922 zur Welt gekommen – als nichteheliche Tochter der Hotelgehilfin Trude Meyerhoff. »Am 30. Mai ist der Weltuntergang, wir leben nicht mehr lang, wir leben nicht mehr lang«, hatte sie später mit ihren Geburtstagsgästen gesungen.

Ihre ersten Lebensjahre verbrachte sie in der nahen Kleinstadt Walsrode im Haus eines verwitweten Viehhändlers, für den ihre Mutter den Haushalt besorgte. Gleich hinterm Haus waren Wiesen, auf denen Pferde weideten. Lotte hieß einer der Gäule. Lotte hatte es der kleinen Hilde angetan. Sie gab sich alle Mühe, auf dem Norweger zu reiten, so wie es die beiden älteren Viehhändlersöhne machten. Weil sie so klein war, musste sie auf Zaunpfähle steigen, um auf das große Pferd zu kommen. Nicht selten rutschte sie dabei ab.

Hildes Vater hatte eine andere Frau geheiratet. Von seiner unehelichen Tochter wollte er nie viel wissen. Das tat weh. Trotzdem behielt Hilde die frühen Jahre mit ihrer Mutter als schöne Zeit in Erinnerung. Leider währte das Glück nicht lang.

Als sie sechs Jahre alt war, starb ihre Mutter – acht Tage nachdem sie Hildes Halbschwester Gertrud zur Welt gebracht hatte. Hoher Schnee hatte in diesen bitterkalten Februartagen gelegen, als Hilde mit ihrer Großmutter von Jarlingen zu Fuß zum Bahnhof nach Cordingen gelaufen war, um mit dem Zug nach Walsrode zu fahren und dort ihre Mutter im Krankenhaus zu besuchen. Dabei durfte sie nicht einmal zu ihr ans Bett. Nur durch das

Fenster durfte sie der Kranken zuwinken, die mit Scharlach auf der Isolierstation lag, von Fieber so geschwächt, dass sie die Hand nicht heben konnte.

Die Beerdigung hatte man dem kleinen Mädchen erspart. Hilde blieb mit einer Tante bei ihrer erst zwei Wochen alten Schwester Gertrud, während ihre Mutter zu Grabe getragen wurde. Mit ihren sechs Jahren musste sie dann selbst schon Mutterpflichten übernehmen. Im Wechsel mit ihrer Großmutter gab sie der kleinen Gertrud die Flasche und sang sie in den Schlaf. Dabei hegte sie einen heimlichen Groll gegen den Schreihals – einen Ingrimm, der sich immer tiefer in ihre Seele fressen sollte. Obgleich sie wusste, dass es ungerecht war, machte sie Gertrud im Stillen den Vorwurf, für den Tod ihrer Mutter verantwortlich zu sein. Wäre Gertrud nicht geboren, wäre ihre Mutter nicht gestorben – eine Gleichung, die Hilde natürlich nie auszusprechen wagte.

Doch bei aller Trauer – das Leben ging weiter nach dem Tod ihrer Mutter. Hilde lebte sich ein auf dem kleinen Hof ihrer Großeltern, der vor gar nicht so langer Zeit vom Nachbargehöft abgetrennt worden war. Ganz allein holte sie schon bald im Frühsommer die vier Kühe von der Wiese in den Stall. In der Schule hatte sie es zuerst nicht leicht. Alle anderen Kinder aus dem Dorf unterhielten sich auf Platt. Hilde dagegen war in der »Stadt« Walsrode mit Hochdeutsch aufgewachsen. Sie brauchte eine Weile, bis sie wie die anderen Dorfkinder sprach. Als Waisenkind musste sie sich anfangs auch manche Hänseleien gefallen lassen. »Wo sind denn deine Eltern?«, fragten die Mitschüler höhnisch. »Die hat der Esel im Galopp verloren«, spöttelten sie.

Doch Hilde war nicht auf den Mund gefallen. Sie wusste sich zur Wehr zu setzen. »Dich hat der Storch wohl auf den Misthaufen plumpsen lassen«, giftete sie zurück. »Deshalb stinkst du immer so.« Sie war zwar klein für ihr Alter, aber schlagfertiger als mancher Erwachsene.

Schon früh musste sie ihrer Großmutter im Garten helfen. Unkraut jäten, Beeren und Bohnen pflücken. Lieber begleitete sie ihren Großvater zur Mühle. Viel Spaß hatte sie, wenn sie mit den beiden Jungs von der Mühle Verstecken spielen konnte. Lange, lange mussten Ernst und Walter sie oft suchen, bis sie sie am Ende hinter einem großen Kornsack entdeckten.

Besondere Freude bereitete ihr aber schon als kleinem Mädchen die Handarbeit. Zuerst schimpfte ihre Großmutter noch, wenn sie ihr wieder einmal eine Rolle Twist stibitzt hatte. Doch dann erkannte sie an, dass Hilde damit umzugehen wusste – nicht nur um zu sticken, sondern auch um Strümpfe zu stopfen. Auch in der Schule erntete sie viel Lob für ihr Geschick mit Nadel und Faden. Und so stand für sie bald fest, was sie werden wollte: Handarbeitslehrerin. Ein Berufswunsch, über den ihre Großmutter nur den Kopf schüttelte. Lehrerin! Nein, das kam für eine Kleinbauerntochter natürlich nicht in Frage.

Als sie nach acht Jahren die Schule verlassen hatte und konfirmiert worden war, musste sie zuerst in der kleinen Landwirtschaft ihrer Großeltern helfen. Später kam sie zu Stockmanns in Stellung. Sie fühlte sich wie auf einem Schloss. Sogar ein Auto hatte die Bauersfrau, einen großen Ford, mit dem die Familie sonntags zur Kirche tuckerte. Auch Hilde durfte manchmal mitfahren. An einem Sonntag hatte ihre Chefin sie mit nach Hannover genommen und ihr die Herrenhäuser Gärten gezeigt. Das war was! Diese herrlichen Blumen und Hecken, so was Schönes hatte Hilde ihr Lebtag nicht gesehen.

Sonst war ihr Alltag grau. Eine Woche Hausarbeit, eine Woche Feldarbeit – immer im Wechsel. Ob Herd und Ofen anheizen, Kartoffeln schälen, Schweine füttern oder Heu wenden – fast alle Arbeiten musste Hilde machen. Nur das Melken blieb ihr erspart. Stockmanns beschäftigten eigens einen Melker. Und Hilde hätte es auch gar nicht geschafft. Dazu war sie viel zu schwach in den Armen.

Ein Graus, wenn die Sau ferkelte. Wie eklig das war, die glitschigen Ferkel mit Stroh abzutrocknen. Nein, als Bäuerin wollte sie nicht alt werden.

Und so zog es sie auch beim Tanzen nicht zu den Bauernsöhnen. Sie hielt sich lieber an die Jungen vom Arbeitsdienst, die in der Nähe von Jarlingen das Moor trockenlegten. Die waren einfach lustiger und leichtfüßiger beim Tanzen als diese Bauerntrampel. »Ich bin nicht zum Mistladen geboren, sondern zum Tanzen« – dieser Spruch, mit dem sie einmal in ihrer jugendlichen Unbekümmertheit aufgetrumpft hatte, wurde ihr oft vorgehalten und als Hochnäsigkeit ausgelegt.

Dabei wollte sie gern dazugehören. Die Rolle der Außenseiterin behagte ihr nicht. Und so war sie froh, als sie Werner kennen lernte, den Maschinenschlosserlehrling aus dem Nachbardorf Hünzingen. Ihrer Großmutter gefiel es gar nicht, dass sie mit ihren siebzehn Jahren schon allein mit einem Mann zum Tanzen ging. Nur ein paar Minuten durfte sich der Junge im Haus aufhalten – natürlich nicht in der Schlafkammer. Aber Hilde verdiente ja nun ihr eigenes Geld und ließ sich nicht mehr alles sagen.

Doch als einfach erwies sich auch die Liebe nicht. Denn da war ja noch Walter von der Mühle, mit dem sie immer Verstecken gespielt hatte. Der machte inzwischen eine Bäckerlehre. Vor allem aber hatte er sich als Sportskanone entpuppt und trat in der Hitlerjugend als einer der Eifrigsten hervor. Schließlich hatten sie ihn sogar zum HJ-Führer von Jarlingen gewählt. Die Mädchen himmelten ihn an, hoho. Und Hilde hätte sich etwas darauf einbilden können, dass er ihr trotz seines Aufstiegs immer noch zugeneigt war. Walters Mutter hatte bereits mit Hildes Großmutter besprochen, dass die beiden mal ein Paar werden sollten. Davon aber wollte Hilde nichts wissen. Sie mochte Walter zwar ganz gern, aber Liebe empfand sie nicht für ihn. Verliebt war sie doch in Werner.

Dann brach der Krieg aus, und Walter, gerade achtzehn geworden, musste unter die Soldaten. Auch Werner wurde eingezogen. Gegen den Krieg an sich hatte Hilde gar nichts einzuwenden. Sie bedauerte nur, dass nun das Erntefest ausfiel, das eine Woche später hätte stattfinden sollen. Dabei hatten sich auf dem Hof alle schon auf das Binden der Erntekrone gefreut. Denn Heinrich Stockmann, Hildes Chef, wäre an diesem Festtag als amtierender Schützenkönig nach alter Dorfsitte auch Erntekönig geworden. Aber Pustekuchen. Daraus wurde jetzt natürlich nichts mehr. Auch zwei von Stockmanns Knechten erhielten einen Einberufungsbescheid.

Zum Ausgleich kamen die beiden polnischen Kriegsgefangenen auf den Hof. Und Eugen gefiel Hilde von Anfang an. Der hatte, zehn Jahre älter als sie, trotz seiner Stellung etwas Reifes, Abgeklärtes. Bildung eben. Hilde war tief beeindruckt, als er ihr mit seinem leicht schleppenden polnischen Akzent Gedichte aufsagte:

»Hielte diesen frühen Segen,
ach, nur eine Stunde fest!
Aber vollen Blütenregen
schüttelt schon der laue West.«

Von wem war das noch? Wahrscheinlich von Goethe. Im Zweifelsfall immer Goethe. Viel mehr Dichter kannte sie ja auch gar nicht. Auf jeden Fall war das ein anderer Ton als der, den man sonst auf dem Hof zu hören bekam.

Doch bei aller Sympathie für diesen Eugen hatte Hilde beim BDM gelernt, dass man sich vor den Polen in Acht nehmen musste. »Haltet das deutsche Erbgut rein«, hieß es. Und so achtete sie immer darauf, Abstand zu halten. Denn sie war stolz, die Uniform der »Deutschen Mädel« zu tragen: den dunkelblauen Rock und die weiße Bluse, das schwarze Dreieckstuch mit Lederknoten, und dann vor allem die schöne »Kletterweste« aus wildlederartigem Kunststoff mit den kleinen Hakenkreuzen auf den Lederknöpfen. Schon als kleines Kind hatte sie die Schulmützen der beiden Viehhändlersöhne bewundert. Sie liebte diese Einheitstracht, die einen schon äußerlich als Teil einer Gemeinschaft auswies. Die zum Ausdruck brachte, dass man – warum nicht? – dazugehörte.

»Ich mochte Uniformen, das war mein Ding«, beteuerte sie auch noch viele Jahre später.

Weil es ihr im Dorf allmählich zu öde wurde, meldete sich Hilde im Oktober 1940 zum Arbeitsdienst für die deutschen Ostgebiete. Auf diese Weise würde sie auch ihren Beitrag zur Ausbreitung des Deutschtums leisten können, dachte die Landarbeiterin. Und außerdem spielte sich beim Arbeitsdienst das ganze Leben in Uniform ab: Im blauen Nesselkleid ging es zur Arbeit, das fesche blaugraue Kostüm mit Achselklappen und Hut war für die feierlichen Anlässe bestimmt.

»Zwanzig Pfennig ist der Reinverdienst, jeder muss zum Arbeitsdienst«, lautete das Motto. Also frisch voran!

Hilde wurde nach Pommern beordert. Alle vier Wochen wechselte sie ihr Einsatzfeld. Mal musste sie auf einem Bauernhof ackern, mal in der Küche schwitzen. Und im Osten ging es nicht so geordnet zu wie auf Stockmanns Hof in Jarlingen. Da legten die Hühner die Eier ins Bett und flatterten aus dem Kammerfenster. Und aus demselben Tümpel, in dem die Frösche quakten, schöpften die Leute ihr Trinkwasser. Iiiih. An diese »polnische Wirtschaft« konnte sich Hilde nicht recht gewöhnen. Manchmal lachte sie darüber, manchmal ekelte sie sich. Und bei vielen Dingen musste sie sich überwinden, was nicht immer gelang. Einmal hatte ihr der Knecht einen Eimer mit lebenden Karpfen in die Küche gestellt. Doch sie brachte es nicht übers Herz, die glitschigen Biester zu schlachten. Beim besten Willen nicht.

Dennoch fühlte sie sich in ihrer Arbeitsdienstmontur bald ganz erwachsen. Klar, dass ihre Zöpfe dazu nicht mehr passten. Sie ließ sie abschneiden, legte sich eine Dauerwelle zu. Als sie Weihnachten auf Urlaub nach Jarlingen kam, war ihre Großmutter entsetzt, aber dann gewöhnte sie sich schnell an die neue Frisur.

Eigentlich wollte sie am ersten Weihnachtstag mit Werner, der gerade Heimaturlaub hatte, zum Tanzen gehen. Doch daraus wurde nichts. Heiligabend erhielt sie Nachricht, dass sie sich schon am zweiten Weihnachtstag wieder in Pommern einzufinden habe.

Nach einem halben Jahr war der Arbeitsdiensteinsatz schon beendet. Im März 1941 kehrte Hilde nach Jarlingen zurück. Sie arbeitete nun wieder auf dem kleinen Hof ihrer Großeltern, verdiente sich etwas dazu, indem sie Zeitungen austrug oder gelegentlich bei Stockmanns aushalf.

Was aber den Alltag überstrahlte, war Hildes Aufstieg beim Bund Deutscher Mädel. Wegen ihrer Erfahrungen beim Arbeitsdienst im Osten wurde sie zur Mädelschaftsführerin der BDM-Ortsgruppe Jarlingen bestimmt. Was für eine Ehre! Ihre Aufgabe war es nun, die geselligen Abende in der Dorfkneipe zu gestalten – Gesellschaftsspiele und Lieder auszuwählen, Wanderungen und sportliche Wettkämpfe vorzubereiten. Vor allem die nationalen Feiertage waren dabei ins Bewusstsein zu rufen: Führer-Geburtstag am 20. April, Erntedankfest am ersten Sonntag im Oktober, Marsch zur Feldherrenhalle am 9. November und so weiter. Lied- und Textmaterial wurde gestellt.

»Kein schönrer Tod ist in der Welt,
als wer vorm Feind erschlagen.«

Diesen Vers hatte zum Beispiel am Heldengedenktag eine junge Frau am Rande der Kriegsgräber aufzusagen.

Solches Pathos aber fand Hilde eher komisch. Ihre Spezialität war die Handarbeit. Und so forderte sie die Kameradinnen am liebsten auf, Socken für die Soldaten an der Front zu stricken.

Ja, die meisten Jungen ihres Jahrgangs waren in den Krieg gezogen, zurück blieben nur die Bauernsöhne, die noch als unabkömmlich galten. Eigentlich wollte Hilde gar nichts wissen von diesen Gummistiefel-Casanovas. Eigentlich interessierte sie sich nur für die Jungs vom Arbeitsdienst. Und dennoch – trotz ihrer Abneigung gegen Ackerbau und Viehzucht verknallte sie sich schließlich in einen Bauernsohn – in eben jenen Heinz Krumwieh, diesen schlanken Burschen mit der hohen Stirn und den schwermütigen Augen, der ein guter Tänzer war und auch nicht so grobe Sprüche klopfte wie die anderen Bauerntrampel. Doch die Vorstellung, ihr Leben mit Schweinefüttern und Rübenhacken zubringen zu müssen, bremste sie in ihrem Liebesdrang. Wenn der Hof wenigstens die Beschäftigung einer Magd erlaubt hätte. Aber daran war gar nicht zu denken. Der Hof war viel zu klein. Und außerdem kamen ja auch hin und wieder noch mal Feldpostkarten von Walter oder Werner. Da wollte sich Hilde nicht voreilig in eine Ehe stürzen.

»Drum prüfe, wer sich ewig bindet, ob sich das Herz zum Herzen findet! Der Wahn ist kurz, die Reu ist lang …«

Hilde vertröstete Heinz auf das Ende des Krieges, wenn der von Verlobung und ähnlichem Zinnober sprach.

Aber dann, fünf Tage nach der Geburtstagsfeier bei Stockmanns, geschah etwas, das sie mit einem Schlag aus ihren Jungmädchenträumen riss. Ein dunstig kühler Sonntagmorgen, dieser 19. Oktober 1941. Sie pulte gerade mit ihrer Großmutter in der Küche Rosenkohl. Der Volksempfänger, den sich die Meyerhoffs erst vor wenigen Wochen angeschafft hatten, übertrug das Hafenkonzert mit Seemannsliedern. Irgendwann meldete sich nach der üblichen Fanfare wieder das Oberkommando der Wehrmacht. Die Doppelschlacht von Brjansk und Wjasma sei siegreich beendet, verkündete der Sprecher in gewohnt feierlichem Ton: »Unter dem Oberbefehl des Generalfeldmarschalls von Bock haben Truppen des deutschen Heeres in engstem Zusammenwirken mit der Luftflotte des Generalfeldmarschalls Kesselring die sowjetische Heeresgruppe des Marschalls Timoschenko vernichtet ...«

»Dann ist es ja hoffentlich bald vorbei«, kommentierte Hilde, die andächtig gelauscht hatte.

»Wir müssen es nehmen, wie es kommt, Hilde«, antwortete ihre Großmutter. Und die Bauersfrau fuhr mit ihrer Arbeit fort. Als Unterlage diente die Wochenendausgabe der »Walsroder Zeitung«. Die Seiten waren schon ganz durchfeuchtet. Gut zu lesen war aber noch die Ermahnung an die Bevölkerung: »Ordentlich und rechtzeitig verdunkeln!« Daneben eine Anzeige für Glühbirnen: »Aus dem Dunkel ins Osram-Licht«.

Hilde las die Werbung lieber als die Berichte. Auch während der Küchenarbeit ließ sie den Blick über die aufgeschlagene Seite schweifen. Kichernd machte sie ihre Großmutter auf die Werbung für »Knoblauch-Perlen« aufmerksam.

»Das ist was für dich, Oma: ›Springlebendig bis ins hohe Alter durch Zirkulin‹.«

»Pass man lieber auf, dass du dir nicht in die Finger schneidest«, wehrte Emma Meyerhoff ab.

»Auch für diesen Fall ist vorgesorgt«, entgegnete Hilde. »Hier: ›Autsch, mein Finger, Wundpflaster Trauma‹.«

Kaum hatte sie den Satz beendet, hörte sie Schritte, und schon klopfte es an der Tür.

»Herein, wenn's kein Schneider ist«, rief Hilde munter. Doch sie schluckte, als der dicke Dorfpolizist Herbst durch die Tür trat.

»Ich habe den Auftrag, dich abzuholen, Hilde«, begann er, ohne zu grüßen, mit amtlich ernster Miene.

Hilde vergaß vor Schreck, dass sie noch einen Rosenkohlstrunk in der Hand hielt.

»Abholen? Mich? Was ist denn los?«, stammelte sie.

»Das werden sie dir auf der Wache in Bomlitz schon erzählen«, entgegnete der Polizist schroff.

»Um Himmels willen, was soll denn das?«, stieß Emma Meyerhoff hervor, und da die Frage unbeantwortet blieb, hakte sie zaghaft nach. »Ist Hilde denn zum Mittagessen wieder da?«

»Ich weiß es nicht, und ich kann jetzt hier auch keine großen Erklärungen abgeben. Aber je schneller wir loskommen, desto eher kriegt ihr auch Bescheid. Also zieh dir was über und komm mit, Hilde.«

Das klang wie ein Befehl, der keine Weigerung duldete. So erhob sich Hilde verstört von ihrem Stuhl und zog ihre Strickjacke über. Mit zusammengepressten Lippen nickte sie ihrer Großmutter zum Abschied zu und folgte dem Uniformierten ins Freie.

Auf dem Rückweg schob Polizist Herbst sein Fahrrad, Hilde musste nebenher laufen. Wie oft war sie diesen Feldweg schon entlanggeradelt – zum Einkaufen, zu den BDM-Treffen, zum Tanzen. Aber an diesem Sonntagmorgen war alles anders. Sie hatte keine Ahnung, was man von ihr wollte, aber es konnte nichts Gutes sein. Bleischwer lag ihr diese bange Erwartung auf der Brust, doch sie traute sich nicht, nochmals nach dem Grund der Vorladung zu fragen. Und auch der Polizist verkniff sich jeden Hinweis. So trotteten sie schweigend nebeneinander her. Hilde war froh, dass sie niemandem begegneten. Was hätten denn die Leute denken sollen?

In der Polizeibaracke in Bomlitz wurde Hilde schon von einem Mann in grauem Anzug erwartet. Gestapo, schoss es ihr durch den Kopf. Man hatte ja schon einiges von dieser Geheimen Staatspolizei gehört.

»Sie werden sich vermutlich fragen, warum wir Sie abgeholt haben«, sagte der Mann, ohne sich vorzustellen. »Haben Sie eine Idee?«

Hilde zuckte die Achseln.

»Na, dann will ich Ihnen mal auf die Sprünge helfen. Kennen Sie einen polnischen Fremdarbeiter namens Eugen Leśniewski?«

»Was heißt kennen?«, fragte Hilde zurück. »Wir haben zusammen gearbeitet.«

»Uns ist da aber zu Ohren gekommen, dass Ihr Verhältnis weit über eine übliche Arbeitsbeziehung hinausgegangen ist.«

Hilflos hob Hilde die Arme. »Da ist aber doch gar nichts dran.«

Fast war sie erleichtert, dass es sich um eine so harmlose Geschichte handelte, derentwegen sie verdächtigt wurde. Das ließ sich ja wohl leicht aus der Welt schaffen. Doch der Mann, der ihr an dem Tisch mit der schweren Eichenholzplatte gegenübersaß, runzelte ernst die Stirn. Wie ein sprungbereiter Tiger setzte er unvermittelt zu einer neuen Frage an.

»Und wie war das am Dienstag? In der Küche bei Stockmanns?«

»Da war nichts, gar nichts war da.«

»Sie haben sich also nicht mit den Polen unterhalten?«

»Na ja, unterhalten haben wir uns natürlich schon. Wir haben uns ja alle unterhalten. Das war ja so eine Art Geburtstagsfeier, nichts Großes, nein. Wir haben nur ein bisschen was zusammen getrunken und gegessen und Witze gemacht und so.«

»Witze gemacht und so«, wiederholte der Gestapo-Mann. »Wie nett. Sie müssten doch aber eigentlich wissen, dass es verboten ist, sich mit Polen außerhalb der Arbeit zu unterhalten, geschweige denn zu feiern. Sie sind doch Mädelschaftsführerin hier in Jarlingen.«

Hilde nickte. »Aber das machen doch alle«, murmelte sie.

»Das macht die Sache auch nicht besser«, erwiderte der Vernehmungsbeamte streng. »Aber Sie haben Recht. Deshalb haben wir Sie nicht geholt.«

Er räusperte sich und blickte kurz zu dem dicken Wachtmeister hinüber, der sich in die Ecke gesetzt hatte.

»Es heißt, Sie hätten ein, äh, Verhältnis mit diesem Polen.«

»Was? Was soll ich haben? Das ist doch Quatsch. Ich hab nichts mit dem gehabt. Wer sagt denn so was?«

»Das tut hier nichts zur Sache. Hier geht es nur darum, was Sie gesagt haben. Und das will ich Ihnen jetzt mal vorlesen.« Er zog ein Blatt Papier aus einem roten Ordner. Dann las er: »Wenn Hitler tot ist, können wir tanzen.« Er blickte ihr streng in die Augen. »Waren das nicht Ihre Worte?«

Hilde glühten die Wangen. »Ach, Unsinn, warum soll ich denn so was sagen?«

»Sehr merkwürdig – mehrere Zeugen sind ganz sicher, dass Sie genau dies gesagt haben, wertes Fräulein«, setzte der Mann scharf nach. »Ich habe langsam das Gefühl, Sie würden sogar bestreiten, dass Sie Haare auf dem Kopf haben. Kommen Sie mal langsam zur Vernunft. Ich habe keine Lust, mich hier mit Ihnen bis in die Nacht abzugeben, Verehrteste.«

Der gereizte Ton brachte Hilde aus der Fassung. Sie begann zu weinen. »Ich hab doch gar nichts Schlimmes gemacht«, schluchzte sie. »Ich hab dem noch nur gesagt, dass ich nicht mit ihm tanzen will.«

»Jetzt beruhigen Sie sich mal, ist ja ekelhaft, diese Heulerei.

Kann es nicht sein, dass Sie den Polen mit dieser Bemerkung, die ich gerade verlesen habe, abgewiesen haben? Denken Sie doch mal scharf nach.«

Hilde schüttelte mit zusammengepressten Lippen den Kopf. »Ich weiß langsam gar nichts mehr«, wimmerte sie. »Ich glaube, ihr wollt mich hier verrückt machen. Aber das ändert auch nichts. Da war nichts. Wie oft soll ich das noch sagen? Da war nichts.« Zitternd zog sie ihr Taschentuch aus der Jackentasche und fuhr sich damit übers Gesicht.

»Also noch mal zum Mitschreiben, damit wir uns hier klar verstehen, gnädiges Fräulein: Ich habe eben gerade nicht gefragt, ob du mit dem Kerl was gehabt hast, sondern ob du diesen Satz gesagt hast: Wenn Hitler tot ist, tanzen wir. Hast du das gesagt?«

Hilde erhob keinen Einwand dagegen, dass der Mann sie plötzlich duzte. Sie fühlte sich ohnehin so ausgeliefert, so jeglicher Würde beraubt, dass es auf die Anrede auch nicht mehr ankam. »Was weiß ich denn, was ich gesagt habe«, antwortete sie. »Man redet ja so allerhand, wenn der Tag lang ist. Wenn es alle anderen gehört haben, dann habe ich es vielleicht gesagt. Na und? Was ist denn eigentlich Schlimmes dabei?«

Der Mann in dem grauen Anzug atmete hörbar auf. »Na, warum denn nicht gleich so. Jetzt kommen wir der Sache ja langsam näher. Also, du gibst zu, diese Bemerkung gemacht zu haben.« Wieder starrte er Hilde durchdringend an. »Wie war das denn gemeint?«

»Da war gar nichts mit gemeint, da steckt wirklich nichts dahinter. Ich wollte Eugen einfach nur zu verstehen geben, dass wir nicht miteinander tanzen können. Punkt. Das war's.«

»Aber an sich hättest du gern mit deinem, äh, Eugen getanzt, was?«

»Ich tanz überhaupt gern.«

»Da hat ja auch keiner was dagegen, aber es muss ja nicht unbedingt ein Polacke sein.«

Der Mann blickte konzentriert auf seine Fingerspitzen, die er so aneinander presste, dass seine Hände ein Dach formten.

»Du gibst also zu, dass du gern mit Eugen getanzt hättest, Mädchen?«

Er machte eine kleine Pause und sah Hilde in die Augen.

»Dann ist es doch wohl klar, dass du unseren Führer dabei als ein, sagen wir, Hindernis betrachten musstest, das am besten aus dem Weg geräumt wird. Dass du, sprechen wir es ruhig aus, dass du Adolf Hitler den Tod gewünscht hast.«

Hilde schüttelte so wild den Kopf, dass ihr die Haarsträhnen über die Stirn fielen. »Nein, nein, das habe ich nicht im Traum gemeint«, beteuerte sie. »Ich hab doch gar nichts gegen Hitler. Ganz im Gegenteil. Der Mann gefällt mir. Diese zackigen Reden. Wie sie alle jubeln, wenn der auftritt. Endlich mal einer, der aufräumt und sich für Deutschland einsetzt. Ich bin doch nicht umsonst BDM-Führerin.«

»Da verlangst du mir aber einiges ab, Kleine«, entgegnete der Gestapo-Mann. »Ich glaube, du beruhigst dich erst mal, und dann unterhalten wir uns weiter.«

Daraufhin erhob sich der Mann, tuschelte kurz mit Wachtmeister Herbst und verließ die Baracke. Hilde atmete auf. Sie hoffte, nun gleich entlassen zu werden. Doch sie hatte sich getäuscht. Herbst führte sie in einen hinteren Raum, der fast ganz von einer Pritsche eingenommen wurde und furchtbar muffig roch. Sie müsse sich hier zu weiteren Vernehmungen bereithalten, erklärte er ihr, und noch bevor Hilde zu einer Frage ansetzen konnte, hatte er auch schon die Tür abgeschlossen.

Die Stunden vergingen wie im Fieberwahn. Hilde hörte, wie das Telefon in der Wachtmeisterei klingelte. Türenschlagen.

Männerstimmen. Sie hörte, wie hinter dem vergitterten Milchglasfenster etwas zu Boden fiel, ein Apfel vielleicht.

Nach einiger Zeit brachte Herbst ihr ein Butterbrot und einen abgestoßenen Blechbecher mit Wasser. »Deine Oma ist da gewesen und hat 'n paar Sachen für dich abgegeben, Handtücher, Wechselzeug, Nachthemd und so. Das ist sicher nicht ganz verkehrt. Wird ja wohl noch 'ne Weile dauern mit dir.«

Hilde sah ihn mit weit aufgerissenen Augen an. »Noch 'ne Weile dauern?«, fragte sie ängstlich. »Komme ich etwa heute noch nicht nach Hause?«

Der Polizist zog seine Augenbrauen hoch. »Nee, Mädchen, ich glaube, daraus wird nix.«

Ermattet ließ sich Hilde auf die Pritsche niedersinken. Sie fand keine Worte.

Allmählich wurde es dämmrig in dem kleinen Raum. Hinter der Milchglasscheibe versank die Oktobersonne. Als der dicke Polizist erneut die Tür öffnete, um sie in die Wachstube zu holen, schöpfte Hilde ein wenig Hoffnung. Wieder saß dort dieser Mann in dem grauen Anzug. Doch wie am Morgen drehte sich das Gespräch im Kreis. Immer wieder hielt der Gestapo-Mann ihr vor, sie habe dem Führer den Tod gewünscht und womöglich Komplizen, die ähnlich dächten. Immer wieder versuchte er ihr wegen der angeblichen Affäre mit Eugen auf den Zahn zu fühlen. Diesmal hatte Herbst die Aufgabe, Protokoll zu führen.

»Wenn du dich nicht so furchtbar stur anstellen würdest, Mädchen, könntest du vielleicht schon bald nach Hause kommen«, lockte der Vernehmungsbeamte.

»Da war nichts, wie oft soll ich das noch sagen«, wimmerte Hilde erschöpft. »Da war wirklich nichts. Aber schreibt doch von mir aus, was ihr wollt.«

Und so wurde ein Protokoll angefertigt, und Hilde setzte, in der vagen Hoffnung, auf diese Weise vielleicht freizukommen, ihre Unterschrift darunter. Sie machte sich gar nicht erst die Mühe, alles genau durchzulesen. Es hatte ja doch keinen Zweck.

Zumindest das quälende Verhör wurde so beendet. Doch Hildes Hoffnung auf Entlassung erfüllte sich nicht. Der Mann in Grau ging, und Wachtmeister Herbst überreichte ihr die Tasche ihrer Großmutter.

»Wenn du willst, kannst du dich jetzt waschen. Da hinterm Vorhang steht 'ne Schüssel mit Wasser.«

Hilde spürte, was das zu bedeuten hatte. Doch sie war viel zu matt und niedergeschlagen, um dagegen aufzubegehren. Stumm fügte sie sich in ihr Schicksal, immer noch hoffend, dass bald die erlösende Nachricht komme und der Alptraum ein Ende habe.

Bevor sie wieder in ihrer kleinen Arrestzelle eingeschlossen wurde, betrat ein junger Polizist die Baracke, der den dicken Herbst ablöste. Sie kannte den Mann vom Sehen. Er kam offenbar frisch von der Polizeischule, die sie vor einigen Jahren im Löverschen aufgemacht hatten – jenem dünn besiedelten Waldgebiet, das nur wenige Kilometer von Jarlingen entfernt war.

Der schlanke Mann mit dem kurz geschnittenen Blondhaar lächelte sie an, als er ihr das Abendessen brachte, buchstäblich Wasser und Brot. »Tut mir Leid, aber was Besseres haben wir hier nicht vorrätig«, sagte er und zuckte entschuldigend mit den Achseln.

»Ich hab sowieso keinen Hunger«, antwortete Hilde mutlos. Eine derart freundliche Ansprache hatte sie gar nicht mehr erwartet. Sie schluchzte auf, Tränen liefen über ihr Gesicht.

Dem Polizisten war anzusehen, dass ihn das Weinen verunsicherte. »Wird schon werden«, murmelte er und verließ den Raum.

Hilde legte sich auf die Pritsche und deckte sich mit der grauen Pferdedecke zu. Sie horchte in die Dunkelheit. Die Zweige der Eichen rauschten im Wind, der Dielenfußboden nebenan knarrte unter den Schritten ihres Wächters. Es wollte ihr einfach nicht gelingen, einen klaren Gedanken zu fassen. Immer wieder quälte sie die gleiche Frage: Wer hatte sie bloß angeschwärzt? Sie hatte doch niemandem etwas getan.

Plötzlich hörte sie, wie ein Schlüssel ins Türschloss gesteckt wurde. Das Licht ging an, und schon stand der junge Polizist im Raum. Hilde richtete sich erschrocken auf.

»Brauchst keine Angst zu haben, ich wollte nur mal gucken, ob du noch lebst«, sagte er, wieder mit entschuldigendem Lächeln. »War so still bei dir.«

Hildes Augen mussten sich erst an die Helligkeit gewöhnen. Sie blinzelte ihren Besucher fragend an.

»Ich heiße übrigens Kurt«, sagte der junge Polizist in vertraulichem Ton. »Wir sind ja fast ein Jahrgang. Da müssen wir doch nicht so steif miteinander reden.«

»Hilde«, erwiderte die Gefangene schüchtern.

Die graue Decke hob und senkte sich über ihren Atemzügen. Hilde bemerkte, wie dieser Kurt sie musterte.

Er hüstelte verlegen. »Wenn man dich so ansieht, kann man ja wirklich verstehen, dass der Polacke große Augen gekriegt hat«, begann er. »Und ihr habt, äh, wirklich nichts miteinander gehabt? Ich mein, mir kannst du es ruhig erzählen, ich würd es auch nicht weitersagen.«

Hilde ärgerte die Frage. »Jetzt geht das schon wieder los. Von hinten durch die Brust ins Auge, was?«, fuhr sie auf. »Ich hab doch schon tausendmal erklärt, dass da nichts war, verdammt noch mal.«

»Immer ruhig bleiben, du kannst dich wirklich drauf verlassen, dass es unter uns bleibt. Aber wenn du es mir nicht sagen willst, dann ist es auch gut.«

Regen schlug an die Fensterscheibe. Nach kurzem Räuspern setzte der Polizist zu einer neuen Frage an. »Hast du eigentlich einen Freund?«

»Mein Freund ist im Krieg«, log Hilde. Warum sollte sie diesem Mann denn auch die ganze komplizierte Wahrheit erzählen?

»Das ist gut«, antwortete Kurt. »Jeder an seinem Platz. Ich erfülle meine vaterländische Pflicht hier an der Heimatfront. Das ist auch wichtig.« Wieder trat einen Moment lang Stille ein. »Meine Freundin ist beim Arbeitsdienst im Osten.«

»Ach, da bin ich auch gewesen«, sagte Hilde, erfreut, dass das Gespräch endlich eine unverfänglichere Richtung nahm.

»Da könnten wir uns ja eigentlich gegenseitig trösten.«

Hilde hatte die Bemerkung zuerst nicht verstanden. Dann spürte sie, wie ihr die Röte ins Gesicht schoss. »Was soll das denn heißen?«

Kurt lächelte hintersinnig. »Als ob du dir das nicht selber denken kannst. Ich würd mich gern zu dir legen und dich 'n bisschen wärmen.«

Unwillkürlich zog Hilde die Decke bis unters Kinn. »So einer bist du also«, erwiderte sie empört. »Was denkst du eigentlich, wen du hier vor dir hast?«

»Entschuldigung, ich wollte dir nicht zu nahe treten«, sagte der Polizist, bemüht, den freundlichen Ton zu wahren. »Aber wenn wir uns hier schon zusammen die Nacht um die Ohren schlagen müssen, dann können wir doch ruhig ein bisschen Spaß dabei haben.«

»Mir steht jetzt nicht der Sinn nach so was, wirklich nicht«, wehrte Hilde ab.

»Es soll dein Schaden nicht sein«, drängte Kurt weiter. »Wenn du lieb zu mir bist, dann bin ich auch lieb zu dir. Ich verspreche dir, dass du freikommst, wenn du mich zu dir lässt, Hilde.« Zur Bekräftigung strich er ihr übers Haar.

Hilde schob seine Hand zurück und wandte ihren Kopf ruckartig zur Seite. »Das sind doch bloß leere Versprechungen«, fauchte sie. »Glaub ja nicht, dass du mich mit dieser Masche weich klopfen kannst.«

Sie hörte, wie der Polizist wütend schnaubte. »Die Polacken sind dir wohl lieber, was?«, herrschte er sie an. »Bilde dir bloß nicht ein, dass du mir hier die Heilige Mutter Maria vorspielen kannst, glaub das ja nicht. Ich weiß genau, was du für eine bist, du Polennutte. Aber du wirst schon sehen, was du davon hast. Die werden schon dafür sorgen, dass dir die Lust an solchen Schweinereien vergeht.«

Mit einem Schlag hatte sich der freundliche Mann in einen uniformierten Teufel verwandelt.

»Die Haare werden sie dir abrasieren, dass du aussiehst wie 'n alter Tattergreis mit Glatze, du Hure, du.«

Hilde war starr vor Schreck.

»Weiß doch jeder, was du für eine bist, du läufige Katze«, schrie der Mann sie an. »Aber zu deinen Sauereien wirst du wohl fürs Erste keine Gelegenheit mehr haben. Damit ist es jetzt aus und vorbei, verstehst du? Wirst schon noch sehen. Aus und vorbei, Schätzchen.«

Damit drehte er sich um, stampfte aus dem Raum, knallte die Tür zu und drehte den Schlüssel um. Hilde hörte, wie er noch eine Weile über die knarrenden Dielen lief und wüste Verwünschungen ausstieß.

Aus der Zeit gefallen

Der erste Herbststurm riss die Blätter von den Bäumen und zerrte an Dächern und Fensterläden. Was aber in der Nacht zum Dienstag, den 21. Oktober 1941, über Bremen hinwegfegte, war kein gewöhnlicher Herbststurm. Das waren Flugzeuge aus dem Vereinigten Königreich, ein Geschwader von zweiundneunzig Kampfbombern brauste über die Stadt an der Weser. Und was sie abwarfen, riss nicht nur Blätter von den Bäumen. Bombe um Bombe schlug in die Häuser und Straßen ein, hundertvierzig Tonnen Sprengstoff fielen vom Himmel wie Sternschnuppen. Doch in der »Walsroder Zeitung« wie in der übrigen deutschen Presse waren weiterhin nur Siegesmeldungen zu lesen.

»Der gesamte baltische Raum befreit«, jubelte die Schlagzeile auf Seite eins. Und: »Rüstungszentrum Stalino im Donezbecken genommen«. Das Oberkommando der Wehrmacht gab in einer »zusammenfassenden Sondermeldung« bekannt, dass »das wichtigste Operationsziel« der Heeresgruppe Nord »mit der Einschließung von Leningrad« erreicht sei.

Auch an der Heimatfront wurde weiter gekämpft. »Den Polen auf die Finger sehen«, mahnte die »Walsroder Zeitung«. Und den Anzeigen konnte die deutsche Hausfrau entnehmen, wie mühelos sich eine leckere Ochsenschwanzsuppe mit Hilfe von Knorrs Suppenwürfeln zubereiten lässt.

Hilde hatte in diesen grauen Oktobertagen keine Gelegenheit mehr, Zeitungsanzeigen zu studieren oder Radio zu hören. Sie war abgeschnitten von der Außenwelt, und ihr Weg führte sie immer weiter ins Abseits, immer weiter weg von den vertrauten Pfaden ihrer Kindheit und Jugend und den Menschen, die ihr lieb waren.

»Morgen früh geht's nach Verden«, hatte ihr Wachtmeister Herbst am Montagabend in barschem Ton mitgeteilt. Und tatsächlich wurde sie am Dienstagmorgen zur »grünen Minna« geführt, die vor der Bomlitzer Polizeibaracke parkte. Bunte Blätter bedeckten das glitschige Kopfsteinpflaster. Es roch nach feuchtem Eichenlaub. Ein frischer Luftzug wehte ihr ins Gesicht, bevor sie den Transporter mit den vergitterten Fenstern bestieg und sich in eine winzige Zelle setzen musste. Sie hörte, dass noch eine weitere Person zugeladen wurde, konnte aber wegen der Trennwand nicht erkennen, um wen es sich handelte.

Sie erinnerte sich daran, wie sie noch vor gar nicht so langer Zeit mit den anderen Mädchen gescherzt hatte über die »grüne Minna«. Nun war sie selbst darin eingesperrt. Wie eine Schwerverbrecherin, ging es ihr durch den Kopf. Als wenn ich einen umgebracht hätte. Dabei hab ich doch gar nichts gemacht. Die Angst schnürte ihr die Kehle zu.

Der rote Klinkerbau lag im Stadtkern von Verden. Doch Hilde blickte nur auf hohe Mauern, als sie am Ende der Fahrt aussteigen musste. Während eine Aufseherin sie über den Hof führte, kletterte auch die andere Person aus dem Gefangenentransporter. Hilde hörte, wie die Autotür zugeschlagen wurde. Doch sie wagte es nicht, sich umzudrehen. Und Fragen zu stellen traute sie sich erst recht nicht.

Eine langwierige Aufnahmeprozedur nahm ihren Lauf. Hilde wurde eingeschlossen und abgeholt, wieder eingeschlossen, wieder abgeholt. Schlüsselbunde rasselten. Schritte hallten durch lange Gänge. Jedes Geräusch versetzte sie in Panik.

Die meisten Habseligkeiten wurden ihr abgenommen und penibel erfasst, ihre Personalien registriert, Stempel auf Formulare gedrückt. Ergeben ließ sie alles mit sich geschehen. Immer gleichmütiger, abgestumpfter erwartete sie die nächste Station. Sie verlor jedes Gefühl dafür, wie lange das alles dauerte. Sie war aus der Zeit gefallen. Ausgeliefert an höhere Mächte, die nun ihren Lebensrhythmus nach irgendwelchen unbekannten Gesetzen diktierten.

Am Ende schloss sich hinter ihr die schwere Eisentür einer Einzelzelle mit grau verputzten Wänden. Dämmriges Licht brach durch ein kleines Gitterfenster, das zum Innenhof hinausging. Ein Holztisch, ein Stuhl, eine Pritsche mit einer dunklen Decke und ein klappriger Spind – das war schon das ganze Mobiliar dieses trostlosen Raums. In einer Ecke entdeckte Hilde einen Toilettenstuhl, dem ein scharfer Geruch von Desinfektionsmitteln entströmte.

Niedergeschlagen ließ sich die Gefangene auf den Stuhl sinken und vergrub ihr Gesicht in den Händen, unfähig, einen klaren Gedanken zu fassen. Sie horchte erneut auf die Schritte im Gang, auf Stimmen, auf das Klirren der Schlüssel. Nach einer Weile hörte sie, dass auch in ihre Tür ein Schlüssel gesteckt wurde. Die Aufseherin brachte das Abendessen: zwei Scheiben Brot, einen Klecks Margarine, einen Becher Wasser.

Ein Messer gab es nicht. Hilde musste die Margarine mit dem Finger auf dem Brot verteilen. Während sie ihr karges Mahl verspeiste, spürte sie erst ihren Hunger. Und er war nicht gestillt, als sie sich schließlich im Nachthemd auf die Pritsche legte.

Ihr fröstelte. Das Heizungsrohr, das durch die Zelle lief, war nur lauwarm. Zitternd kroch Hilde unter die raue Decke und schlotterte sich warm, wie sie es zu Hause auch immer gemacht hatte. Sie horchte in die Dunkelheit. Regen schlug gegen das kleine Fenster. Irgendwo draußen spielte der Wind mit einem losen Riegel. Ein Gedicht kam ihr in den Sinn – Verse, die sie einst von Eugen gelernt hatte:

»Schweigt der Menschen laute Lust:
Rauscht die Erde wie in Träumen
wunderbar mit allen Bäumen,
was den Herzen kaum bewusst.«

Hilde war stolz, als sie die schwierigen Verse wieder zusammenbekommen hatte. Doch schon im nächsten Moment verwarf sie sie als unpassend, und die Angst mit ihren nagenden Fragen kroch wieder in ihr hoch. Wie war sie bloß ins Gefängnis gekommen? Wo würde das noch hinführen? Und vor allem: Wem hatte sie dies alles zu verdanken? Wer war dieser unbekannte Teufel, der sie angezeigt hatte? Wieder und wieder ging sie die Reihen jener Geburtstagsgesellschaft durch, zog diesen und jenen in Verdacht, mochte sich aber auf niemanden festlegen. Schließlich gelang es ihr, sich einzureden, dass sich die ganzen Anschuldigungen bald in Luft auflösen würden. Und so schlief sie endlich ein.

Doch schon bevor das Frühstück – wässriger Muckefuck und Brot mit Margarine – gebracht wurde, wachte sie auf. Das Krachen schwerer Tore hatte sie aus dem Schlaf gerissen. Nach dem Frühstück hievte ein Aufseher einen schweren Sack in ihre Zelle. Es seien Erbsen darin, die sie nun zu verlesen habe, erklärte er. »Die guten ins Töpfchen, die schlechten ins Kröpfchen.« Unwillkürlich fiel ihr dieser Spruch aus dem Märchen von Aschenputtel ein. Sie fühlte sich wie die schikanierte Stieftochter – genauso ungerecht behandelt, genauso verstoßen. Wo war der Prinz, der sie erlöste?

Zum Mittagessen gab es dünne Bohnensuppe mit einem Stück Brot. Danach wurde Hilde zum Hofgang gerufen. Gut vierundzwanzig Stunden nach ihrer Ankunft sah sie nun endlich ihre Mitgefangenen. Frauen mit gesenkten Blicken, einige in grauen sackartigen Kleidern, der Gefängnisuniform. Erst jetzt wurde

Hilde bewusst, dass sie immer noch ihren graublauen Faltenrock besaß, den sie bereits bei der Festnahme getragen hatte. Immerhin. Wenigstens ihre Privatkleidung hatte man ihr gelassen. Vielleicht ein gutes Zeichen.

Es war verboten, sich während des Hofgangs zu unterhalten. Manche der zumeist jungen Frauen verständigten sich dennoch mit Handzeichen, während sie im Abstand von zwei, drei Metern auf dem Hof ihre Runden drehten. Andere tuschelten sogar heimlich miteinander. Auch eine ältere Frau mit Dutt und rosigem Bäuerinnengesicht ging mit den anderen im Kreis. Gern hätte Hilde sie gefragt, was sie ins Gefängnis geführt hatte, dieses Musterexemplar bodenständiger Ehrbarkeit. Doch es fehlte ihr an Mut. Schweigend folgte sie dem trostlosen Tross. Feiner, beständiger Nieselregen durchnässte ihr das Haar. Der Himmel verbarg sich unter einer grauen Wolkenschicht. Dennoch genoss es Hilde, endlich wieder draußen zu sein. Es hatte etwas Befreiendes, diese herbe Herbstluft einzuatmen. Trotz allem.

Nach dem Hofgang wurde sie zu ihrem ersten Verhör gerufen.

»Ich hab doch schon gesagt, dass da nichts war«, beteuerte sie erneut.

»Bei der Polizei in Bomlitz hast du aber was anderes erzählt«, entgegnete der Mann, der sie vernahm. Er lehnte sich zurück und zog sich eine Akte heran. »Betr. GV«, stand auf dem Aktendeckel. Erst später erfuhr Hilde, dass »GV« Geschlechtsverkehr bedeutete – verbotener Umgang mit Fremdvölkischen, wie es im Jargon der Nationalsozialisten hieß.

Der Mann im braunen Anzug las Hilde das Protokoll ihrer Aussage vor.

»Hast du das nun gesagt oder nicht?«

Hilde schüttelte den Kopf.

»So habe ich das nicht gemeint«, stammelte sie. »Die, die haben mich reingelegt.«

Doch der Gestapo-Mann ließ nicht locker, bezichtigte Hilde der Lüge und ließ durchblicken, dass es auch Zeugen für die »Schweinerei« gebe. »Also, jetzt hör mal gut zu, Mädchen. Wenn du dich weiter stur stellst und Dinge abstreitest, die wir sowieso schon wissen, dann machst du die Sache nur noch schlimmer für dich«, drohte er väterlich streng. Und wie der Vernehmungsbeamte in Bomlitz lockte er die Gefangene mit der vagen Aussicht auf baldige Freilasssung, wenn sie sich einsichtig zeige und endlich »Vernunft« annehme.

Schließlich gab Hilde nach. »Schreibt doch, was ihr wollt«, sagte sie resignierend.

Daraufhin wurde sie in ihre Zelle gebracht. Drei Tage später hielt man ihr vor, sie habe Hitler den Tod gewünscht. »Wenn Hitler tot ist, können wir tanzen.« Immer wieder sollte sie sich zu diesem unbedachten Ausspruch äußern, den sie ja nun nicht mehr leugnen konnte.

»Was hast du dir denn dabei gedacht? Mit wem hast du über diese Dinge gesprochen? Hast du Kontakt zu Kommunisten?«

Solche Fragen trieben sie zur Verzweiflung. Immer wieder beteuerte sie, dass sie nichts gegen Hitler habe. Ganz im Gegenteil!

Sie wollten ihr aber einfach nicht glauben. »Wir haben Zeit, Verehrteste«, sagten sie und schickten sie in die Zelle zurück. Doch das grausame Spiel wiederholte sich nur noch ein einziges Mal. Dann hörten die Vernehmungen plötzlich auf. Es kam eine Zeit des Wartens und der Ungewissheit.

Und die Tage krochen dahin, einer so trist wie der andere. Wecken, Frühstück, Erbsen verlesen, Eintopf, Hofgang, Erbsen verlesen, Abendbrot und dann die lange, dunkle Nacht. Hilde fühlte sich wie lebendig begraben hinter den dicken Gefängnismauern. Und immer war es ihr, als werde sie beobachtet. Sie wusste, dass die Aufseherinnen durch das Guckloch in ihre Zelle blicken konnten, ohne dass sie selbst es bemerkte, und das verstärkte mit der Zeit ihre Unruhe.

Schließlich kündigte sich eine Veränderung an. »Morgen geht's weiter nach Lüneburg«, teilte ihr eine Aufseherin mit.

Lüneburg? Was sie wohl dort mit ihr vorhatten? Ihre Gedanken schossen hin und her zwischen Bangen und Hoffen. Sie wagte es nicht, ihre Fragen auszusprechen. Sie wollte ja schließlich nicht in Ungnade fallen.

Den nächsten Tag verbrachte sie mit Warten. Nichts geschah zunächst. Hatte man sie mit der Ankündigung nur mürbe machen wollen?

Endlich, die Sonne war bereits untergegangen, wurde sie auf den Hof geführt. In der Abenddämmerung sah sie, dass wieder eine »grüne Minna« bereitstand. Doch diesmal ging die Fahrt nur bis zum Bahnhof. Hier wurde Hilde zum Zug geführt und in einen speziellen Gefangenenwaggon gesperrt – eine Art Güterwagen mit Strohballen und vergitterten Fenstern.

Nur hin und wieder, wenn der Zug anhielt, stand sie auf und spähte hinaus. Im fahlen Mondlicht sah sie, dass viele Bäume ihr Laub verloren hatten. Nebel hing über Feldern und Wiesen.

Nach längeren Zwischenaufenthalten erreichte der Zug Lüneburg. Da es bereits kurz vor Mitternacht war, wurde Hilde zunächst in Polizeigewahrsam genommen, bevor sie am nächsten Morgen ins Zuchthaus kam.

Wieder erhielt sie eine Einzelzelle, wieder hatte sie mit den anderen Frauen ihre Runden beim Hofgang zu drehen. Immer im Kreis herum, so wie ihr gesamtes Leben derzeit verlief. Aber anders als in Verden wurde sie in Lüneburg nicht mehr zum Verhör gerufen. Und anders als in Verden traf sie hier auf eine Aufseherin, mit der sie reden konnte.

»Ich weiß einfach nicht, was die von mir wollen«, stammelte

Hilde, als diese Thea Brauer sie in ihre Zelle zurückbrachte. »Ich hab doch nichts Unrechtes getan.«

»Wird schon wieder werden«, flüsterte ihr die Frau in dem dunkelblauen Anstaltskostüm zu. »Kopf hoch, junge Frau.« Und sie verließ die Zelle nicht gleich wieder, sondern fragte Hilde, woher sie komme und was sie bisher gemacht habe.

Hilde erzählte von ihren Großeltern, von ihrer Zeit beim Arbeitsdienst, beim BDM und von Jarlingen, vor allem aber von ihrer großen Leidenschaft – der Handarbeit.

»Na, das ist ja gut zu wissen«, sagte die Aufseherin mit freundlichem Lächeln. »Ich würde mir selbst gern mal was machen. Aber man findet ja keine Zeit dazu. Wenn ich vom Dienst nach Hause komme, dann warten schon die Kinder.«

Am nächsten Tag kam Thea Brauer mit einer großen braunen Papiertüte zu ihr in die Zelle. »Wenn du willst, kannst mir einen Gefallen tun«, sagte sie. »Ich habe hier einen ganzen Haufen aufgeribbelter Wolle. Kannst du mir nicht ein Kleid davon stricken? Ich sorge dafür, dass du von der stumpfsinnigen Maloche hier freigestellt wirst.«

Welche Frage! Erstmals seit der Verhaftung leuchteten Hildes Augen wieder. »Aber natürlich, das mache ich doch gern«, erwiderte sie prompt. »Wie soll's denn werden?«

Noch am selben Tag nahm sie bei ihrer Aufseherin Maß und begann mit der Arbeit. Endlich eine Aufgabe! Endlich konnte sie einer vertrauten Tätigkeit nachgehen, die ihre trüben Gedanken vertrieb.

Entzückt beobachtete Thea Brauer, welche Fortschritte Hildes Strickwerk machte. Zur Belohnung brachte sie ihr heimlich kleine Stückchen Wurst mit zum Abendbrot. Und als sie das dunkelblaue Strickkleid mit dem viereckigen Halsausschnitt schließlich anprobierte, war sie des Lobes voll. »Das hast du großartig gemacht. Du hättest wirklich das Zeug zur Schneiderin.« Zum Lohn zauberte sie einen leuchtend roten Apfel aus ihrer Tasche und drückte ihn Hilde in die Hand.

Und die bekam Gelegenheit, sich noch mehr Wurststücke und Äpfel zu verdienen. Denn Thea Brauer beglückte sie gleich am nächsten Tag mit einem neuen Auftrag. Diesmal wollte sie ein Kleid mit Blumenmuster. Dafür vertraute sie der Gefangenen sogar neues Garn an. Wenn Thea Brauer oder ihre Freundinnen Dienst hatten, ließen sie das Licht in Hildes Zelle viel länger brennen, als es erlaubt war, und so konnte sie bis tief in die Nacht stricken. Thea Brauer war jetzt für sie keine Aufseherin mehr, vor der sie Angst haben musste, sondern eine Kundin. So vergaß Hilde in ihrem Eifer manchmal, wo sie war.

Die Adventszeit verging mit emsiger Handarbeit, und zum Nikolaustag bekam sie sogar ein paar selbst gebackene Kekse von ihrer Aufseherin geschenkt.

»Da wird mein Willi aber Augen machen, wenn er Weihnachten nach Hause kommt«, jubelte Frau Brauer, als schließlich auch dieses Kleid fertig war. Sie revanchierte sich mit drei dicken Scheiben Mettwurst und erzählte Hilde, dass auch eine Kollegin Interesse an einem Strickkleid geäußert habe. Hilde war selig.

Doch aus dem neuen Auftrag wurde nichts. Am nächsten Tag teilte ihr die Abteilungsleiterin mit, dass ihre Zeit in Lüneburg zu Ende gehe. Freude stieg in Hilde auf, aber schon beim nächsten Satz verflog alle Hoffnung.

»Morgen früh geht's mit dem Zug nach Ravensbrück, halt dich bereit.«

Hilde stockte der Atem. Sie hatte zwar keine klare Vorstellung davon, was sich hinter diesem Ortsnamen verbarg. Doch alles, was sie darüber gehört hatte, verhieß Gefahr und Leid. Von »KZ« war getuschelt worden – irgendwas mit »Lager«.

Hitlermädchen in der Hölle

Weihnachten stand vor der Tür. Der russische Winter hatte den Vormarsch der deutschen Truppen endgültig gestoppt. 20. Dezember 1941. Adolf Hitler rief dazu auf, Wintersachen für die Soldaten an der Ostfront zu sammeln: »Wenn nun das deutsche Volk seinen Soldaten anlässlich des Weihnachtsfestes ein Geschenk geben will, dann soll es auf all das verzichten, was an wärmsten Kleidungsstücken vorhanden ist.«

Und Propagandaminister Joseph Goebbels listete in einer Rundfunkansprache für die Frauen und Mädchen an der »Heimatfront« auf, was die Männer im fernen Russland alles brauchten: »Überschuhe, nach Möglichkeit gefüttert oder mit Pelz ausgestattet, warme Wollsachen, Socken, Strümpfe, Westen, Unterjacken oder Pullover und warmes, vor allem wollenes Unterzeug, Unterhemden, Unterhosen, Leibbinden, Pelze, Decken, dicke, warme Handschuhe ...«

Dass das Weihnachtsfest in Deutschland in diesem Jahr etwas bescheidener ausfallen würde, verhehlten auch die Zeitungsanzeigen nicht. Eine bekannte Weinbrandfirma bat am 20. Dezember in der »Walsroder Zeitung« ihre Kundschaft werbewirksam um Verständnis: »Auf jedem Gabentisch wird Imperial diesmal leider nicht vertreten sein, da er nur in zeitgemäßem Umfang geliefert werden kann – Dujardin, der wundervolle Weinbrand.«

Doch die vielen Soldaten, die an diesem Sonnabend vor dem vierten Advent glücklich in einem Waggon ihrem Weihnachtsurlaub entgegenrollten, würden sich wohl auch mit Bier und Rübenschnaps begnügen. Sie träumten von etwas anderem.

Hilde saß am 20. Dezember 1941 in einem Zug, der in die Gegenrichtung fuhr. Wohin aber genau die Reise ging, wusste sie immer noch nicht. Sie hatte nur eine vage Vorstellung davon, wo dieses Ravensbrück lag. Irgendwo hinter Berlin, hatten sie ihr im Gefängnis gesagt.

Sie war mit zwanzig weiteren Frauen in einen zugigen Güterwaggon gepfercht worden, der nur mit Strohbündeln ausgestattet war. Unterwegs kam es mitten auf der Strecke zu einem längeren Halt. Endlos dehnten sich die Stunden. Hilde hatte Durst. Im Zuchthaus hatte sie nur ein kleines Brotpaket für die Fahrt erhalten, nichts zum Trinken. Gleichzeitig fürchtete sich Hilde davor, dass sich irgendwann die Schiebetür öffnete und sie hinausgetrieben würde. Wie ein Stück Vieh – hinaus in die Kälte. Hinaus in den Tod?

Nach den vielen Tagen in der Einzelzelle war sie es nicht mehr gewohnt, mit mehreren Menschen in einem Raum zu sein. Sie kam sich verloren vor zwischen diesen fremden Frauen, konnte kein Vertrauen zu ihnen fassen. Während sich die anderen flüsternd unterhielten, starrte sie dumpf ins Leere. Die Angst, ihre Lage durch unbedachte Äußerungen zu verschlechtern, lähmte ihre Zunge.

Plötzlich setzte sich der Zug mit einem solchen Ruck wieder in Bewegung, dass sie von ihrem Strohbündel rutschte. Mit freundlichem Lächeln reichte ihr eine Nachbarin die Hand und half ihr beim Aufstehen. »Danke, danke«, raunte Hilde der schon etwas älteren Frau im blauen Wintermantel zu. Doch nach flüchtigem Nicken wandte sich die Frau wieder von ihr ab.

Hilde blieb mit sich allein. Obwohl sie am frühen Morgen das letzte Mal etwas getrunken hatte, spürte sie einen immer stärkeren Druck auf der Blase. Zunächst hatte sie beschlossen zu warten, bis der Zug sein Ziel erreichte. Die Vorstellung, unter den Augen der Mitreisenden den Kübel im Waggon zu benutzen, war ihr unerträglich. Doch als sie sah, dass auch die anderen Frauen Röcke und Schlüpfer abstreiften, um dem drängenden Bedürfnis nachzugeben, überwand sie ihre Hemmungen. Verschämt starrte sie auf den Boden, als sie an ihren Platz zurücktorkelte. Aber immerhin fühlte sie sich nun etwas erleichtert.

Das gleichförmige Rattern machte sie müde. Doch obwohl sie die Augen schloss, wollte sich der Schlaf nicht einstellen. Tagträume begleiteten sie auf dem Weg in die Verbannung. Wie es jetzt wohl in Jarlingen war? Ob Stockmanns wieder den großen Adventskranz unter die Dielendecke gehängt hatten? Ob sie sich in der Zeit der Abenddämmerung wieder Schauergeschichten erzählten? Ob es wieder so schön nach frischem Tannengrün roch wie in früheren Jahren?

Hilde musste auch an Gertrud denken, die für sie immer noch die »kleine« Schwester war, obwohl sie längst schon ihren zwölften Geburtstag gefeiert hatte. Wahrscheinlich würde sie jetzt mit ihrer Großmutter Weihnachtskekse backen. Hilde glaubte den Duft zu riechen. Doch als sie durch ein Ruckeln unsanft ins Hier und Jetzt zurückgeholt wurde, nahm sie einen ganz anderen »Duft« wahr: den Schweißgeruch der Mitreisenden und die Ausdünstungen des Kübels.

Wenn der Zug auf den großen Bahnhöfen hielt, lauschte sie angestrengt auf die Stationsdurchsagen. Doch es gelang ihr nicht, die Namen der Orte zu verstehen. Die Welt außerhalb dieses Güterwagens lag für sie im Dunkeln. Sie sah nicht die großen Wälder und nicht die Städte, durch die der Zug fuhr. Der Waggon hatte keine Fenster.

Erst als nach vielen Stunden ein Uniformierter die Schiebetür öffnete, konnte sie auf dem Bahnhofsschild den Zielort entziffern: Fürstenberg. Hier wurden die Gefangenen von drei Frauen des SS-Gefolges erwartet. Mit ihren grauen Uniformmänteln und den Schiffchen auf den Köpfen verkörperten sie schon durch ihre äußere Erscheinung, dass sie nicht als Privatpersonen gekommen waren, sondern als Repräsentantinnen der Staatsmacht. Zu ihrer Verstärkung hatten sie Schäferhunde mitgebracht, die hechelnd hin- und herliefen. Hilde schien es, als würde sie von diesen Kläffern genauso grimmig angestarrt wie von deren Herrinnen. Umgekehrt passten sich die Aufseherinnen den Vierbeinern in der Sprechweise an.

»Aufstellen in Zweierreihen«, bellte eine von ihnen.

Und im Fußmarsch ging es durch einen Wald. Ein Straßenschild verriet die Richtung: Ravensbrück. Der Weg führte vorbei am Schwedtsee über sanft geschwungene Hügel mit Birken und Kiefernwäldern. Doch Hilde hatte keinen Blick für die Schönheit der uckermärkischen Landschaft, die an diesem nasskalten Dezembertag ohnehin von grauem Dunst verhüllt war. Sie zitterte vor Kälte, als sie mit ihrem Treck das Tor zum Konzentrationslager durchschritt. Endlos lange Reihen mit einförmigen Baracken erstreckten sich links und rechts der Lagerstraße.

Die Dämmerung war bereits hereingebrochen. Bogenlampen warfen blassgelbe Lichttupfer in den feuchten Nebeldunst. Hin und wieder kläffte ein Hund. Sonst war kaum etwas zu hören. Mauern, hoch und stacheldrahtbewehrt, versperrten den Blick auf die Umgebung.

Plötzlich erklang Musik. Aus den Fenstern eines zweigeschossigen Hauses drang eine Melodie, die nicht in diese trostlose Welt zu passen schien. Hilde konnte es nicht fassen. Es war ein Weihnachtslied. Frauen- und Männerstimmen sangen, begleitet von Klaviergeklimper: »Oh, du fröhliche, oh, du selige, gnadenbringende Weihnachtszeit …«

Auch die anderen Frauen horchten auf und verlangsamten ihren Schritt.

»Weiter, ihr Schmuckstücke«, schrie da eine der Aufseherinnen. »Denkt bloß nicht, dass die Weihnachtslieder zu eurer Begrüßung gesungen werden. Abmarsch, aber bisschen dalli.«

Im Vorbeigehen sah Hilde durch ein Fenster einen geschmückten Tannenbaum leuchten. Dahinter weiß gedeckte Tische mit Kaffee und Kuchen. Keine Frage: Das Wachpersonal hatte sich zur Weihnachtsfeier versammelt.

Die einundzwanzig Frauen aus dem Güterwagen wurden in einen Keller geführt, zu dem keine Weihnachtslieder vordrangen. Schäferhunde liefen knurrend und bellend vor den vergitterten Kellerfenstern auf und ab.

Und statt Lebkuchen bekamen Hilde und ihre Gefährtinnen Wasser und Brot serviert. Eine Frau in gestreiftem Kittel stellte die kastenförmigen Brote und die Blechkanne auf Holzkisten ab. »Eigentlich sind die Kisten hier ja nicht als Speisetische gedacht«, klärte sie die neuen Mitgefangenen auf. »In Wirklichkeit sind das Särge.«

Hilde zuckte zusammen.

»Aber macht euch keine falschen Hoffnungen«, fuhr die Frau mit dem grünen Winkel am Kittel bitter lächelnd fort. »So ein Luxusbegräbnis kriegt hier nicht jede.«

Obwohl die einundzwanzig Frauen in dem Kellerraum eng nebeneinander hockten, wagte kaum jemand ein Wort zu sagen. Ganz leise nur tuschelten einige miteinander. Nach einiger Zeit breitete sich ein übler Gestank aus. Die bereitstehenden Eimer hatten sich mit dem Kot und Urin der Gefangenen gefüllt. Die stinkende Brühe drohte überzulaufen.

Müde und erschöpft legten sich die Frauen schließlich auf den kalten Boden und versuchten, sich gegenseitig zu wärmen. Hilde lag lange wach, unfähig, einen klaren Gedanken zu fassen.

Am nächsten Morgen wurde sie vom Heulton einer Sirene geweckt. Wenig später öffnete sich die Kellertür. »Frühstück, die Damen«, rief eine Aufseherin in den halbdunklen Raum. Fast im gleichen Moment knallte sie zwei Kübel auf die »Särge«: lauwarmer, wässriger Muckefuck, wie die Frauen herausschmeckten, nachdem sie etwas von der hellbraunen Brühe aus ihren Blechbechern geschlürft hatten. Dazu gab es wieder eine Scheibe von dem harten Kommissbrot.

Hilde hatte Kopfschmerzen. Der Gestank von Kot und Urin bereitete ihr Übelkeit. Dennoch stopfte sie das Brot in sich hinein. Wer konnte denn wissen, wann es das nächste Mal etwas zu essen gab.

Gleich nach dem kargen Mahl wurden die Frauen von zwei Aufseherinnen abgeholt. Erst jetzt sah Hilde, was am Gurt dieser KZ-Bediensteten hing: ein Schlagstock und eine Revolvertasche. »Bisschen zackig, ihr Mistbienen«, drängte eine von ihnen. »Wenn das nicht gleich schneller geht, dann machen wir euch Beine.«

Eine der Frauen fragte ängstlich nach Menstruationsbinden. »Sonst noch Wünsche?«, schnauzte eine groß gewachsene Uniformierte die arglose Fragestellerin barsch an. »Steck dir doch dein Unterhemd zwischen die Beine, du Schlampe.«

Doch dazu hätte sie gar keine Zeit gehabt. Denn die Frauen wurden gleich weitergetrieben.

»Jetzt geht's erst mal zum Friseur«, kündigte die Wortführerin unter dem spöttischen Glucksen ihrer Begleiterinnen an.

Als Hilde und die anderen Frauen ihr Gepäck abgegeben und die zweite Station ihres Morgenprogramms erreicht hatten, erfuhren sie, was sich hinter der Ankündigung verbarg: In einer Baracke wurden ihnen von weiblichen Häftlingen die Haare geschoren.

»Damit ihr hier keine Läuse einschleppt«, höhnte die Aufseherin, wohl wissend, dass das Ungeziefer nicht erst in das Lager hineingetragen werden musste.

Hilde krampfte sich der Magen zusammen, als sie sah, wie die Frauen vor ihr kahl rasiert wurden. Sie kniff die Augen zu, als sie selbst an die Reihe kam, ballte die Hände zu kleinen Fäusten. Während ihre rotbraunen Locken zu Boden fielen, erinnerte sie sich daran, wie sie sich einst die Zöpfe hatte abschneiden lassen. Aufregend war das gewesen. Diese Prozedur dagegen machte sie nur traurig. Unwillkürlich strich sie sich nach der Rasur über das kahle Haupt. Sie meinte, jeden Windhauch auf der nackten Kopfhaut zu spüren, und fühlte sich noch ausgelieferter als zuvor.

Mit Schreien und Stößen wurden die Frauen weitergetrieben. In einem Vorraum wurden sie aufgefordert, sich auszuziehen. Splitternackt mussten sie auf dem kalten Boden stehen, bis ihnen die Kleidung abgenommen wurde. Nach einer weiteren Stunde Wartezeit ging es in den Waschraum. Hilde fühlte sich wie ein Stück Vieh im Schlachthaus. Auch in den Augen der anderen spiegelte sich Angst, die irrsinnige Züge annahm.

Jede Frau erhielt schließlich ein kleines Stück brauner Seife. Zu dritt hatten sie sich daraufhin unter die Duschen zu stellen. Dicht an dicht standen die Frauen in den knöchelhohen Zinkbecken. Wie von Geisterhand gesteuert, begann kaltes Wasser aus den Sprühköpfen zu rieseln. Schnell nahm der Druck zu. Es spritzte aus den Düsen. Die nackten Körper bäumten sich auf, als wollten sie den Strahl abwehren. Doch es gab kein Entkommen. Hilde, die bisher alles stumm ertragen hatte, schrie auf. Laut. Lang anhaltend. Es brüllte aus ihr heraus. Ihr war, als würde ihr hier die letzte Wärme genommen, die sie noch von zu Hause mitgebracht hatte. Der heftige Wunsch zu sterben überkam sie. Krampfhaft hielt sie die Seife in der Hand. Um irgendetwas gegen die Kälte zu tun, rieb sie sich damit über Brust und Arme. Das Seifenstück fühlte sich körnig an, als enthielte es Kies. Der gewohnte Schaum dagegen bildete sich nicht.

Nur wenige Handtücher lagen zum Abtrocknen bereit. Die Frauen zitterten vor Kälte. Wieder mussten sie eine Reihe bilden.

»Aber 'n bisschen plötzlich, hopp, hopp.«

Der Lagerarzt wurde angekündigt, traf aber erst nach einer weiteren Stunde ein. Begleitet von einem SS-Mann und mehreren Aufseherinnen, begutachtete er die nackten Körper, machte sich Notizen. Hilde schämte sich.

»Na, die hat aber stramme Schenkel, alle Achtung«, feixte der schon ergraute Mediziner, als er Hildes Nachbarin musterte. Der SS-Mann lachte, die Aufseherinnen grinsten.

»Och, was für 'n kleines Hühnchen, och nee«, bemerkte der Lagerarzt scheinbar mitfühlend, während er Hilde gegenüberstand. Was der untersetzte Mann im weißen Kittel der Aufseherin zuflüsterte, die die Liste führte, konnte Hilde dann aber nicht verstehen. Dabei entschied das Getuschel über Leben und Tod.

Nach der Musterung bekamen die Frauen ihre Häftlingskleidung ausgehändigt: graublau gestreifte Überhänge, die mehr Säcken als Kleidern ähnelten und bis auf die Waden herabhingen. Dazu gab es Kopftücher, Unterwäsche und Holzschuhe.

Und wieder hieß es: »Aufstellen, Dreierreihen bilden und Marsch!«

Weiter ging es zur nächsten Baracke. Und wieder hatten die Frauen länger als eine Stunde strammzustehen. Hilde war so unermesslich müde, dass ihr schwindelte, wenn sie die Augen schloss. Sie bemerkte, wie eine der Frauen zu taumeln begann und schon im nächsten Moment zusammensackte. Die Aufseherin bemühte sich nicht etwa, ihr wieder auf die Beine zu helfen. Sie trat auf die Gestürzte ein, stieß ihr mit dem Stiefel in den Bauch. »Willst du wohl aufstehen, du faules Luder«, herrschte sie die Stöhnende an.

In dieser Baracke trennten sich die Wege der Frauen. Aufnäher mit verschiedenfarbigen Stoffdreiecken wurden ausgegeben. Hilde erhielt einen roten Winkel, der in der Regel politischen Häftlingen zugedacht war, aber eben auch »Rassenschande« oder »verbotenen Umgang mit Kriegsgefangenen« kennzeichnete. Den blauen Winkel hatten so genannte Staatenlose zu tragen, die Farbe Schwarz stand für »asozial«, wozu sowohl Prostituierte als auch »Zigeuner« gerechnet wurden. »Bibelforscher« wie zum Beispiel die Zeugen Jehovas waren am violetten Winkel zu erkennen. Die Farbe Grün verriet die »Berufsverbrecherin« oder schlicht die Zuchthäuslerin. Bei jüdischen Frauen wurde häufig ein gelber Winkel mit einem andersfarbigen zusammengesetzt, so dass sich daraus ein Davidstern ergab.

Die Farbe entschied auch über die Unterbringung. Hilde kam in eine Baracke mit »Politischen«, aber nicht als Hilde Meyerhoff, sondern als »88-85«. Mit der Ausgabe der Nummern endete das Aufnahmeverfahren. Die Neuzugänge hatten sich die Nummern auf Brust und Oberarm ihres Sackkleides zu nähen.

Ein weiterer Schritt weg vom Dasein als Individuum. Die Lebensumstände im Block ließen auch sonst keine Privatsphäre mehr zu. Hilde sehnte sich nach ihrer Einzelzelle zurück, als sie zu dem Bretterverschlag geführt wurde, der ihr künftig als Schlafstatt dienen sollte. Drei Frauen mussten sich das harte Lager teilen. Drei Frauen unten, drei Frauen oben. Denn die Pritschen, die sich in langen Reihen quer durch die Baracke zogen, waren doppelstöckig angelegt. Nur eine raue Decke stand jedem Häftling als persönliches »Bettzeug« zu.

Und es war kalt geworden. Um sich zu wärmen, legten die Frauen ihre Decken zusammen und schmiegten sich aneinander. Doch Hilde erfuhr anfangs nicht einmal, wie ihre Schlafgenossinnen hießen, die müde von der Arbeit kamen. Sie traute sich nicht, sie zu fragen – nicht nach ihren Namen und erst recht nicht nach ihrem Vorleben hinter Mauern und Stacheldraht. Und obwohl sie mit den beiden Frauen das Nachtlager teilte, fühlte sie sich einsam und von aller Welt verlassen.

Immer wieder stieß jemand irgendwo in der großen Baracke Klagelaute aus oder schrie wie von Sinnen. Aufgeschreckt durch

Alpträume, gequält von Ängsten, gepeinigt von Schmerzen. Hilde faltete die Hände und betete im Stillen so inbrünstig, wie sie nie zuvor gebetet hatte: »Lieber, lieber Gott, hilf, dass ich wieder nach Hause komme. Hilf, dass ich nicht geschlagen und getreten werde und die schwere Zeit hier überstehe.«

Am nächsten Morgen standen wieder die Kübel mit dem dünnen Zichorienkaffee bereit. Hilde erhielt von der Stubenältesten eine Blechschüssel, die sowohl für die Kaffeeplörre als auch für die Wassersuppe gedacht war, die es mittags gab. Lange bevor es an diesem Dezembermorgen hell wurde, mussten die Frauen die Baracke verlassen und zum Morgenappell antreten. Das Signal dafür kam von einer Sirene, die im Lager »Uhle« genannt wurde, das plattdeutsche Wort für den scheuen Nachtvogel, dessen Ruf nach altem Aberglauben den Tod ankündigt.

»Zehnerreihen bilden, aber dalli«, brüllte die Blockälteste im Ton der Aufseherinnen. Wie die meisten Häftlinge mit Aufsichtsfunktionen trug sie einen grünen Winkel. Den Zuchthäuslerinnen traute die Lagerleitung offenbar die gewünschte Brutalität im Umgang mit den anderen Häftlingen zu. Auch Schwerverbrecherinnen mit langen Strafen kamen auf diese Weise zu Aufsichtsposten.

Aufgabe der Blockältesten beim Morgen- und Abendappell war es, ihre Reihen durchzuzählen und der Oberaufseherin Bericht zu erstatten. Fehlte jemand oder verzögerte sich die Ankunft der Aufseherin, mussten die Frauen so lange warten. So harrten sie manchmal mehrere Stunden lang in der Kälte auf dem Hof aus. Vollkommen ausgeliefert und ohnmächtig fühlte Hilde sich in dieser Wartestellung.

Schon gleich bei ihrem ersten Appell lag dieses Gefühl der Ungewissheit wie eine Bleiweste auf ihrer Brust. Die Atemluft der aufgereihten Frauen schien sich in der Morgenkälte in Rauch zu verwandeln. Ängstlich verfolgte Hilde, wie schließlich die Aufseherin Zahlenreihen aufrief und einzelne Frauen vortraten. Sie erschauerte. Kein Zweifel, das war ihre eigene Nummer, die die Frau in dem soldatischen Kostüm gerade über den Hof gebrüllt hatte: »88–85«.

Hilde blickte sich fragend um und trat zögernd nach vorn. Per Handzeichen gab ihr die Oberaufseherin ungeduldig zu verstehen, dass sie sich zur Blockältesten zu begeben habe.

Nachdem die anderen Frauen abgetreten waren, wurde Hilde von der Frau mit den harten Gesichtszügen zur Arbeitsverwaltung geführt. »Ich heiße Marianne«, vertraute ihr die Blockälteste unterwegs an. »Brauchst keine Bange zu haben. Wenn du machst, was dir gesagt wird, passiert dir hier nichts.«

Hilde nickte, dankbar für den unerwarteten Zuspruch.

»Bist du 'ne Politische?«

Hilde schüttelte den Kopf.

»Die haben mir da was angedichtet.« Sie räusperte sich, überlegte, ob sie weiterreden sollte. »Ich soll was mit 'nem Polen gehabt haben, aber da war nichts. Wirklich nicht.«

Hilde hörte, wie die Blockälteste auflachte. »Natürlich nicht«, sagte sie besänftigend und gleichzeitig ungläubig, während sie mit Hilde die lange Lagerstraße entlangtrottete. Nachdem sie eine Weile geschwiegen hatte, riet sie ihr: »Nimm dich in Acht vor den Kommunistinnen hier.« Und dann waren sie auch schon im Flur der Verwaltungsbaracke angekommen, wo eine Aufseherin den »Neuzugang« übernahm.

Die Frau wies Hilde mit knapper Geste an, sich in die Schlange einzureihen, die sich vor einem Schalter staute. Wie sie kurze Zeit später erfuhr, wurden die Frauen hier den verschiedenen Arbeitskommandos zugewiesen: Schneiderei, Häftlingsküche, Entlausungskolonne, Müllabfuhr, Waschküche, Gartenkolonne, Hofkolonne, Strickerei … Hilde wurde nach ihrer Ausbildung und früheren Tätigkeit gefragt. Als sie von ihrer Handarbeit berichtete, kam sie in die Weberei.

An fünfzehn Webstühlen wurde hier gearbeitet. Emsig und ohne aufzublicken schoben Frauen die Schiffchen hin und her und spannten Fäden ein. Garn, das sich auf großen Spulen drehte, wurde so zu Stoffen verwoben: Leinen für Soldatenhemden, Drillich für Uniformen.

Hilde benötigte keine Stunde, bis sie begriffen hatte, was zu tun war. Sie hatte ja schon bei ihrer Großmutter am Webstuhl gesessen. Doch hier war es mit zwei, drei Metern Leinen natürlich nicht getan. Dreizehn Meter Stoff pro Schicht – das war das Pensum, das es zu erfüllen galt. Da musste man sich mächtig ins Zeug legen. Und Hilde war stolz, mithalten zu können. Erleichtert seufzte sie auf. Endlich hatte sie einen Bereich gefunden, der ihr vertraut war. Und so vergaß sie Zeit und Raum, während das Schiffchen hin- und hersauste und sie mit ihren kleinen Füßen abwechselnd auf die vier Tritte trat – immer im gleichen Takt: eins, drei, zwei, vier; eins, drei, zwei, vier. Bald kam es ihr vor, als hätte sie nie etwas anderes getan und würde nie mehr etwas anderes tun, als bis in alle Ewigkeit diesen Webstuhl am Laufen zu halten. Wie hieß es noch in dem Gedicht von Heinrich Heine, das ihr Eugen einmal aufgesagt hatte, als sie in Jarlingen über das Weben gesprochen hatten?

»Deutschland, wir weben dein Leichentuch,
Wir weben hinein den dreifachen Fluch –
Wir weben, wir weben …«

Doch solange Hilde arbeitete, fühlte sie sich halbwegs sicher. Das einzig Beunruhigende war, dass sie immer damit rechnen musste, von einem SS-Mann, der hinter ihr stand, geschlagen zu werden. Denn das kam vor. Wie aus heiterem Himmel konnten einen die Schläge treffen. Ohne ersichtlichen Grund.

Zwölf Stunden dauerte eine Schicht, unterbrochen nur von einer kurzen Mittagspause, in der es hartes Brot und dünne Suppe gab. Und wenn endlich die Sirene heulte, bedeutete dies noch lange nicht, dass sich die Weberinnen auf ihren Pritschen ausstrecken durften. Erst einmal hieß es wieder: Antreten zum Appell. Fehlte jemand, so mussten die Frauen Stunde um Stunde in der Kälte stehen, bis der Fall geklärt war. Manchmal ließen sich die Aufseherinnen aber auch einfach Zeit beim Kaffeetrinken.

Kehrte eine Schicht in die Baracke zurück, machte sich die andere an die Arbeit. So klapperten nicht nur die Webstühle vierundzwanzig Stunden, so waren auch die Bretterverschläge in den Baracken fast rund um die Uhr belegt. Arbeiten und Schlafen im ewigen Schichtwechsel. Gesteuert vom Heulen der »Uhle«.

Ob Alltag oder Sonntag, jeder Tag war so mühselig und grau wie der andere. So ging die Weihnachtszeit vorüber, ohne dass weihnachtlicher Glanz die Trübnis aufhellte. Nur vor dem Einschlafen dachte Hilde daran, wie es wohl in Jarlingen sein würde – ob ihre Großeltern auch in diesem Jahr einen Tannenbaum hatten und die alten Lieder sangen.

Eugen

Was geschah in der Zwischenzeit mit Eugeniusz Leśniewski? Wie erging es dem Mann mit dem tanzenden Adamsapfel und den schönen Gedichten? Seine Spur verliert sich im Nebel der Geschichte. Vieles liegt im Dunkeln. Einiges aber haben die Buchhalter des Terrors auch überliefert.

»Geschlechtsverkehr mit deutschem Mädel« lautete der Tatvorwurf. Die Bestimmungen verhießen nichts Gutes. Der Reichsführer der SS und der deutschen Polizei, Heinrich Himmler, hatte in einer seiner »Geheimreden« am 26. Februar 1940 selbst festgelegt, wie im Falle von »Geschlechtsverkehr mit Fremdrassigen« zu verfahren sei: »Wenn ein Pole mit einer Deutschen verkehrt, ich meine jetzt also, sich geschlechtlich abgibt, dann wird der Mann gehängt, und zwar vor seinem Lager. Dann tun's nämlich die anderen nicht.«

Keine zwei Wochen später, am 8. März 1940, verbreitete das Reichssicherheitshauptamt bereits den entsprechenden Erlass: Polnische Arbeitskräfte, »die mit Deutschen Geschlechtsverkehr ausüben, sind sofort festzunehmen und dem Chef der Sicherheitspolizei und des Sicherheitsdienstes zur Erwirkung einer Sonderbehandlung fernschriftlich zu melden«. Der Begriff »Sonderbehandlung« war in der Sprache der Nationalsozialisten gleichbedeutend mit Hinrichtung.

Ob die angedrohte Todesstrafe tatsächlich vollzogen wurde, entschied sich in der Regel in Himmlers Zentralstelle in Berlin. Das Reichssicherheitshauptamt nämlich verlangte bei jedem Fall von »verbotenem Umgang« einen detaillierten Bericht mit Durchschriften der Vernehmungsprotokolle, amtsärztlichem »rassischem Gutachten« sowie »die Rassenmerkmale deutlich kennzeichnenden Lichtbildern«. Auf der Grundlage dieser Unterlagen hatte die zuständige Stelle eine »rassische Untersuchung« vorzunehmen. Von dem Ergebnis hing es ab, ob der Zwangsarbeiter als »eindeutschungsfähig« angesehen wurde. War dies der Fall, konnte von einer Hinrichtung abgesehen werden. Stattdessen wurde der Beschuldigte dann vorübergehend in ein Konzentrationslager eingewiesen. Es kam sogar vor, dass der Zwangsarbeiter schließlich die deutsche Frau heiraten durfte. Doch dies blieb die große Ausnahme.

Was also geschah mit Eugeniusz Leśniewski? Einige Stationen seines Leidensweges spiegeln sich in den Gefängnisbüchern wider. Danach wurde der Lehrer am 21. Oktober 1941 um 14 Uhr im Untersuchungsgefängnis Verden/Aller in »Schutzhaft« genommen – exakt zur selben Zeit wie Hilde Meyerhoff. Ebenfalls am selben Tag zur selben Zeit wie Hilde wird Eugen auch wieder von der Gestapo aus dem Gefängnis abgeholt – und zwar am 30. Oktober um 18.15 Uhr. Wo die beiden die Nacht verbringen, lässt sich nicht genau feststellen. Sicher ist, dass beide am nächsten Morgen um 9.20 Uhr im Zuchthaus Lüneburg eingeliefert werden.

In Lüneburg trennten sich die Wege der beiden Häftlinge. Wie wir wissen, wurde Hilde im Dezember 1941 ins Konzentrationslager Ravensbrück deportiert. Eugen dagegen blieb noch bis zum April 1942 im Zuchthaus Lüneburg.

Sein Bruder Władysław, der als Kriegsgefangener in Münster Zwangsarbeit leistete, hatte bis zu Eugens Festnahme in brieflichem Kontakt mit ihm gestanden. Über die Verhaftung wurde er durch einen Freund Eugens informiert. Władysław Leśniewski wiederum gab die Nachrichten an Eugens Frau Józefa weiter. Auf diese Weise erfuhr die Katholikin, dass ihr Mann wegen der Affäre mit einer deutschen Frau hinter Gittern saß. Józefa soll bestürzt gewesen sein. In die Angst und Trauer um das Schicksal ihres Mannes mischte sich die bittere Enttäuschung darüber, betrogen worden zu sein. Erst ein Jahr bevor Eugeniusz in den Krieg gezogen war, hatten die beiden geheiratet.

Wie würde die »rassische Untersuchung« des Reichssicherheitshauptamts ausfallen? Von den einflussreichen Herren im Kreis Fallingbostel zumindest hatte Eugen keine Fürsprache zu erwarten. Der seit 1939 amtierende Landrat Dr. Bruno Backhaus hatte sich einen Ruf als »scharfer Hund« erworben. In einer Ansprache über »Haltung und Abstand« in Bezug auf die polnischen Kriegsgefangenen mahnte der Landrat, der gleichzeitig stellvertretender SA-Standartenführer war, am 10. Dezember 1940 im »Haus der Heidmark« in Fallingbostel: »Die Wortprägung ›Feind bleibt Feind‹ sollte niemals vergessen werden.«

Der berufliche Werdegang weist Bruno Backhaus als eingefleischten Nationalsozialisten aus: 1934 übernahm der Jurist eine Aufgabe bei der Gestapo in Berlin, später wurde er Leiter des Polizeiamtes Neukölln-Treptow. »Die Front in Waffen und die Front der Heimat sind eins«, verkündete er am 10. November 1939 bei seiner Amtseinführung als Landrat in Fallingbostel. Und mit dem NSDAP-Kreisleiter Dr. Wilhelm Weylandt stand ihm ein Parteigenosse zur Seite, der ebenfalls keine Neigung erkennen ließ, Mitleid mit Polen zu haben.

So wurde die Möglichkeit einer Eindeutschung vom Reichssicherheitshauptamt erwartungsgemäß verworfen.

Während in der norddeutschen Tiefebene der Frühling Einzug hält, kämpfen die deutschen Truppen an der Ostfront immer noch gegen Frost und Schnee – und die unerwartet widerstandsfähigen Bataillone Stalins. Und in Deutschland häufen sich die Angriffe britischer Bomber. In der Nacht zum 9. April werfen britische Flugzeuge 250 Tonnen Bomben über Hamburg ab. Die gleichgeschaltete deutsche Presse konzentriert sich aber darauf, die siegreichen Schlachten der deutschen Bündnispartner zu bejubeln. »Große Erfolge der Japaner im Indischen Ozean«, titelt die »Walsroder Zeitung«.

Mehr auf den Alltag zugeschnitten sind die Anzeigen: »Immer Ata erst verwenden – statt Seife – bei verschmutzten Händen.«

Auch ein anderer Reklamespruch kommt dem ausgeprägten Bedürfnis nach Sauberkeit entgegen: »Stark Verschmutztes, was es sei, säubert IMI markenfrei.«

In Lüneburg und Fallingbostel laufen unterdessen die Vorbereitungen für die Hinrichtung. Wie von Himmler per Erlass gewünscht, soll Eugen auf dem Bauernhof gehängt werden, auf dem er als Zwangsarbeiter eingesetzt war. Aus dem Kreis der »Schutzhäftlinge« in der Region wird vermutlich ein polnischer Landsmann ausgewählt, der Eugen die Schlinge um den Hals legen soll. Eine Weisung Heinrich Himmlers sieht diese Verfahrensweise ausdrücklich vor: »Die Erhängung ist durch Schutzhäftlinge, bei fremdvölkischen Arbeitern durch Angehörige möglichst der gleichen Volksgruppe zu vollziehen. Die Schutzhäftlinge erhalten für den Vollzug drei Zigaretten.«

Während der »Henker« bestimmt wird, inspiziert die Gestapo in Jarlingen die Örtlichkeiten der Exekution. Die NSDAP-Kreisleitung setzt den Jarlinger Bürgermeister und die örtliche Polizei von dem »Urteil« und der geplanten Vollstreckung in Kenntnis. Alle polnischen Zwangsarbeiter des Kreises werden verpflichtet, an der Hinrichtung auf dem Stockmann-Hof teilzunehmen.

Der 9. April des Jahres 1942 ist ein ungewöhnlich warmer Frühlingstag. Die Sonne scheint, die Vögel zwitschern. Gegen 11.30 Uhr wird Eugen an diesem Donnerstag von der Gestapo aus dem Zuchthaus Lüneburg abgeholt. Wir wissen nicht, ob er in dem Auto, das ihn nach Jarlingen brachte, allein war. Ebenso wenig wissen wir, ob er seinen Landsmann kannte, der gezwungen wurde, die Schlinge anzulegen. Auch kennen wir die Gedanken und Gefühle nicht, die dem Todgeweihten durch den Kopf gingen. Ob er an seine Frau gedacht hat? Oder vielleicht an Hilde? Hat er mit seinen Begleitern gesprochen?

Davon ist nichts überliefert. Sehr wahrscheinlich allerdings ist, dass Eugen die vielen Landsleute bemerkt hat, die an diesem frühen Nachmittag auf der Straße in Richtung Jarlingen marschiert sind. Ob er ahnte, dass seine Hinrichtung das Ziel ihres Fußmarsches war?

Auch Vera Kölbetz ist unterwegs zum Ort der Exekution. Ein polnischer Arbeiter hat ihr von der Zwangsverpflichtung zur Teilnahme an der Hinrichtung erzählt – in der Kantine der Pulverfabrik Wolff & Co. in Bomlitz, wo die Siebzehnjährige in der Küche arbeitet. Gleich nach ihrer Mittagsschicht ist sie mit ihrer Freundin aufgebrochen, um dem aufregenden Ereignis beizuwohnen. Als die beiden Mädchen nach Jarlingen radeln, bemerken sie die vielen Polen auf dem Weg ins Dorf.

Auf dem Hofplatz haben sich bereits mehr als zweihundert Menschen eingefunden, als Vera Kölbetz und ihre Freundin eintreffen. Das Publikum muss sich auf Anweisung der Ordnungskräfte hufeisenförmig vor einem kleinen Buchenhain aufstellen. Vera Kölbetz wagt es nicht, sich unter die Zwangsarbeiter zu mischen. Sie versteckt sich mit ihrer Freundin hinter einem Busch, versucht, aus der sicheren Entfernung einen Blick auf den Ort des Geschehens zu erhaschen. Doch die vielen Rücken versperren ihr die Sicht.

Einen besseren Platz hat sich Landrat Backhaus gesichert, der am Ende gemeinsam mit dem bestellten Amtsarzt den ordnungsgemäßen Ablauf der Hinrichtung und den Tod bescheinigen soll. Neben dem NSDAP-Kreisleiter Weylandt ist auch der Jarlinger

Bürgermeister Ernst Dröse zugegen. Bauer Stockmann dagegen bleibt der Exekution fern. Der kirchlich engagierte Protestant bedauert nicht nur den Verlust eines guten Arbeiters, sondern sieht in der Hinrichtung auch einen Einschüchterungsversuch, der sich gegen ihn richtet. Die Fenster des Bauernhauses sind verdunkelt wie bei einem Fliegerangriff.

Vermutlich ist Eugeniusz Leśniewski schließlich, wie allgemein üblich, auf einem von zwei Pferden gezogenen Leiterwagen zum Buchenhain gekarrt worden. Vermutlich hat man dem »Delinquenten«, wie vorgeschrieben, die Fußgelenke zusammengebunden und die Hände hinter dem Rücken gefesselt – eine Maßnahme, die entsprechend der Henkerlogik das Ziel verfolgte, den Todeskampf nicht unnötig in die Länge zu ziehen. Vermutlich hat ein polnischer Zwangsarbeiter Eugen die Schlinge um den Hals gelegt. Und ein Peitschenknall hat dann wohl die Pferde in Bewegung versetzt.

Wir wissen nicht, wie lange es gedauert hat, bis Eugeniusz Leśniewski tot war.

Da die Exekutionen in der Regel nicht von professionellen Henkern, sondern von Häftlingen ausgeführt wurden, saß der Strick oft nicht richtig, um das Genick zu brechen. So wurden die Todeskandidaten häufig grausam erwürgt, und das Sterben wollte kein Ende nehmen.

Was nach der Hinrichtung mit dem Leichnam zu geschehen hatte, war wiederum durch eine Anweisung des Reichsführers der SS und Chefs der deutschen Polizei geregelt: »Der verantwortliche Dienststellenleiter hat nach pflichtgemäßem Ermessen zu entscheiden, ob die Leiche dem nächsten Krematorium zur Verbrennung oder der nächsten Universitätsklinik (Anatomie) zur Verfügung zu stellen ist. Falls die Überführung der Leiche in das nächste Krematorium nur unter großem Benzinverbrauch möglich ist, bestehen gegen die Beerdigung auf einem Judenfriedhof oder in der Selbstmörderecke eines großen Friedhofs keine Bedenken.«

Doch auf den Friedhöfen der Umgebung gab es keine Selbstmörderecken. Und die Beisetzung des Erhängten zwischen verstorbenen Heidjern kam natürlich nicht in Frage – schon des Aufsehens wegen, das es unbedingt zu vermeiden galt. Selbstverständlich konnte man den Leichnam auch nicht einfach in eine Kiesgrube werfen. »Wir sind schließlich eine Kulturnation«, pflegte Landrat Dr. Backhaus zu betonen.

Daher entschloss man sich nach Rücksprache mit den vorgesetzten Behörden in Berlin, die Kiste aus ungehobelten Brettern mit einem der regelmäßig verkehrenden Polizeibusse nach Hamburg zu transportieren.

Und so wurden die sterblichen Überreste Eugens schließlich gut zehn Tage nach der Hinrichtung im Krematorium der Hansestadt auf dem Friedhof Ohlsdorf eingeäschert – in der norddeutschen Provinz gab es damals noch keine Verbrennungsanlagen dieser Art. Wenig später wurde die Urne auf dem Parkfriedhof Hamburg-Ohlsdorf beigesetzt.

Einige Wochen darauf hat Eugens Familie vom Tod des »Zivilarbeiters« erfahren.

»Die Verständigung der Angehörigen erfolgt grundsätzlich erst nach Durchführung der Exekution«, heißt es in einer Dienstanweisung des Reichsführers der SS. »Wohnen die Angehörigen des Exekutierten nicht im Reichsgebiet oder handelt es sich um in den eingegliederten Ostgebieten wohnende Polen, übernimmt das Reichssicherheitshauptamt die evtl. erforderliche Verständigung. Bei Ostarbeitern unterrichtet die zuständige Staatspolizeileitstelle das Arbeitsamt mit dem Hinweis, dass den Angehörigen die Todesursache nicht bekannt zu geben ist.«

Wir wissen nicht, wie lange Frau Leśniewska noch auf einen

Brief ihres Eugen gewartet hat. Irgendwann nach der amtlichen Todesnachricht erhielt sie ein Paket aus Deutschland mit den Hinterlassenschaften des Toten. Ordnung musste schließlich sein. Doch leider waren die Anzüge in dem Paket nicht die Anzüge ihres hingerichteten Mannes.

Was ging in der jungen Frau vor, die schon wenige Jahre nach ihrer Heirat Witwe geworden war und zwischen der Trauer über Eugens Tod und der Enttäuschung über seine Untreue hin- und hergerissen war? Wir können es nur erahnen.

Józefa Leśniewska ist mittlerweile verstorben. Berichte, wonach aus ihrer kurzen Ehe mit Eugen auch Kinder hervorgingen, bestätigten sich nicht.

Bekannt immerhin sind einige Lebensdaten des Ermordeten. Laut Geburtsurkunde kam Eugeniusz Leśniewski am 1. März 1912 gegen vier Uhr morgens in dem polnischen Dorf Kruszynek in der Nähe der Weichselstadt Włocławek zur Welt, rund hundertfünfzig Kilometer nordwestlich von Warschau in der »Kornkammer Polens«. Eugens Eltern Józef und Katarzyna Leśniewski hatten erst zwei Jahre zuvor geheiratet, nachdem sie beide in erster Ehe verwitwet waren. Der Diener Józef Leśniewski war so bereits vierzig, die Landarbeiterin Katarzyna Leśniewska, geborene Banasiak, achtunddreißig Jahre alt, als Eugen geboren wurde. Beide standen in Diensten des deutschstämmigen Gutsbesitzers Artur Hack, der sein Vermögen mit einer Landmaschinenfabrik gemacht hatte. Auf dem Gutshof in Kruszynek wurde neben Polnisch auch Deutsch gesprochen, so dass Eugen schon als kleines Kind deutsche Vokabeln aufschnappte. Da Eugen sich als aufgeweckt und lernbegierig erwies, ließ Hugo Hack, der den Hof 1919 von seinem Vater erbte, den Jungen vermutlich gemeinsam mit den Kindern der Gutsbesitzerfamilie durch einen Hauslehrer unterrichten. Dank solcher Förderung schaffte Eugen später den Sprung auf die höhere Schule.

Eugens Kindheit fiel in eine Phase nationalen Aufbruchs. Als er 1912 das Licht der Welt erblickte, gehörte sein Heimatdorf Kruszynek noch zum russischen Zarenreich. Einige Kilometer weiter westlich begann schon Preußen. Die fetten Böden an den Ufern der Weichsel waren begehrt und deshalb umkämpft. Und im Laufe des Ersten Weltkrieges sollten sich die Grenzen wieder einmal verschieben. Danach kam die Provinz Kujawien unter die Hoheit des polnischen Staates, der im November 1918 gegründet wurde.

Doch mit der Souveränität Polens war es schon gut zwanzig Jahre später wieder vorbei. Am 13. September 1939 nahmen deutsche Soldaten die Kreisstadt Włocławek ein. Sie gaben ihr den Namen Leslau. Der »Platz der Freiheit« hieß nun »Adolf-Hitler-Platz«. Und aus dem Pfarrhaus von Kruczynek, wo Józef Leśniewski einst seinen Sohn Eugeniusz zur Taufe angemeldet hatte, machten sie eine Polizeikommandantur. Das Amtszimmer mit den Kirchenbüchern wurde zur Arrestzelle.

Trotz seiner deutschen Abstammung kämpfte der Gutsherr von Kruszynek in der polnischen Armee – ebenso wie der Sohn seines Dieners. Und beide – Hugo Hack wie Eugeniusz Leśniewski – gerieten in deutsche Gefangenschaft. Wie wir wissen, ist Eugen aus der Gefangenschaft in die Zwangsarbeit nach Norddeutschland »entlassen« worden. Gleichzeitig wurde seine polnische Heimat dem »Großdeutschen Reich« einverleibt und zum »Reichsgau Wartheland« erklärt. Eugens Landsleute wurden so zu Menschen zweiter Klasse im eigenen Land.

Was die Bürger von Włocławek zu tun und zu lassen hatten, konnten sie dem »Leslauer Boten« entnehmen, der an die Stelle der mittlerweile verbotenen polnischen Zeitungen trat. »Durch den Leslauer Boten wird die Bevölkerung laufend über die Anordnungen und über die neuesten Meldungen aus aller Welt informiert«, verkündet die erste Ausgabe am 11. Oktober 1939, die wie die folgenden Ausgaben mit dem »Deutschen Heeresbericht« beginnt. »Sämtliche polnische Aufschriften und Schilder sind von allen Läden und Gebäuden zu entfernen«, ist gleich in der ersten Nummer unter den Verlautbarungen des Oberkommandos der Wehrmacht zu lesen. Eine weitere Verfügung lautet: »Das Tragen polnischer Mützen – wie Schüler-, Eisenbahner-, Postmützen – ist verboten.«

Und es kommen immer mehr Einschränkungen dazu: Ob Schwimmbäder, Spielplätze, Bibliotheken, Parks oder Theater – überall wird polnischen Bürgern bald der Zutritt verwehrt oder erschwert. Und polnisches Eigentum wird deutschen »Volksgenossen« übereignet, die sich aus Lettland oder Siebenbürgen in die Kornkammer Polens locken lassen. So sinkt der polnische Bevölkerungsanteil in Kujawien rapide: Viele Polen nämlich flüchten vor den Deutschen in die östlichen Landesteile. Doch der Hitler-Stalin-Pakt hat zur Folge, dass sich hier schon bald andere Besatzer breitmachen. Und manch einer, der den Deutschen entflohen ist, wird von den Russen gleich auf die nächste Reise geschickt und landet schließlich in der kargen Steppe Sibiriens, wenn er die lange, entbehrungsreiche Zugfahrt überlebt – vor allem viele alte Leute ereilt der Tod, bevor das Ziel erreicht ist.

Auch für Eugens Vater ist die Aufregung zu groß. Józef Leśniewski stirbt bereits 1943 im Alter von einundsiebzig Jahren, kurz nachdem er die Nachricht von der Hinrichtung seines Sohnes erhalten hat. Nicht nur Trauer, sondern auch ein Gefühl der Scham hat dieser Todesfall über die Familie gebracht. Denn bei allem Hass auf die deutschen Henker können es die Hinterbliebenen in Polen Eugen nicht verzeihen, dass er die Ehe gebrochen hat – noch dazu mit einer Deutschen.

Eugens Witwe Józefa behält zunächst noch ihre Wohnung in Kowal bei Włocławek. So erlebt sie mit, wie frühere Kollegen ihres Mannes aus fadenscheinigen Gründen festgenommen werden. Denn Angehörige der Intelligenz sind den deutschen Besatzern von vornherein suspekt. Lehrer, die in Leslau und Umgebung geblieben sind, müssen daher bei jedem unbedachten Wort mit der Todesstrafe rechnen. Mehr als ein Dutzend werden schließlich wegen angeblichen Widerstands gegen die Staatsgewalt in Leslau gehängt. Der »Leslauer Bote« berichtet von diesen Exekutionen im Sinne der Henker.

Weitaus größer noch ist die Zahl der Toten unter den jüdischen Bewohnern des alten Bischofssitzes. Im April 1940 werden dreizehntausend Juden im Getto von Leslau eingeschlossen – darunter Kinder, Schwangere, Gebrechliche. Zwei Jahre später beginnt die Deportation in die Vernichtungslager.

Fast eine halbe Million Menschen aus dem »Reichsgau Wartheland« sind so insgesamt von den Deutschen umgebracht worden – in erster Linie Juden, aber auch knapp achtzigtausend Polen nichtjüdischer Herkunft. Bei Vergeltungsaktionen wurden die männlichen Einwohner ganzer Dörfer erschossen.

Eugeniusz Leśniewski hätte sich also auch in seiner Heimat nicht frei bewegen dürfen und um sein Leben bangen müssen. Doch er wäre immerhin zu Hause gewesen. Und »Geschlechtsverkehr mit einer Deutschen« hätte ihm in Kujawien wohl niemand vorgehalten. Denn an polnischen Tanzpartnerinnen mangelte es ihm hier nie. Auch seine Frau Józefa tanzte gut und gern.

Fünfundzwanzig auf den Arsch

Hilde bekam nichts mit von dem, was in der Welt geschah. Auch die Ereignisse in ihrem Dorf blieben ihr verborgen. Nur Privates durften ihre Großeltern ihr alle vier Wochen berichten – in einem Brief von höchstens fünfzehn Zeilen. Gleiches galt in umgekehrt auch für Hilde. Einzelheiten über das Lagerleben waren tabu.

Dabei hatte ein Verwandter von Hilde häufig dienstlich in Ravensbrück zu tun. Onkel Georg, Tischlermeister aus Soltau, begleitete jetzt als SS-Mann Häftlingstransporte zum Frauen-KZ. Hildes Großmutter hatte ihn daher gebeten, ein bisschen Wurst und warme Kleidungsstücke für seine Nichte mitzunehmen. Doch er hatte sich strikt geweigert, sich als Bote einspannen zu lassen: »So einfach, wie du dir das vorstellst, geht das nicht«, hatte er eingewandt und auf weiteres Drängen gebrüllt: »Ich werde mich doch wegen dieser Polenhure nicht unglücklich machen. Wo denkst du hin?«

Oft war Hilde als Kind in den Ferien zu Onkel und Tante gefahren, ganz allein mit dem Zug nach Soltau. Da hatte es Aal oder gekochte Mettwurst gegeben und kleine Kuchen – Leckereien, die sich ihre Großeltern nicht leisten konnten. Keine zehn Jahre lag das zurück und schien doch einem anderen Leben zu entstammen. Jetzt war Schorse, wie Georg meist genannt wurde, nicht mehr der gute Onkel, sondern der strenge SS-Mann, der seine Pflicht zu erfüllen hatte – und natürlich gar nicht daran dachte, die Nachrichtensperre zu durchbrechen.

So erfuhren die alten Leute in Jarlingen nicht, dass ihrer Enkeltochter die Haare abgeschnitten worden waren. Und natürlich konnte Hilde ihnen auch nicht mitteilen, wie sie allmählich wieder länger wurden. Auf Empfehlung einer Mitgefangenen hatte sie sogar Urin in die Kopfhaut gerieben, um das Wachstum zu beschleunigen. Und schon Ende Februar konnte sie sich wieder zufrieden übers Haupt streichen – froh, dass ihr die Haare nicht erneut geschoren wurden wie anderen Frauen, die man des »verbotenen Umgangs« bezichtigte.

Auch wurde ihr die Häftlingsnummer nicht auf den Oberarm tätowiert, wie sie es bei Mitgefangenen beobachtet hatte. Das ließ hoffen. Die Angst aber wurde dadurch nicht geringer. Schlimm war es nach wie vor beim Appell, wenn die Aufseherin Erich die Nummern über den Hof brüllte. Hilde stockte der Atem vor Furcht: Was, wenn sie meine Nummer aufruft? Wer weiß denn schon, wohin die Reise geht? Ob nach Hause oder nach Auschwitz.

»Auschwitz«, das war so eines der Angstwörter, die im Lager kursierten. Es hatte sich unter den Frauen herumgesprochen, dass man von dort nicht zurückkehrte. Immer gab es welche, die in der Kommandantur putzen mussten und dort das eine oder andere aufschnappten.

Ein anderes Angstwort war »Block 16«, der Strafblock. Frauen, die dorthin kamen, mussten schwere Straßenarbeiten verrichten, Steine schleppen, bis zum Umfallen schippen. Und wer nicht mehr konnte, bezog Prügel – Schläge und Tritte, die viele nicht überlebten. Manchmal hetzten die SS-Leute ihre Schäferhunde auf die Frauen, um ihnen »Beine zu machen«. Manchen Aufseherinnen schien das regelrecht Spaß zu machen. Keine Woche verging ohne Gräuelberichte dieser Art. Und die Lagerleitung hatte nichts dagegen, dass sich die Grausamkeiten aus dem Strafblock herumsprachen, schließlich sollten sie eine abschreckende Wirkung haben.

Auch Hilde lebte in ständiger Angst, in Ungnade zu fallen. Die

Angst war größer als die Empörung über den täglichen Terror. Und trotz ihrer Qualen ging sie nicht so weit, die Rohheit des Lagerlebens der Bewegung anzulasten, der sie selbst angehört hatte. Ihre Treue zum Führer blieb nahezu unerschüttert. Aus ihrer Sicht waren es die untergeordneten Chargen, von denen die Gemeinheit ausging. Aber Hilde dachte natürlich nicht im Traum daran, gegen diese Tyrannen aufzubegehren. Sie verhielt sich so unauffällig wie möglich, und doch blieben auch ihr nicht alle Grausamkeiten des Lagers erspart.

Das Unheil nahm ausgerechnet dort seinen Lauf, wo sich Hilde am sichersten fühlte: bei der Arbeit. Der Webstuhl funktionierte eines Tages nicht richtig. Ständig musste sie die Fäden neu einziehen. Sie kam mit ihrer Arbeit kaum mehr voran, fürchtete, das geforderte Pensum nicht zu schaffen. Sie rief die Aufseherin, fand jedoch kein Verständnis.

»Geht doch alles«, entgegnete die Frau scharf, nachdem sie den Webstuhl kurz ausprobiert hatte. »Du bist bloß zu faul.«

Dieser Vorwurf empörte Hilde. »Das ist nicht wahr, das muss ich mir nicht sagen lassen«, klagte sie, bebend vor Zorn. »Ich quäle mich hier ab – und dann so was. Das ist wirklich gemein.«

»Was bildest du dir eigentlich ein, du dumme Gans«, entgegnete die Frau in dem grauen Kostüm barsch. »Du wagst es, Widerworte gegen mich zu richten, du faules Aas? Das wirst du büßen, das versprech ich dir.« Die Aufseherin notierte Hildes Nummer. »Du weißt, was dir jetzt blüht: fünfundzwanzig auf den Arsch, damit du zur Vernunft kommst, Täubchen.«

Hilde wusste, was das zu bedeuten hatte. Sie hatte oft beobachtet, wie Frauen aus ihrer Baracke geholt wurden und mit zermarterten Gesichtern wieder zurückkehrten. Drei Tage und Nächte malte sie sich die Qualen aus, bis sie schließlich von der Stubenältesten zum »Bunker« geführt wurde. Hier stand der gefürchtete »Prügelbock«. Hilde wurde fast ohnmächtig vor Angst.

Da wartete auch schon der »Kapo«, eine Frau mit dunkler Stimme und der Statur eines Ringers, die von den anderen Frauen immer nur als »Mannweib« und eben in der männlichen Form als »der Kapo« bezeichnet wurde. Der Prügelhäftling trug den blauen Winkel der Staatenlosen.

Anfangs hatten die Oberaufseherinnen Maria Mandel und Dorothea Binz noch persönlich geschlagen. Ein Rundschreiben des SS-Wirtschafts- und Verwaltungshauptamtes vom 11. August 1942 verfügte dann offiziell, was sich teilweise bereits als Praxis durchgesetzt hatte. »Der Reichsführer-SS und Chef der deutschen Polizei hat angeordnet, dass die Prügelstrafe in den Frauen-Konzentrationslagern unter der befohlenen Dienstaufsicht von Häftlingen vollzogen wird«, hieß es darin.

»Na, Mädchen, dann mach dich mal frei«, forderte der Dienst habende SS-Mann Hilde grinsend auf. Zitternd zog sie ihren Schlüpfer aus und streifte sich das vorgesehene Gummihöschen über.

Im nächsten Moment wurde Hilde auch schon auf den Prügelbock gedrückt, und der Kapo nahm die Peitsche.

»Und immer schön mitzählen.« Das »Mannweib« schien zu grinsen. »Und eins.«

Hilde schrie auf.

»Ich hab nichts gehört«, fuhr sie der Kapo an. »Wenn du nicht lauter zählst, dann gibt's noch 'n paar extra, das garantier ich dir.«

Hilde biss sich auf die Lippen, kniff die Augen zu. Tapfer presste sie die Zahlwörter hervor.

»Zwei, drei, vier ...«

Bei jedem Hieb zuckte sie zusammen, krümmte sich. Der Schmerz schien jedes Mal größer zu werden. Der Kapo ließ sich viel Zeit zwischen den Schlägen. Hilde kam es wie eine Ewigkeit vor, bis sie schließlich mit entstellter Stimme die Zahl »fünfundzwanzig« angesagt hatte.

Und mit den fünfundzwanzig Schlägen war die Tortur noch nicht vorbei. Lange Zeit konnte Hilde nur unter großen Schmerzen sitzen oder liegen. Es dauerte Wochen, bis die Wunden verheilt waren.

Doch die Prügelstrafe bestärkte sie nur in ihrem Vorsatz, nie wieder aufzufallen – was auch immer geschehen mochte. Und sie hatte noch manche Demütigung zu überstehen. Besonders schlimm war es, wenn während der Nachtschicht die betrunkenen Männer in die Weberei einfielen und »Fußball« mit den Frauen spielten. »Fußball spielen«, das bedeutete für die Gefangenen, derart getreten zu werden, dass sie quer durch den Raum flogen.

Hilde presste in solchen Momenten die Lippen zusammen und weinte in sich hinein. Bloß nicht aufmucken! Bloß nicht mehr auf den Prügelbock. Nie mehr! Das hatte sie sich fest vorgenommen. Ein wenig Trost fand sie dann später im Gebet.

Es gab aber Tage, an denen das Grauen so groß war, dass nichts mehr half. Zum Beispiel dieser Morgenappell irgendwann im Frühjahr 1942. Es war wieder eisig kalt geworden, hatte noch einmal geschneit. Wieder mussten die Frauen stundenlang auf dem Hof stehen, weil ein Häftling fehlte. Plötzlich begann eine alte Frau neben Hilde heftig nach Atem zu ringen und mit den Händen ihre Wangen zu reiben. Hilde beobachtete es, wagte es aber nicht, um Hilfe zu rufen. Da brach die Frau zusammen und krümmte sich auf dem Boden.

»Alte Schauspielerin, Simulantin«, keifte die Aufseherin, als sie die Gestürzte bemerkte. »Die bleibt da liegen, ihr Weihnachtsengel. Kapiert? Und Abmarsch, die andern. Abmarsch, hopp, hopp.«

Das kam dem Befehl gleich, auf die Gestürzte zu treten. Wer einen Bogen um die alte Frau machte, musste damit rechnen, selbst bestraft zu werden. So stieg auch Hilde über die Sterbende hinweg.

»Wir haben sie totgetrampelt«, sagte sie später. »Regelrecht totgetrampelt.«

Als sie bereits auf dem Weg in die Weberei war, konnte sie sehen, wie die alte Frau in Richtung Krematorium gekarrt wurde.

»Die haben sie ins Feuer geschmissen wie ein Stück Holz«, berichtete eine Frau, die an diesem Tag Leichen transportieren musste.

Auch den anderen blieb nicht verborgen, wenn das Krematorium in Betrieb war. Wie immer, wenn Leichen verbrannt wurden, stieg süßlicher schwarzer Rauch aus dem Schornstein auf.

»Irgendwann verheizen sie uns alle noch«, spöttelte eine Frau mit rotem Winkel, die mit Hilde in die Weberei ging. »Wenn sie kein Brennholz mehr kriegen, nehmen sie eben uns. Irgendwo muss ja die Wärme herkommen.«

Mit makabren Witzen zogen die Frauen ihre Angst vor dem Tod ins Lächerliche. Doch die Wut, die von den Peinigern abgelenkt werden musste, richtete sich nicht selten auch gegen die Mithäftlinge. Harmlos war es noch, wenn Schnarcher beschimpft und unsanft aus dem Schlaf gerissen wurden. Brutaler ging es schon beim Kampf um die kargen Lebensmittel zu. Hilde beobachtete, wie Frauen sich um ein Stück Brotrinde prügelten. Und Blut floss, als sich zwei lesbische Frauen in ihrer Baracke eine Eifersuchtsszene lieferten. Und es blieb nicht bei den Verletzungen, die sich die Frauen gegenseitig zufügten. Die Störung der Lagerordnung wurde geahndet – auch in diesem Fall. Die Frauen kamen in den Strafblock.

Im Allgemeinen aber ging es in Hildes Block der »Politischen« eher ruhig zu. Gefürchtet wegen ihrer Rohheit waren vor allem die »Grünwinkligen« – die kriminellen Hilfsaufseherinnen verbreiteten im Lager Angst und Schrecken. Auch Marianne, die Blockälteste, trug ein grünes Dreieck. Sie galt zwar als vergleichsweise verständnisvoll, vor Flüchen und Beschimpfungen schreckte aber auch sie nicht zurück. Ganz selbstverständlich benutzte so auch Hilde bald Ausdrücke, die sie auf dem Dorf nie gehört hatte.

Doch die Verrohung hatte auch ihr Gutes. Sie ließ einen Schutzpanzer wachsen – eine Hornhaut der Seele, die einen gleichgültiger machte gegen das tägliche Sterben, das Leben im Angesicht des Todes.

Ein Grausen aber überkam Hilde, als es mit Martha zu Ende ging, mit der sie den Bretterverschlag teilte – eine Frau, die höchstens zehn Jahre älter war als sie selbst, die aber mit ihren tiefen Augenhöhlen und dem kalkweißen, ausgemergelten Gesicht aussah wie eine Greisin.

Es war der 2. März, der Sterbetag von Hildes Mutter. Das furchtbare Stöhnen hatte Hilde nicht schlafen lassen. Um die Frau ein wenig zu beruhigen, hatte sie ihre Hand gehalten. Als spräche sie im Traum, hatte Martha gestöhnt: »Nimm mich doch ganz, meine Beine hast du ja schon.«

Hilde schien es, als hielte die Sterbende sie, Hilde Meyerhoff, für den Tod, der gekommen war, sie zu holen. Tatsächlich waren die Beine schon steif. Wenig später verstummte die Frau, und es kamen Leichenträgerinnen, um den leblosen Körper aus dem Sackkleid zu schneiden und zum Verbrennungsofen zu karren. Wie ein Stück Holz.

In den Schlaf folgten Hilde auch die Bilder jener Frauen, die beim Fluchtversuch im elektrisch geladenen Zaun hängen geblieben waren, die Oberkörper oft regelrecht verbrannt vom Strom. Um ein abschreckendes Exempel zu statuieren, nahmen die SS-Leute die Toten nicht sofort ab, sondern ließen sie noch eine Weile hängen. Es kam sogar vor, dass die anderen Häftlinge dabei zusehen mussten, wie sie auf tote Frauen im Zaun schossen.

»Die SS übt sich im Schießen«, flüsterten sich die herbeibefohlenen Zuschauerinnen zu. »Wer die Augen trifft, wird Schützenkönig.«

Auch sonst waren immer wieder Schüsse im Lager zu hören. Und sie trafen nicht nur Tote, sondern auch Lebende.

Dem Tod von der Schippe

Morgenappell

Ein wolkenverhangener Morgenhimmel.
Auf der Lagerstraße ein dichtes Gewimmel.
Kommandos ertönen, Schreien und Rufen,
wenn die »Ältesten« ihre Häftlinge suchen.
Vom Himmel strömt kalter Regen nieder
und nässt die erstarrten Glieder.
Sechzig Minuten regungslos stehen –
voll Sehnsucht die Gedanken heimwärts gehen.
Und vor den Augen tröstend und mild,
erscheint der Heimat geliebtes Bild.
Im Osten zieht dämmernd herauf schon der Morgen,
noch ist er erfüllt von Qualen und Sorgen.
Doch lebt in uns ein Hoffnungsschimmer,
lange halten sie uns nimmer.

(Johanna Himmler, geboren 1894, gestorben 1972, verfasste dieses Gedicht im KZ Ravensbrück, wo sie von August 1940 bis April 1945 als »Rotwinklige« interniert war.)

Während britische Kampfflugzeuge weiterhin deutsche Städte bombardierten und Wehrmachtssoldaten im Kessel von Stalingrad unter Beschuss gerieten, folgte das Leben und Sterben in Ravensbrück seinem üblichen Gang. Das Getöse von den Schlachtfeldern der Welt prallte ab an den Mauern des Konzentrationslagers. Hier brachte kein Fliegeralarm die Menschen dazu, sich in Bunker zu flüchten, und das nicht nur, weil es für die Häftlinge gar keine Bunker gab. Wenn in Ravensbrück die »Uhle« heulte, dann hieß es: aufreihen zum Appell – morgens und abends, sonn- und feiertags, bei Hitze und Kälte, bei Regen und Wind.

Und Hilde wurde die Angst nicht los, dass es eines Tages ihre Nummer sein würde, die die Frau mit dem grauen Käppi auf dem Kopf aufriefe. Und dass es nicht nach Hause ginge, sondern in den Tod. Emsig trat sie weiter auf die Tritte ihres Webstuhls und hielt das Schiffchen in Bewegung. Sie tat alles, was von ihr verlangt wurde, und mühte sich, die nagende Angst niederzukämpfen.

So verdämmerte ein Tag nach dem anderen. Die Läuse waren eine arge Plage. Hilde kratzte sich die Kopfhaut wund. Doch alles Zetern und Klagen nützte nichts. Das Ungeziefer gehörte ebenso zum Lager wie die Schäferhunde – damit mussten sich die Frauen abfinden. Und so schlossen sie mit den Läusen und Flöhen ihren Frieden, indem sie sie zu Haustieren erklärten, die auch leben wollten.

Glücklicherweise blieb wenigstens die Monatsblutung aus. Es ging das Gerücht, dass die SS Medikamente in die Suppe mischte, um die Menstruation zu unterdrücken.

Suppe? Nein, davon konnte wohl keine Rede sein. Wenn vier winzige Rübenstückchen in der Brühe schwammen, so war das schon viel. Ob Ostern oder Weihnachten, jeden Mittag gab es diesen lauwarmen, dünnen Kohl- oder Rübensud. Dazu eine Packung Kommissbrot, die für den ganzen Tag reichen musste. Besonders begehrt waren die Rinden. Im heimlichen Tauschhandel des Lagers konnte man zum Beispiel Salz dafür bekommen, eine Mangelware.

Der Lagerkost fehlte es an jeglicher Würze. Ein schlechter Scherz war vor allem das, was morgens unter der Bezeichnung

»Kaffee« ausgeschenkt wurde: bräunliches Spülwasser, in der Regel nur noch lauwarm, wenn die Kübel in die Baracken geschleppt wurden.

So fügte sich der Speiseplan ein in das einförmige Lagerleben. Nur wenn der Reichsführer der SS und der Polizei, Heinrich Himmler, dem Lager einen Besuch abstattete, bekamen auch die Häftlinge etwas Besonderes: Rote Beete. Das waren dann schon Feiertage im ewig gleichen Trott.

Im Übrigen blieb den Frauen nur die Möglichkeit, ihren Appetit in der Fantasie zu stillen. So kam es oft vor, dass sie beim stundenlangen Appellstehen Kochrezepte austauschten. Auch Hilde konnte nicht genug davon kriegen, wenn ihre Nachbarinnen die Zubereitung einer Rindsroulade oder eines Wickelkuchens mit Marzipan und Zuckerguss in allen leckeren Einzelheiten erläuterten. Es war wie ein Spiel, das den Frauen ein bisschen über den Hunger hinweghalf.

Niemand durfte an seinem Geburtstag mit einer Sonderration rechnen – es gab keinerlei Grund zu feiern. Der 30. Mai 1943 allerdings war für Hilde dennoch kein Tag wie alle anderen, und das lag nicht am strahlend blauen Himmel und auch nicht am Vogelgezwitscher. Es war der Tag, an dem Hilde einundzwanzig und damit volljährig wurde. Ihr Vormund hatte aus diesem Anlass pflichtschuldig ihr Sparbuch nach Ravensbrück geschickt. Und weil auch im Lager alles seine Ordnung haben sollte, wurde sie in die Kommandantur gerufen und förmlich über den Beginn ihrer Volljährigkeit unterrichtet. Das Sparbuch blieb natürlich im Stahlschrank der Lagerleitung.

Eine Woche nach ihrem Geburtstag erhielt Hilde auf dem langen Postweg auch Glückwünsche von ihren Großeltern und ihrer Schwester. Die monatliche Post zählte für sie zu den wenigen Höhepunkten ihrer Lagerzeit. Dabei war der Inhalt meistens enttäuschend.

»Der Regen nimmt gar kein Ende. Wenn es so weitergeht, verfault uns das ganze Korn noch am Halm«, stand in einem Brief vom 30. Juli 1943. »Lass es Dir nicht zu schwer werden«, endete das Schreiben. »In Gedanken sind wir immer bei Dir, Deine Großeltern.« Und darunter war noch ein Gruß von Hildes Schwester gekritzelt: »Alles Gute, Deine Gertrud«.

Persönlicher waren die Briefe nie. Was auf den DIN-A5-großen Zetteln stand, ging über allgemein gehaltene Floskeln zu Landwirtschaft und Familienleben nicht weit hinaus. Hilde konnte ja auch nicht schreiben, was sie wirklich erlebte und bedrückte. Die Briefe wurden doch überprüft. So berichtete sie von ihrer Arbeit am Webstuhl, dem Wetter und kleinen Wehwehchen. Die große Angst blieb unerwähnt.

Alle vier Wochen gab es frische Schlüpfer. Und alle vier Wochen durfte geduscht werden – manchmal sogar mit warmem Wasser. Wie bei der Ankunft mussten sich weiterhin drei Frauen unter eine Dusche stellen. Bis man an die Reihe kam, hatte man erst einmal nackt im Badehaus zu warten – oft Stunden, auch bei großer Kälte.

War das Lagerleben schon für Gesunde eine Qual, so wurde es für Kranke zur Tortur. Auch Hilde durchlebte solche Zeiten. Schon in ihrem ersten Jahr bekam sie heftige Zahnschmerzen. Doch sie sollte es bereuen, der Blockältesten ihr Leid geklagt zu haben. Denn der Zahnarzt im Krankenblock, zu dem sie geführt wurde, machte sich keine große Mühe mit langwierigen Untersuchungen. Egal, ob krank oder gesund – alle Vorderzähne wurden ihr herausgerissen. Ohne Betäubung. Es war nicht zum Aushalten. Hilde wünschte sich, wie mit einem Lichtschalter ihr Schmerzempfinden, ja ihr gesamtes Bewusstsein abstellen zu können, nichts mehr zu spüren von diesen durchdringenden Schmerzen. Doch während ihr das Blut aus dem Mund sickerte, brach der SS-Arzt mit seiner Zange immer neue Zähne heraus. Wagte sie zu schreien, wurde sie angebrüllt.

Natürlich machte sich niemand die Mühe, ihr ein Gebiss einzusetzen. Aber was sollte man im Lager auch mit Zähnen anfangen? Es gab ja sowieso nichts zu beißen. Und wer achtete schon darauf, dass Zahnlücken das Gesicht entstellten? Auf Schönheit kam es hier nicht an. Das Schlimme war, dass dieser Zahnarzt ausgerechnet den eiternden Zahn nicht gezogen hatte, so dass die furchtbaren Schmerzen andauerten.

In dieser Zeit kam es vor, dass Hilde nachts in der Baracke betete, der liebe Gott möge sie erlösen.

Ein Jahr später wurde sie ein zweites Mal zum Krankenrevier geführt, das in der Lagersprache nur »Revier« hieß. Schon seit Tagen hatte sie sich zur Arbeit schleppen müssen, sich immer wieder erbrochen, auch nachts war sie nicht zur Ruhe gekommen. Durchfall hatte sie in einem fort zum Eimer am Ende der Baracke getrieben, wo die Frauen ihre Notdurft verrichteten. Und dann war auch das Fieber immer höher geklettert. Sie hatte fantasiert, Bilder von ihrem Heidedorf waren ihr durch den heißen Kopf geflattert. Bilder von der Mühle, von der Kuhweide, von tanzenden Schützenkönigen und -königinnen, vom Dreschen. Ihre Mutter hatte sie zum Essen gerufen, und sie hatte den Weg nach Hause nicht gefunden.

Hilde hatte gezittert und geglüht. Aus Angst, als Arbeitsverweigerer gescholten und wieder geschlagen zu werden, hatte sie ihren Zustand anfangs verheimlicht. Doch dann war es ihr nicht mehr möglich gewesen, aufrecht zu stehen. »Ich kann nicht mehr, geht einfach nicht mehr«, vertraute sie der Blockältesten mit wattiger Stimme an. Und die hatte sie dann auch gleich zum »Revier« geführt. Vierzig Grad Fieber wurden gemessen. Die Diagnose stand schnell fest: Typhus.

Doch Hilde hatte Glück. Da auf ihrer Karte stand, wie gewissenhaft sie in der Weberei ihre Arbeit verrichtete, sah der Arzt zunächst noch davon ab, die in derartigen Fällen übliche Wendung »Ist abzuschreiben« auf die Karte zu kritzeln und Hilde ins »Todesstübchen« zu befördern. Sie erhielt die begehrte Bettkarte.

Ein Bett wie zu Hause war es natürlich nicht. Nur eine kleine Pritsche mit Strohmatratze und verlaustem Kopfkissen. Aber immerhin: ein Bett – ein Bett für Hilde ganz allein.

Sie bekam in den ersten Wochen kaum mit, was um sie herum geschah. Das Gewimmer und Geschrei der Kranken und Sterbenden in der voll gepferchten Baracke, die rüden Sprüche der Ärzte und Ärztinnen. Das Fieber wollte nicht weichen. Traum und Wirklichkeit verschwammen. Sie lief vor Hexen und Teufeln davon, rannte um ihr Leben und kam doch nicht von der Stelle. Sie konnte nichts essen, magerte weiter ab.

So wurde beschlossen, ihr die »Himmelfahrtsspritze« zu geben. Die deutsche Lagerärztin Herta Oberheuser beauftragte die tschechische Hilfsärztin Zdenka Nedvedová, ihr die übliche Benzolinjektion zu verabreichen. Doch die Tschechin hatte Mitleid mit Hilde, die ihr wie ein Püppchen erschien. Von einer Freundin, die in der Weberei arbeitete, hatte Zdenka Nedvedová gehört, dass Hilde oft Frauen, die ihr Pensum nicht schafften, unter die Arme griff – und vor allem, dass sie wegen der Liebe zu einem Polen ins KZ gekommen war. Das rührte die Hilfsärztin, die sich auch in anderen Fällen als rettender Engel erwies.

Sie spritzte Hilde nicht das todbringende Benzol in die Venen, sondern ein Aufbaupräparat. Und die Patientin kam wieder zu Kräften. Ganz allmählich.

»Bald du kannst wieder tanzen und küssen«, redete ihr die Frau in Weiß zu. Daran war natürlich im KZ nicht ernsthaft zu denken. Doch Hilde verstand die Botschaft.

Im »Revier« lag sie immerhin im eigenen Bett und musste nicht auf dem Appellplatz stehen. So hatte sie es gar nicht eilig, die Seuchenabteilung zu verlassen. Doch während das Fieber sank, wuchs die Sorge, als »Versuchskaninchen« benutzt zu werden. Denn an einigen der Kranken waren bereits aus unerfindlichen Gründen Eingriffe vorgenommen worden. Manche wurden nach solchen Operationen nie wieder gesehen, anderen fehlten Gliedmaßen.

Als es Hilde etwas besser ging, schrieb sie ihrer Großmutter. Natürlich durfte nicht die Wahrheit in dem Brief stehen. »Thea ist es wohl ganz schön schlecht ergangen«, schrieb sie. »Aber so langsam kommt sie hoffentlich wieder auf die Beine. Sechs Wochen Fieber reichen ja auch wohl.«

Thea war Hildes Cousine. Doch ihre Großmutter hatte kein Wort davon geschrieben, dass Thea erkrankt sei. Hilde hoffte, mit dieser erfundenen Geschichte einen versteckten Hinweis auf ihre eigene Krankheit geben zu können – und vor allem auf die absehbare Genesung.

Fünf Monate verbrachte sie im »Revier«. Dann kehrte sie in ihre Baracke zurück und ging wieder ihrer Arbeit in der Weberei nach.

Gefährtinnen

Die kleine Hilde, das Hitlermädchen aus der Heide, lebte im KZ auf engstem Raum mit Frauen zusammen, vor denen ihr in Jarlingen gegraust hätte: mit Zigeunerinnen und Kommunistinnen, mit Giftmischerinnen und Huren. In ihrem gestreiften Sack sah sie zwar aus wie alle anderen, doch sie hielt Abstand. Auch weil das Gerücht von Spitzeln umging, schreckte sie vor allzu großer Nähe zurück. Nicht einmal die Rotwinkligen, zu denen sie selbst zählte, waren ihr geheuer; sie beteiligte sich nicht am Gewisper der »Politischen«. Sie hatte ja kurze Zeit zuvor noch auf der anderen Seite gestanden – auf der Seite des »gesunden Volksempfindens«. Sie hatte ja zu den Bataillonen des Führers gehört, war ja mit Gewalt herausgerissen worden aus der Dorfgemeinschaft. Und immer noch fühlte sie sich der nationalen Sache verbunden, betrachtete den täglichen Terror im KZ als Verrat an den Idealen Adolf Hitlers. Wenn das der Führer wüsste, ging es ihr in schlaflosen Nächten durch den Kopf.

Mit ihren Blockgenossinnen sprach sie fast nur über alltägliche Dinge wie Essen und Wetter. Nur ja kein böses Wort über das Lager und die Aufseher, nur ja nichts gegen Hitler. Allerdings horchte sie auf, wenn andere Frauen in ihrer Baracke über das Näherrücken der Front tuschelten. Die Neuankommenden bekamen ja mit, dass sich die Fliegerangriffe auf deutsche Städte häuften. Dass die deutschen Soldaten in ihren Sommeruniformen eingefroren waren in Russland. Dass die Amerikaner in den Krieg eingriffen. Hilde war hin- und hergerissen, ob sie sich über die

Neuigkeiten freuen oder grämen sollte. Einerseits erschienen ihr die Niederlagen wie Strafen für das Unrecht, das ihr und anderen widerfuhr. Andererseits sprengte der Gedanke, dass der Kriegsausgang auch über ihre Zukunft im Lager mitentschied, ihr Vorstellungsvermögen. Diese fernen Fronten und Schlachten – das war alles so weit weg, so kompliziert. Und Hilde traute sich auch nicht, nachzufragen.

Nur mit ihren beiden Bettgenossinnen wurde sie ein wenig warm. Vor allem in der kalten Jahreszeit – und es war oft kalt in Ravensbrück – legten die Frauen ihre graphitgrauen Decken übereinander und schmiegten sich aneinander. Und vor dem Einschlafen kam es vor, dass sie im Flüsterton von »zu Hause« sprachen.

Besonders nahe ging Hilde die Geschichte von Alma, der Köchin, die nur ein Jahr älter war als sie selbst. Im November 1940 hatte die im Harz ein Kind zur Welt gebracht, das der Affäre mit einem polnischen Kriegsgefangenen entstammte. Peter hieß der Junge. Alma hatte bei der Gemeinde einen deutschen Soldaten als Vater des Kindes angegeben – ihren alten Freund Günther, der in Polen stationiert war. Doch als Günther eines Tages auf Heimaturlaub kam, bestritt er wütend jeden Intimverkehr mit der Köchin und beschimpfte Alma als Lügnerin. Und da der schwarzhaarige Junge keinerlei Ähnlichkeit mit dem blonden Günther aufwies, glaubten die Behörden dem Soldaten mehr als der Köchin. So war Alma von der Gestapo abgeholt und zur Rede gestellt worden. Um schnell zu ihrem kleinen Peter zurückkehren zu können, hatte sie gleich alles gestanden. Doch die Hoffnung, ihr Baby behalten zu können, erfüllte sich nicht. Sie musste das Kind ihren Eltern überlassen, während sie selbst zuerst ins Zuchthaus und später ins KZ kam.

»Ich muss immer an den Jungen denken«, vertraute sie den Pritschengenossinnen in einer kalten Februarnacht an. »Ich mache hier alles, was die von mir verlangen. Das Wichtigste ist, dass ich bald zu meinem Jungen zurückkomme.«

»Bestimmt«, sagte Hilde, die Alma bei allem Mitleid auch ein wenig darum beneidete, dass sie sich auf das Wiedersehen mit ihrem Kind freuen konnte.

»Dass Peter in dieser Schande aufwachsen muss«, fuhr Alma leise fort. »Und mein Vater ist Oberscharführer in der SS. Da kannste dir ja vorstellen, was der für ein Theater gemacht hat, als es rauskam. ›Am liebsten würde ich deinen Bastard an die Wand knallen‹, hat er geblökt. Dabei war er ganz vernarrt in den Kleinen. Zum Glück hat er sich wieder beruhigt. Als sie mich abholten, hat er mich in den Arm genommen und geweint. Immerhin hab ich ihm zu verdanken, dass ich nicht mit geschorenen Haaren durch die Straßen getrieben wurde wie diese Sieglinde bei uns im Nachbardorf.«

»Das ist mir zum Glück auch erspart geblieben«, sagte Hilde. »Aber bei mir ist auch gar nichts vorgefallen. Bloß, das glaubt mir ja keiner.«

»Ach, jetzt fang doch nicht schon wieder mit der alten Leier an«, fuhr Ute dazwischen, die Hilde zur Rechten lag und sich gegenüber den Lagergenossinnen offen zu ihrem »Verhältnis« mit einem Serben bekannte – einem schönen Mann mit dunklen, gewellten Haaren und braunen Augen, wie Ute nicht müde wurde zu erzählen. Dass der Kriegsgefangene seine Liebe zu der Deutschen mit dem Tod bezahlen musste, hatte Ute schon im Zuchthaus erfahren.

Hilde dagegen wusste nicht, was mit Eugen geschehen war – und sie wollte auch gar nichts davon wissen. Sie überließ es den anderen, von ihren Liebhabern zu schwärmen.

»Was ist denn das für'n Gesabbel hier?«, schrie plötzlich die Blockälteste Lilly in das Gewisper hinein. »Wenn ihr nicht endlich Ruhe gebt, dann zieh ich andere Saiten auf. Kapiert, ihr Hübschen?«

Lilly hatte Anfang 1943 die Nachfolge von Marianne angetreten, die aus unerfindlichen Gründen in ein anderes Lager verlegt worden war. Die Neue herrschte jetzt in der Baracke wie eine kleine Königin. Durch kleine Vergünstigungen umgab sich die ungewöhnlich gut genährte Grünwinklige mit einem Hofstaat von ergebenen »Hofdamen« und übte so eine fast unumschränkte Herrschaft aus. Ganz sanfte Töne schlug sie an, wenn sie nach Frauen suchte, die bereit waren, sich als Lagerprostituierte zur Verfügung zu stellen – für spezielle SS-Puffs, für den »Dirnenblock« in Ravensbrück oder auch für das Häftlingsbordell in Buchenwald. Denn als Prämie und Anreiz für besonders schwierige oder verhasste Arbeiten stand eben auch ausgewählten KZ-Häftlingen der Bordellbesuch offen.

Und wie eine Puffmutter versorgte die Blockälteste Lilly die Dirnenblocks mit Personal. Sie versprach das Blaue vom Himmel: ein richtiges Bett, gutes Essen und die Aussicht, nach sechs Monaten freizukommen.

Für Hilde kam es nicht in Frage, auf das verlockende Angebot einzugehen. Diese Schweine, ging es ihr durch den Kopf. Auf der einen Seite sperren sie die Nutten ein, auf der anderen Seite machen sie sich selbst welche.

Außerdem traute Hilde den Versprechungen nicht. Es hatte sich nämlich im roten Block herumgesprochen, dass einige ins Lager zurückgekehrt waren – und zwar mit Tripper oder Syphilis. Gebrochene Gestalten, oft malträtiert von medizinischen Experimenten.

Von Rosi Schneeberger, einer Schwarzwinkligen von der Reeperbahn, hatte Hilde gehört, dass die ausgewählten Frauen im Lager zuerst mit guter Kost und Höhensonne aufgepäppelt wurden. Im Operationssaal hätten SS-Männer die Frauen dann erst einmal »ausprobiert«, bevor über ihre spätere »Verwendung« entschieden wurde. »Durchschnittsware kommt in die Lagerbordelle und die schönsten und kräftigsten Mädchen in die Häuser für die SS und die höheren Offiziere«, erzählte Rosi. Auch sie wollte sich melden.

»Schlimmer als hier kann es doch wohl auch nicht sein«, vertraute die Frau mit dem frisch geschorenen Blondhaar und dem Muttermal auf der linken Stirnseite Hilde an.

Und dann war sie eines Tages verschwunden. Hilde hatte in ihrer Nähe immer einen eigenartigen Kitzel empfunden, wie sie sich später eingestand. Rosi hatte sie daran erinnert, dass es noch etwas anderes auf der Welt gab als Arbeit, Angst und Trübsal – nämlich Nächte voller Lust.

In Wirklichkeit war es nicht besonders romantisch gewesen, was Rosi auf der Reeperbahn erlebt hatte. Mit zehn Geschwistern war sie ganz in der Nähe in St. Pauli als Tochter eines kommunistischen Hafenarbeiters und einer Näherin aufgewachsen. Um der Enge der Dreizimmerwohnung zu entfliehen, war sie schon mit dreizehn Jahren über die glitzernde Reeperbahn spaziert und hatte den Duft der großen weiten Welt geatmet. Mit sechzehn fand sie einen fünf Jahre älteren Freund: Harry, den alle »Püppchen« nannten, weil er so ein niedliches Mädchengesicht hatte. Aber trotz seiner zart wirkenden Gestalt war Harry alles andere als ein Rosenkavalier – wenn es hart auf hart ging, kannte er keine Hemmungen. Mit Faustschlägen und Fußtritten hatte er sich Respekt auf dem Kiez verschafft. Und bald erfuhr Rosi auch, dass sie nicht seine einzige »Freundin« war.

Schließlich drängte er sie, es auch mal mit anderen Männern zu versuchen. Anfangs musste sie sich noch sehr überwinden, Männer auf der Straße anzusprechen, zu umgarnen und ihren Preis zu nennen: »Von fünf Mark aufwärts, je nachdem.« Später gewöhnte sie sich daran.

Immer aber lebte sie in der Furcht, bei einer der zahlreichen Polizeirazzien aufgegriffen zu werden. Denn die Nationalsozialisten hatten die offene Prostitution gleich nach der Machtübernahme unter Strafe gestellt.

»Wer öffentlich in auffälliger Weise ... zur Unzucht auffordert oder sich dazu anbietet«, musste mit sechs Wochen Haft und anschließender Unterbringung in einem Arbeitshaus rechnen. Besonders die Zuhälter gerieten unter Druck. Zuchthaus bis zu fünf Jahren drohte jedem, der sich »von dem traurigen Handwerk der Dirnen ein sorgloses Dasein erzwingen« wollte, wie es der Hamburger Kiez-Kommissar Ramming ausdrückte.

So verfing sich auch Rosis »Beschützer« in den Maschen der Staatsmacht. Harry wurde festgenommen, kam hinter Gitter. Doch da er sich reumütig und einsichtig zeigte, wurde er schon bald wieder freigelassen. Später erfuhr Rosi, dass er ein »ziemlich hohes Tier« in der Partei geworden war.

Weil das Stadtbild von den Damen mit der »aufreizenden Kleidung« gesäubert werden sollte, mussten sich die leichten Mädchen von St. Pauli in die Herbertstraße zurückziehen, die durch Sichtblenden vor den Blicken der »Normalbürger« verbarrikadiert wurde. Wie viele andere Kolleginnen schreckte Rosi jedoch davor zurück, sich in dieses Getto verbannen zu lassen. Sie blieb Untermieterin in der Kleinen Freiheit, einer Seitenstraße der Reeperbahn.

»Wenn es nicht so gefährlich gewesen wäre, hätte man sich totlachen können«, sagte sie zu Hilde. Denn einerseits blies die Partei zum Kampf gegen das Laster, andererseits zählten manch stramme Parteigenossen zu Rosis treuen Kunden.

Sie geriet erstmals auf die Schwarze Liste, weil bei ihr nach heftigen Unterleibsschmerzen die Geschlechtskrankheit Gonorrhoe festgestellt wurde, auf Deutsch: Tripper. Bei der regelmäßigen Kontrolluntersuchung in der Zentralen Überwachungsstelle der Gesundheitsbehörde bestätigte sich im Juli 1940 der Verdacht. Daraufhin wurde Rosi unter Fürsorgeaufsicht gestellt und vier Wochen im Hilfskrankenhaus Langenhorn behandelt. Eigentlich sollte sie sich bereits eine Woche später wieder melden, doch aus Angst, wie andere Kolleginnen aus dem Verkehr gezogen zu werden, kam sie der Anordnung nicht nach. Immerhin hatte sie nun schon, wie verlangt, Quartier bei einer Freundin in der Herbertstraße bezogen. Doch weil sie sich bei der Gesundheitsbehörde nicht freiwillig meldete, wurde sie von der Polizei abgeholt und zunächst einen Monat lang ins Gefängnis gesteckt.

Nach ihrer Entlassung ging sie in die Herbertstraße zurück. »Wohin hätte ich sonst gehen sollen?«, fragte sie Hilde in ihrem breiten Hamburger Dialekt. »Mein Vater wollte doch schon lange nichts mehr von mir wissen. Die Herbertstraße war ja nu so eine Art Zuhause für mich.«

Doch Rosi infizierte sich erneut. Und nach der vorgeschriebenen Kontrolluntersuchung, zu der sie sich jetzt wöchentlich brav einfand, wurde sie wieder ins Langenhorner Krankenhaus geschickt. Zwei Monate lang wurde sie hier diesmal behandelt. Danach aber durfte sie nicht wieder in die Herbertstraße zurück. Wegen Verstoßes gegen das »Reichsgesetz zur Bekämpfung der Geschlechtskrankheiten« kam sie erneut ins Gefängnis, diesmal nach Fuhlsbüttel. Gleichzeitig wurde ein Entmündigungsverfahren eingeleitet. »Moralischer Schwachsinn« lautete wie üblich die Diagnose. Aufgrund einer »Entartung des Charakters«, verbunden mit erheblicher Haltlosigkeit und Labilität, sei der Tatbestand der »Geistesschwäche« erfüllt, hieß es im Gutachten. Rosi Schneeberger wurde daher unter die Sammelvormundschaft von Käthe Petersen gestellt, der Leiterin des Pflegeamts im Fürsorgewesen Hamburgs.

»Danach war es aus«, erzählte Rosi. »Da bin ich bloß noch von einer Anstalt in die andere verschoben worden. Da haben sie mich behandelt, als wäre ich plemplem.«

Nach zwei Monaten Haft im Fuhlsbütteler Gefängnis wurde Rosi Schneeberger von der Gestapo abgeholt und in eine »Arbeitserziehungsanstalt« gesteckt. Doch was die Zwangserziehung bewirkte, spielte gar keine Rolle. Nach einem halben Jahr wurde sie nicht etwa in die Freiheit entlassen, sondern ins Konzentrationslager Ravensbrück. Der »deutsche Volkskörper« müsse vor der »asozialen Person« geschützt werden, verfügte die Gesundheitsbehörde im Zusammenwirken mit der Gestapo. Im März 1942 traf Rosi Schneeberger im KZ ein. Sie wurde gezwungen, den schwarzen Winkel zu tragen – das Zeichen der »Asozialen«.

Einerseits empfand Hilde ein geradezu körperliches Unbehagen gegenüber der Prostituierten. Es war, als verkrampfe sich in Rosis Gegenwart alles in ihr. Auch vom Verstand her lehnte sie sie ab. Die Straßen sollten doch sauber gehalten, die Allgemeinheit musste doch geschützt werden vor Frauen wie Rosi. An dieser Grundüberzeugung hielt sie immer noch fest. Und natürlich wollte sie nicht hinabsinken auf die gleiche Stufe wie diese Straßenmädchen und Asozialen. Sie selbst, das anständige Hitlermädel, war ja nur aufgrund eines Missverständnisses ins Lager gekommen.

Andererseits konnte sie aber auch nicht genug kriegen von Rosis Reeperbahn-Geschichten. Wie sie ihre ersten fünf Mark mit einem Matrosen verdient hatte. Wie ihr die Amis von den Ozeanriesen, die in Hamburg anlegten, Dollarscheine in den Schlüpfer gesteckt hatten. Wie einmal die empörte Ehefrau eines Freiers zu ihr gekommen war ... Das alles waren Geschichten, die Hilde aus dem grauen KZ-Alltag heraushoben und in eine andere, eine glitzernde Welt des Frivolen versetzten.

Doch zu einer richtigen Freundin wurde Rosi damit noch nicht.

Der Aufstieg

Näher als den meisten Leidensgefährtinnen kam Hilde ihrer Vorgesetzten, der Aufseherin in der Weberei. Schon nach kurzer Zeit äußerte sich Frau Ernst anerkennend über ihr Geschick am Webstuhl.

»Von dir kann sich manch eine hier 'ne Scheibe abschneiden, Meyerhoff«, lobte sie die Aufseherin mit der dunkelblonden Dauerwelle. Und Hilde war stolz darauf und fühlte sich zu Frau Ernst hingezogen – schon deshalb, weil die sie nicht wie die anderen Aufseherinnen nur bei ihrer Nummer nannte, sondern meistens ihren Nachnamen rief, gelegentlich sogar ihren Vornamen. Dass die Vorgesetzte ihren eigenen Vornamen für sich behielt, schrieb die Lageretikette vor.

Einmal, als Hilde wie so oft vor den anderen mit ihrem Pensum fertig war, holte Frau Ernst sie in ihr Büro.

»Du bist wirklich sehr geschickt, Meyerhoff«, begann sie. »Das hast du doch nicht erst hier gelernt.«

Da huschte ein Lächeln über Hildes Gesicht, und sie erzählte, dass sie schon gemeinsam mit ihrer Großmutter gewebt und auch sonst immer viel Freude an der Handarbeit gehabt habe.

»Ich hatte nie die Geduld«, gestand Frau Ernst. »Das Kochen hat mir schon gereicht. Aber ich habe es immer bewundert, wenn andere Mädchen gestickt und gestrickt haben.«

Fast war es Hilde unheimlich, dass sich diese Frau ihr gegenüber plötzlich so freimütig offenbarte. Was sie damit wohl bezweckte?

»Ich wär dir dankbar, wenn du ein wenig die Augen für mich

offen halten könntest, Meyerhoff«, fuhr Frau Ernst fort. »Dieser Moritz trau ich nicht über den Weg. Dauernd stehen die Webstühle still. Die Frauen schaffen ihre dreizehn Meter nicht, und ich krieg Scherereien. Ich glaube, das geht nicht mit rechten Dingen zu. Da ist bestimmt Sabotage im Spiel. Achte doch mal drauf. Und wenn du was siehst, sagst du mir Bescheid. Es wird dein Schaden nicht sein, Meyerhoff. Einverstanden?«

Hilde war zuerst unschlüssig. Doch dann nickte sie brav. »Einverstanden, Frau Ernst. Und wenn ich sonst was für Sie tun kann, müssen Sie es bloß sagen.«

Mit gesenktem Kopf ging Hilde zu ihrem Webstuhl zurück. Es schien ihr, als starrten die anderen sie misstrauisch an. Sie steckte in der Klemme. Einerseits fühlte sie sich geehrt durch so viel Vertrauen, andererseits hatte sie ein schlechtes Gewissen, nun zu einer Art Spitzel geworden zu sein. Aber was blieb ihr anderes übrig? Sie hatte es ja selbst in der Hand, was sie aus ihrer Vertrauensstellung machte. Sie war fest entschlossen, niemanden zu verpfeifen – wenn es sich irgendwie vermeiden ließ. Und so schüttelte sie immer den Kopf, wenn Frau Ernst sie fragte, ob sie etwas gesehen habe. Dabei beobachtete sie durchaus, wie diese Eva Moritz mit den Frauen, die Probleme hatten, ihr Pensum zu schaffen, zutraulich tuschelte und das Metermaß am Webstuhl verstellte.

Doch das Verhältnis zur Aufseherin nahm keinen Schaden durch Hildes Schweigen. Frau Ernst vertraute ihr in manchen Momenten sogar an, wie unglücklich sie sich fühle unter dem Wachpersonal und wie groß ihr Heimweh sei nach ihrer böhmischen Heimatstadt Pilsen, ihren Eltern und Geschwistern.

Hilde seufzte. »Ja, ich wär auch gern wieder zu Hause.«

»Handarbeiten kannst du doch hier auch«, entgegnete die Aufseherin.

»Ach, das ist ja nicht das Gleiche«, klagte Hilde. »Zehn, zwölf Stunden am Webstuhl und immer dasselbe, das macht einen auf die Dauer ganz rammdösig. Ich würde so gern mal wieder 'n bisschen was Schönes machen.«

»Was Schönes? Du hast Nerven, Hilde«, sagte Frau Ernst schroff. »Aber wenn du Lust hast, kannst du mir mal eine Decke häkeln. Darf natürlich keiner mitkriegen.«

»O ja, das würde ich gern.« Hilde blickte zu der sehr viel größeren Aufseherin schüchtern lächelnd auf wie ein Schulmädchen.

Gleich am nächsten Tag brachte Frau Ernst Garn mit, und anderthalb Stunden vor Schichtende rief sie Hilde ins Büro. Natürlich unter einem Vorwand. »Meyerhoff, du hast doch deine Meter schon geschafft. Hier muss unbedingt mal Staub gewischt werden.«

Hilde blühte auf, als sie die Häkelnadeln zur Hand nahm und ihr Werk begann. Zwei Tage später konnte sie mit der Arbeit an der Decke fortfahren. Nie mehr als anderthalb Stunden, sonst wären die anderen stutzig geworden.

Im Unterschied zu der fabrikmäßigen Weberei war das Häkeln eher Handarbeit, wie Hilde sie liebte. Und so kam es vor, dass sie über dem Geklimper der Nadeln vergaß, wo sie war. Zu allem Überfluss wurde die Arbeit auch noch belohnt. »Guck mal auf den Schrank. Ich glaube, da liegt was für dich«, flüsterte ihr die Aufseherin bisweilen zu. Und siehe da – mal fand Hilde ein Stück Wurst, mal einen Apfel.

Die Gespräche, die Frau Ernst mit »88-85« führte, wurden immer vertrauensvoller. Hilde erfuhr, dass ihre Vorgesetzte zuvor in einer Keksfabrik gearbeitet hatte und dort von der SS angeworben worden war. »Ich bin doch früher nie für die Hitlerleute gewesen, nie«, gestand die Aufseherin. »Aber als sie unser Böhmen befreit hatten, da musste man ihnen doch dankbar sein als Deutsche. Und man wusste ja auch gar nicht so genau, was auf einen zukam. Die haben einem ja den Himmel auf Erden versprochen. Da konnte man doch nicht ahnen, dass man in die Hölle kommen würde.«

Die Offenheit der Aufseherin veranlasste Hilde, ihrerseits zu erzählen, wie sie ins Konzentrationslager geraten war – und um welch großes Unrecht es sich dabei handelte. »Ich hab doch nie was gehabt gegen den Hitler.«

Selbstverständlich hatte Hilde ihre Aufseherin weiterhin als »Frau Ernst« anzusprechen. Dennoch entwickelte sich so etwas wie eine Freundschaft. Dabei mussten sich die beiden Frauen gegenüber den Häftlingen genauso in Acht nehmen wie vor dem Wachpersonal. Doch solche Heimlichkeit verband sie umso mehr.

Schließlich näherten sie sich sogar in ihrer Stellung einander an. Da Eva Moritz schwer erkrankte, wurde ein neuer Anweisungshäftling benötigt, der die Aufsicht über die fünfzehn Webstühle übernahm. Und Frau Ernst zögerte nicht lange, sich bei der Oberaufseherin für Hilde einzusetzen. Auch die anderen Frauen des SS-Gefolges kamen nicht umhin, »Püppchens« Fleiß und Disziplin zu loben.

Für Hilde begann mit der Beförderung eine neue Zeitrechnung. Mit ihrer roten Armbinde durfte sie nun unbeaufsichtigt die Lagerstraße entlanggehen. Es erfüllte sie mit Stolz, sich in offizieller Mission frei bewegen zu dürfen. Ihre neue Stellung berechtigte sie sogar dazu, andere Frauen als Aufsichtsperson zu begleiten, wenn die etwa über die Lagerstraße zur Weberei zu marschieren hatten.

Sollten Neider ihr doch ruhig argwöhnische Blicke zuwerfen! In Wirklichkeit, so redete sie sich bisweilen ein, hatte sie doch gar nichts in diesem Sträflingskittel verloren. Sie war schließlich nur durch einen Irrtum nach Ravensbrück geraten.

Als Anweisungshäftling musste Hilde auch nicht länger am Webstuhl sitzen. Ihre Aufgabe war es jetzt, darüber zu wachen, dass alle ihr Pensum erfüllten: dreizehn Meter pro Schicht und keine Mogelei. Auch kein Pfusch! Mit einem Vergrößerungsglas hatte

Hilde zu kontrollieren, ob das Gewebe fest genug war. Und Frauen, die es sich zu leicht machten, hatte sie zur Ordnung zu rufen.

Außerdem musste sie ganz allgemein Frau Ernst dabei unterstützen, den Betrieb am Laufen zu halten – nach dem Rechten sehen, wenn sich in einem der fünfzehn Stühle Schnüre verhakten, und immer neuen Nachschub an Garn beschaffen. Die schweren Rollen musste sie allerdings nicht selbst schleppen. Dafür waren die SS-Männer zuständig, die Hilde nun auch ganz anders gegenübertraten als vorher. Zumindest tagsüber. Wenn sie nachts lärmend in die Weberei einfielen, dann machten sie keine Unterschiede zwischen den Frauen am Webstuhl und dem Anweisungshäftling »88-85«. Die höheren Dienstgrade trieben es am schlimmsten – vor allem dieser Obersturmbannführer Opitz. »Je mehr Lametta, desto schweinischer«, vertraute Hilde der Aufseherin Ernst an, mit der sie sich jetzt häufiger als zuvor im Büro unterhalten konnte. Gewissermaßen dienstlich.

Doch ihre Stellung als Vorgesetzte stürzte Hilde auch in Konflikte. Da war zum Beispiel der Zwischenfall mit Yvonne. Die junge Französin mit den großen braunen Augen und den seidigen pechschwarzen Haaren tat sich schwer am Webstuhl. Immer wieder rissen bei ihr Schnüre, ständig verhedderten sich ihre Fäden. Hilde musste ihr häufig helfen, um zu verhindern, dass sie sich Ohrfeigen oder Tritte bei den SS-Leuten einhandelte, die unangekündigt in der Weberei patrouillierten. Als ihr Webstuhl wieder einmal stillstand, verlor Yvonne die Nerven und bekam einen Wutanfall. Hilde hörte, wie sie auf Französisch Flüche ausstieß, »Merde!« zischte und mit der Schere auf ihren fertigen Stoffballen einstach.

Hilde schoss auf die Französin zu und stellte sie zur Rede. Das durfte sie einfach nicht durchgehen lassen. »Bist du verrückt geworden? Das kannst du doch nicht machen.«

Doch Yvonnes Augen funkelten wild, und sie fauchte Hilde in ihrem unverständlichen Französisch an. Sie schrie und weinte.

Hilde bemerkte, wie die anderen Frauen von ihren Webstühlen aufblickten, um zu sehen, wie sie wohl reagieren würde. Sie hatte keine Wahl. »Wer nicht hören will, muss fühlen«, herrschte Hilde die Französin an und stürzte ins Büro. Dort hatte an jenem Tag nicht Frau Ernst Dienst, sondern eine Aufseherin, die als besonders hart galt. Die zögerte nicht lange und alarmierte die Lagerpolizei. Wenig später wurde Yvonne abgeführt.

Hilde machte sich Vorwürfe. Es stand für sie außer Zweifel, dass die Französin in den Strafblock kommen würde. Sie spürte, wie die anderen Frauen in der Weberei ihre Blicke senkten oder zur Seite richteten, wenn sie mit ihnen sprach. Und auch in ihrer Baracke hatte sie das Gefühl, geschnitten zu werden.

Mehr denn je war sie auf den Zuspruch von Frau Ernst angewiesen. Die bestärkte sie in ihrer Ansicht, dass sie ja gar nicht hätte anders handeln können. Doch die Welt der Aufseherin war eine andere als die der Internierten »88-85«. Nach dem Schichtwechsel war Hilde wieder mit sich und ihren Selbstzweifeln allein. Und in ihrem Block umgeben von Frauen, denen sie sich nun noch weniger anvertrauen mochte als zuvor.

Auch mit Alma konnte sie nicht mehr vor dem Einschlafen kuscheln und flüstern. Die Bettgenossin hatte den Block verlassen. Leider war sie nicht, wie sie gehofft hatte, zu ihrem kleinen Peter zurückgekehrt, sondern mit Typhus ins Krankenrevier verlegt worden. Schon nach wenigen Tagen hatte man ihr die Todesspritze gegeben.

Die Französin dagegen kehrte zum Glück zwei Wochen nach dem Zwischenfall in die Weberei zurück. Ihr feines Gesicht war eingefallen und von kleinen Blutergüssen verunstaltet. Hilde fürchtete sich anfangs davor, ihr gegenüberzutreten. Doch als wieder einmal der Webstuhl klemmte und Hilde wie gewohnt die Schnüre entwirrte, ergriff Yvonne ihre Hand und drückte sie.

Ende eines Alptraums

Auch als die großen deutschen Städte schon in Schutt und Asche lagen und die Bataillone der Alliierten immer näher rückten, machte der Krieg um Ravensbrück noch einen Bogen. Doch weil die Lager im Osten geräumt werden mussten, verschoben die Schergen des Führers Tausende geschundener Frauen und Kinder in die Uckermark. Viele starben schon während der Transporte. Dennoch erreichten bereits im Herbst 1944 zwanzigtausend das KZ Ravensbrück – erschöpfte Gestalten mit grauen, wächsernen Gesichtern, manche dem Tod näher als dem Leben. Es wurden Notbaracken gezimmert. Doch bevor die fertig waren, mussten die Neuankommenden auf dem Boden des Appellplatzes unter freiem Himmel schlafen. Sie flehten um Decken, schrien so laut vor Hunger und Durst, dass die Frauen in den umliegenden Baracken keinen Schlaf fanden und über die Ruhestörer schimpften.

Das Lager platzte bald aus allen Nähten. Die Enge machte das Zusammenleben der Frauen immer unerträglicher. Die Wut explodierte, entlud sich in Aggressionen gegen Mithäftlinge. Frauen gingen aufeinander los und schlugen sich tot. Dabei erreichte die Todesrate ohnehin immer neue Rekordmarken. Viele, die zum Duschen geführt wurden, endeten in der Gaskammer. Im Krematorium herrschte Hochbetrieb. Fast unaufhörlich stieg jetzt Rauch aus dem Verbrennungsschlot.

Die Scheren wurden knapp. Je mehr Frauen durch den Aufnahmeblock geschleust wurden, desto mehr Köpfe mussten geschoren werden. Hilde hatte daher die Aufgabe, in der Weberei vorübergehend alle verfügbaren Scheren einzusammeln und in der Zentrale abzuliefern.

Auch an Häftlingskleidung herrschte Mangel, doch der war schnell behoben: Plötzlich tauchten größere Mengen Privatkleider auf. Niemand wusste, woher. Es wurde gemunkelt, dass sie von Jüdinnen stammten.

Auch Hilde erhielt eines der Kleider, ein schwarzes mit rotem Stehkragen. Ungeheuer elegant! Der Stoff fühlte sich an wie Seide. Freudig stieg Hilde aus ihrer Lagerkluft. Wie eine Dame fühlte sie sich in ihrem neuen Gewand. Allerdings musste sie vorn ein rotes Dreieck aufnähen, doch das nahm sie gelassen hin. »Es passt ja sogar farblich zusammen«, scherzte sie im Gespräch mit Frau Ernst.

Zu ihrem Bedauern musste sie die feine Garderobe schon nach wenigen Wochen wieder ablegen und erneut in den graublau gestreiften Sack schlüpfen. Die Kleiderordnung sollte schließlich gewahrt bleiben.

Doch es kamen Zeiten, in denen sich sogar SS-Aufseherinnen mit Häftlingskleidern kostümierten. Den Herrinnen der Hölle wurde es mulmig in ihrer Montur. Die Front rückte näher. In den Februarnächten hörte man jetzt auch in Ravensbrück das Grollen der Geschütze, und in einem fort donnerten die Flugzeuge des Feindes über das Lager hinweg. So wuchs die Nervosität unter den Frauen des SS-Gefolges. Sie gaben Befehle, die sie im nächsten Augenblick widerriefen. Sie brüllten, schlugen grundlos zu und studierten heimlich Zugfahrpläne, um sich auf den »Tag X« vorzubereiten.

Erstaunt bemerkte Hilde, dass sie plötzlich von Aufseherinnen beim Namen genannt wurde, die ihr früher nur ihre Nummer entgegengebrüllt hatten. Schließlich wurde sie in die Kommandantur bestellt.

»Schon seit längerer Zeit beobachten wir, in welch vorbildlicher Weise Sie hier Ihre Aufgabe als Anweisungshäftling erfüllen, Frau Meyerhoff«, sprach der SS-Mann sie an. »Auch aus Gesprächen haben wir den Eindruck gewonnen, dass Sie der nationalen Sache sehr aufgeschlossen gegenüberstehen. Wir haben uns daher entschlossen, Ihnen ein ungewöhnliches Angebot zu machen.«

Hilde brachte kein Wort hervor.

»Ich habe die Ehre, Ihnen den Beitritt in die Gefolgschaft der SS anzubieten und damit gleichzeitig eine Stellung innerhalb der Lagermannschaft. Ihnen ist wahrscheinlich nicht entgangen, dass wir hier in letzter Zeit unter erheblicher Personalknappheit leiden. Wir würden uns daher sehr freuen, wenn Sie unser Angebot annähmen.«

»Bitte was?«

»Wir machen Ihnen das Angebot, in das SS-Gefolge einzutreten.«

War das zu glauben? Machte der Kerl einen bösen Scherz auf ihre Kosten? Nein – er schien es ernst zu meinen. Allmählich begann Hilde, so etwas wie Stolz zu empfinden. Ein Triumphgefühl breitete sich in ihr aus. Waren ihre Leistungen etwa endlich anerkannt worden? Hatte sich dieser hanebüchene Vorwurf, der sie aus der Bahn geworfen hatte, endlich in Luft aufgelöst?

Unsinn. Auch Hilde war nicht entgangen, dass die alte Ordnung zu bröckeln begann. Wie ein aufgescheuchter Hühnerhaufen hatte sich das Wachpersonal in jüngster Zeit aufgeführt. Offenbar entsprang auch das seltsame Angebot dieser Aufgeregtheit.

Frau Ernst hatte mehr als einmal gewispert, wie sie sich vor dem nahen Ende des Krieges fürchte. »Wenn uns die Russen hier erwischen, bringen sie uns um«, hatte sie immer wieder geklagt. »Die denken doch, dass jeder, der bei der SS war, blutige Hände hat. Die hängen uns alle am nächsten Baum auf, Meyerhoff. Ihr habt es gut in euren Sackkleidern, ihr seid fein raus.«

Diese Worte gingen Hilde durch den Kopf, während ihr der SS-Mann gegenüberstand und auf Antwort wartete. »Überlegen Sie«, drängte er. »Sie kriegen ein eigenes Bett und jeden Tag Fleisch zum Mittag. Kommen Sie zu uns.«

»Ich, äh, ich weiß nicht«, stammelte Hilde, um Zeit zu gewinnen.

Warum soll ich ausgerechnet jetzt mit diesen Schweinen gemeinsame Sache machen?, dachte sie. Warum soll ich jetzt für das büßen, was die hier mit mir und den anderen angestellt haben?

Nein. Der Entschluss stand für sie fest. Sie antwortete erst zaghaft, dann aber mit immer festerer Stimme: »Ich glaube, dass ich nicht dazu in der Lage bin. Es ist zwar eine große Ehre für mich, dass Sie mir das anbieten. Aber ich trau mir das einfach nicht zu. Tut mir Leid.«

Während sie redete, verhärtete sich der Gesichtsausdruck des Offiziers. »Ich hoffe, Sie wissen, was Sie tun.« Der Mann räusperte sich verärgert. »Nun ja, jeder ist seines Glückes Schmied. Dann gehen Sie mal wieder in Ihren Block zurück. Abtreten, marsch.«

Hilde nickte beklommen. Sie taumelte rückwärts aus dem Büro, mit der Angst im Nacken, dass die Lageroberen ihr die Zurückweisung übel nehmen würden. Sie fürchtete Rache. Und so zitterte sie mehr denn je, wenn morgens beim Appell die Nummern aufgerufen wurden.

Schließlich geschah, was sie ersehnt und gleichzeitig immer befürchtet hatte. Es war an einem nasskalten Februartag. Im fahlen Schein der Bogenlampen sah man schweren Schnee in dicken Flocken zu Boden schweben, Schnee, der schon bald in Regen übergehen sollte. Die Frauen hatten wie immer Aufstellung in Zehnerreihen genommen. Davor in grauem Uniformmantel mit hochgeschlagenem Kragen Frau Erich. Wie immer hielt sie eine Liste in der Hand und brüllte Nummern über den Platz.

Die dritte Nummer ließ Hilde erstarren: »88-85.« Kein Zweifel, das war ihre. Zögernd trat sie vor. Mit klopfendem Herzen folgte sie der Aufseherin zum Verwaltungsbau, gemeinsam mit sieben weiteren Frauen; drei trugen einen roten Winkel wie sie, zwei einen schwarzen, eine einen violetten und eine einen grünen. Wohin würde die Reise gehen?

Hilde fiel es zunächst schwer, die Antwort auf diese bedrängende Frage zu verstehen. Wie versteinert war das Gesicht der SS-Frau. Dennoch, auch wenn es im Ton mehr wie ein Todesurteil klang: Sie verkündete den Versammelten, sie seien entlassen. Einen Grund für die unverhoffte Entscheidung teilte sie den Frauen nicht mit. Eindringlich ermahnte sie die acht, keinesfalls zu Hause über ihre Erlebnisse im Lager zu sprechen. »Sollten Sie es trotzdem tun, müssen Sie damit rechnen, dass Sie abgeholt werden und ins Lager zurückkommen. Und zwar für weitere fünf Jahre. Haben Sie mich verstanden?«

Alle Frauen nickten ehrfürchtig.

Immer noch ungläubig, nahm Hilde den Reiseproviant in Empfang. Sechs Wurstbrote hatte man ihr eingepackt. Sie glaubte zu träumen. Sechs Wurstbrote! Noch während sie ihr Gepäck abholte, fürchtete sie, dass sich alles als Luftschloss entpuppen könnte. Und auch als sie schon den Häftlingsdrillich ausgezogen hatte und in ihr eigenes Kleid geschlüpft war, rechnete sie damit, dass die Entlassung gleich widerrufen werde, wie so mancher Befehl in diesen Tagen.

Doch sie erhielt die ersehnte Fahrkarte. Und als sie am Tor ihren Entlassungsschein vorzeigte, öffnete sich quietschend die große Eisenpforte, und sie durfte gemeinsam mit den anderen Frauen die umzäunte Hölle verlassen.

Wie lange hatte sie auf diesen Moment gewartet. Doch zum Jubeln war ihr nicht zumute, während sie mit der Gruppe den Weg nach Fürstenberg einschlug. Die Angst, dass alle Hoffnung gleich wieder in sich zusammenstürzen könne, saß ihr weiter im Nacken.

Hilde beschleunigte ihren Schritt, geriet dabei aber ins Stolpern und stürzte so unglücklich, dass sie sich die Knie aufschlug. Sie war es nicht mehr gewohnt, auf Absätzen zu gehen. Außerdem merkte sie jetzt, wie ihr Kleid und Mantel am Leib schlotterten. Den anderen erging es ähnlich. Sie sahen sich an und kicherten.

»Die hätten uns gleich 'n paar Meter Schnur mitgeben sollen«, scherzte eine Frau im roten Wintermantel mit fuchsgelbem Pelzkragen. »Bis wir am Bahnhof sind, ist mir der Rock wahrscheinlich schon zehnmal runtergerutscht.«

»Ist doch ganz praktisch«, setzte die Freundin in einem schmuddelig verstockten gelben Mantel nach. »Mein Kleid ist mir so weit geworden, dass ich mir zwei draus nähen kann.«

»Quatsch mit Soße«, entgegnete eine groß gewachsene Brünette, die im gleichen Block wie Hilde geschlafen hatte. »Ich werde so viel fressen, dass mir die Kleider bald aus den Nähten platzen.«

»Na, hoffentlich kriegen wir auch wirklich was zwischen die Zähne«, erwiderte eine andere, die nur eine dünne Sommerjacke trug. »Wer weiß, wie es bei uns zu Hause aussieht.«

Alle trugen die Sachen, die sie bei ihrer Verhaftung angehabt hatten. Wer wie Hilde in der kalten Jahreszeit abgeholt worden war, konnte von Glück sagen. Besonders eine Frau im geblümten Sommerkleid fröstelte in dem kalten Wind, der vom Schwedtsee herüberwehte. Die Frau im roten Mantel zog schließlich eine Strickjacke aus der Tasche und gab sie ihr.

Hilde musste sich erst an den Anblick der »zivil« gekleideten Begleiterinnen gewöhnen. Im Lager hatten alle in den gestreiften Kitteln gleich ausgesehen und sich doch aufgrund der verschiedenfarbigen Winkel leicht einordnen lassen. Diese »Farbenlehre« war jetzt außer Kraft gesetzt. Aber Hilde erinnerte sich natürlich noch, dass die Frau in dem roten Mantel einen schwarzen Winkel getragen hatte und offensichtlich dem horizontalen Gewerbe entstammte. Das Gleiche galt wohl auch für die Freundin in Gelb.

Der Schneeregen ließ nach. Graue Wolken schoben sich über den tief hängenden, schiefergrauen Himmel. Der eisige Wind pfiff in Böen über die Felder und setzte den Wanderinnen zu. In der Ferne hörte Hilde das Schlagen einer Kirchturmuhr. Es schien ihr wie das Läuten aus einer anderen Welt.

Zugfahrt durch Ruinen

Die Frauen im Zug malten sich aus, was ihre Lieben daheim sagen würden, wenn sie plötzlich vor der Tür stünden. Die Frau im Sommerkleid hatte ihren Sohn allein in der Wohnung zurücklassen müssen, als »diese Ledermäntel« sie an einem Julitag des Jahres 1943 in Dresden abgeholt hatten.

»Der war doch gerade erst ein Jahr alt, mein Ulli«, klagte sie. »Und es gab ja niemanden mehr, der sich um ihn kümmern konnte, keine Menschenseele. Meinen Mann haben sie doch schon drei Monate vorher festgenommen.«

Lange, lange habe sie in Ungewissheit gelebt, was aus ihrem Ulrich geworden sei. Dann habe ihre Mutter ihr geschrieben, dass Nachbarn sich des Jungen angenommen hätten. Jetzt hatte sie schon zwei Monate nichts mehr gehört – weder von Ulli noch von ihren Eltern, noch von ihrem Mann, der wie sie wegen angeblich staatsfeindlicher Umtriebe in Ungnade gefallen war.

In einem fort knetete die Frau ihre Hände. Wenn sie ihre Augen nicht auf den Boden senkte, wanderte ihr Blick unruhig im Abteil umher. »Man weiß ja gar nicht, ob das Haus noch steht. Ich hab solche Angst«, murmelte sie. »Das war so ein zarter Junge, mein Ulli. Hatte erst ein paar Tage vorher laufen gelernt, konnte gerade ›Mama‹ sagen. Als sie mich abgeholt haben, hat er geschlafen. Ich musste immer daran denken, wie er wohl geweint hat, als er aufgewacht ist, so ganz allein in der Wohnung.« Die Frau presste sich die Hand vor den Mund, ihr Oberkörper bebte. »Wenn ich den Jungen nicht wiederfinde, dann will ich auch nicht mehr.«

»Mach dir mal keine unnötigen Sorgen«, redete die Frau im roten Mantel auf die Klagende ein. »Bald hast du ihn wieder, deinen Ulli.«

»Der wird mich ja gar nicht erkennen«, fuhr die Frau kopfschüttelnd fort. »Ich bin doch für den Jungen jetzt eine fremde Frau.«

»Nun hör aber langsam mal auf«, mischte sich die resolute Frau in der Sommerjacke ein. »Freu dich, dass du da raus bist. Wir haben alle unsere Sorgen, aber jammern hilft auch nicht weiter.«

Das war wie ein Machtwort. Die Zurechtgewiesene starrte schweigend auf ihre Hände. Nasse Schneeflocken schlugen an die Abteilfenster, lösten sich in Tropfen und Rinnsale auf. Sonne und Wolken wechselten in einem fort.

Hilde hielt ihre Tasche auf dem Schoß fest umklammert. Sie lauschte auf das heisere Tuten vor Bahnübergängen.

In den Gängen stauten sich Berge von Koffern und anderen Gepäckstücken. Doch obwohl der Zug so überfüllt war, hörte man nicht viel mehr als das gleichförmige Rattern, das sich beim Anfahren mit dem Schnaufen der Lokomotive mischte und durch die unregelmäßigen Warnsignale belebt wurde. Nur in gedämpftem Ton, meist flüsternd sprachen die Fahrgäste miteinander.

Rauchschwaden stiegen aus manchen Orten auf, an denen der Zug vorbeifuhr. Die Frauen blickten auf einen Straßenzug, der in Trümmern lag. Aufgerissene Häuser, die den Blick auf ihr totes Innenleben freigaben, umgeknickte Telegrafenmasten, Bombentrichter, Schuttberge.

»O Gott, das sieht ja böse aus hier«, kommentierte die Wortführerin im roten Mantel.

»Wer weiß, wie es bei uns aussieht«, erwiderte eine andere.

Hilde hörte nur mit einem Ohr hin, trug selbst kaum etwas zur Unterhaltung bei. Sie versuchte auch nicht, sich anhand der Landschaften und Bahnhofsschilder, die am Fenster vorbeihuschten, über die Fahrtstrecke zu orientieren. Mit ihren Gedanken war sie woanders. Weit weg.

Was sie wohl in Jarlingen sagen, wenn ich auf einmal wieder da bin?, dachte sie. Was die wohl über mich erzählt haben? Sie faltete die Hände, wie um Beistand zu erflehen. Doch zu einem stillen Gebet fand sie jetzt nicht die Ruhe.

»Man hatte die Freude in sich und gleichzeitig diese Angst. Diese Angst, was sie wohl zu Hause sagen werden«, beschrieb sie später ihre Gefühle.

Fragen über Fragen bestürmten sie während der Zugfahrt. Da war vor allem wieder die zermürbende Ungewissheit, wer sie angezeigt haben mochte. Wem im Dorf konnte sie noch trauen?

Auch Eugen kam ihr in den Sinn. Was wohl aus dem geworden war? Dieser hagere Pole mit dem tanzenden Adamsapfel – wahrscheinlich hatten sie den auch abgeholt.

Sehr langsam polterte der Zug über eine Brücke, darunter ein kleiner Fluss, der sich durch Wiesen schlängelte und im grauen Dunst verlor. Tief unten, gleich hinter der Brücke, hockte am Ufer ein alter Mann, der eine Angelrute übers Wasser hielt. Ein Bild des Friedens mitten im Krieg. Hilde fielen Gedichtzeilen ein, die Eugen ihr bei der Arbeit beigebracht hatte:

»Das Wasser rauscht', das Wasser schwoll,
Ein Fischer saß daran …«

Das Gespräch der Frauen war verebbt. Hilde bemerkte, wie eine Mitreisende mit schwarzem Kopftuch die Hände gefaltet hielt und murmelnd betete. Wahrscheinlich eine von den Zeugen Jehovas, dachte Hilde. Andere starrten auf die vorbeiziehende Landschaft. Die Frau, die gerade noch von ihrem Jungen erzählt hatte, presste immer wieder die Lippen zusammen und holte tief Luft. Die Stille hatte etwas Gespenstisches.

Die Frau im roten Mantel, von ihrer Freundin Jenny genannt, holte ihr Butterbrotpaket aus der Tasche und begann zu essen. Die anderen taten es ihr nach. Auch Hilde verspürte großen Hunger. Als sie jedoch zwei Wurstbrote verspeist hatte, beschloss sie, ihren Großeltern und ihrer Schwester Gertrud je eine Schnitte übrig zu lassen. Sie hatte ja sonst kein Mitbringsel.

Sie erreichten den Großraum Berlin. Verwüstete Industrieanlagen mit abgerissenen Stromleitungen und zersplitterten Fenstern. Kirchenruinen, durch die der Wind pfiff. Mauern, die aus Schuttwüsten aufragten. Aber auch ganz intakte Wohnviertel. Graue Mietskasernen, passierbare Brücken. Kolonnen von Militärfahrzeugen. Hilde bekam Angst. Was war da im Gange? Sie hatte ja bisher so gut wie nichts mitbekommen vom Krieg. Was, wenn die Bomber wiederkamen und auf sie schossen?

Der Zug hielt auf einem großen Bahnhof. Endstation. Die meisten hatten schon lange vorher im Gang gestanden, drängten jetzt schwer beladen den Ausgängen zu. Hildes Herz pochte. Wie sollte sie in diesem Gewimmel das richtige Gleis für den Anschlusszug finden? In all der Aufregung versäumte sie es, sich von den anderen Frauen zu verabschieden. Plötzlich stand sie allein auf dem Bahnsteig – allein in einer aufgeregten Menge. Sie war es ja schon so lange nicht mehr gewohnt, sich eigenständig zu bewegen. Und jetzt allein in diesem Durcheinander.

»Entschuldigung. Nach Uelzen. Wie komm ich denn nach Uelzen, bitte?«

Die alte Frau in der Reichsbahnkluft blickte sie mitleidig, aber auch ein wenig argwöhnisch an. »Momentchen, das haben wir gleich.«

Die Bahnbeamtin lotste Hilde zur Aufsicht, wo ihr nach kurzer Suche im provisorischen Fahrplan Gleis drei als Abfahrtpunkt genannt wurde. Es war jedoch noch eine gute Stunde Zeit.

Der Duft von Erbsensuppe stieg Hilde in die Nase. Das roch

anders als die dünne, geschmacklose Rübenplörre im Lager. Frauen in der Kluft des Deutschen Roten Kreuzes schenkten die Suppe aus einem großen Kübel aus. Schien umsonst zu sein. Hilde reihte sich in die Schlange ein, die sich vor der Suppenausgabe gebildet hatte. Mit zitternden Händen ließ sie sich schließlich einen Blechnapf füllen. Oh, was für ein Duft. Fast hätte sie sich verbrannt. So heiße Suppe hatte sie schon lange nicht mehr gegessen. Doch je mehr sie von diesem dickflüssigen Erbseneintopf in sich hineinlöffelte, desto größer wurde ihr Appetit. Ein wärmendes Wohlgefühl durchströmte sie. Und als der Napf leer war, stellte sie sich erneut an und holte sich eine zweite Portion.

Noch als sie wieder im nächsten Zug saß, kostete sie diesen wunderbaren Nachgeschmack aus. Solch leckere Suppe hatte sie wohl noch nie in ihrem Leben gegessen, und sie wollte ihre Großmutter bitten, auch bald einmal Erbsensuppe zu kochen.

Der volle Magen machte sie schläfrig. Doch je mehr sich der Zug Uelzen näherte, desto stärker wuchs wieder ihre Unruhe. Was würden die Leute sagen? Wie eine Zuchthäuslerin kehrte sie ja in ihr Dorf zurück. Wie eine Schwerverbrecherin. Und die Gestapo-Leute, die waren doch auch noch da. Sicher würden die sie auf dem Kieker haben.

Plötzlich ein Ruck. Lang gezogenes Quietschen. Taschen und Pakete schossen aus Gepäckablagen. Auch Hilde kippte nach vorn. Der Zug war abgebremst worden, stand mitten zwischen grauen Feldern auf offener Strecke kurz vor Uelzen.

Fliegeralarm, lautete die Erklärung, die sich wie ein Lauffeuer verbreitete. Fliegeralarm. Voller Angst krallte Hilde ihre kleinen Hände in die Armlehnen. Bedeutete dies das Ende – so kurz vorm Ziel? Würde sie ihre Großmutter, ihre Schwester nie mehr in die Arme schließen können?

Sie zog das Zugfenster auf. Zitternd lauschte sie, um sich auf die herannahende Bedrohung einstellen zu können. Aber es war nur das gedämpfte Gemurmel der Mitreisenden zu hören. Und hin und wieder das Gekrächz der Krähen.

Doch dabei sollte es nicht bleiben. Hilde sah, wie sich die anderen Fahrgäste anblickten, ihre Eindrücke austauschten. Und dann hörte sie es auch: Ein Singen lag in der Luft, ein Sirren, das rasch anschwoll und sich zu Donnern steigerte. Sie hielt sich die Ohren zu.

»Was ist denn los, junge Dame«, schrie ihr ein Mitreisender zu. »Wir haben doch wohl keine Angst, oder?«

Hilde brachte kein Wort heraus. Doch ihr Schweigen war Antwort genug.

»Keine Bange, junge Dame. Die tun uns nichts«, redete der Alte auf sie ein. »Die haben ganz andere Ziele. Nee, nee, da brauchen Sie keine Sorge zu haben. Das ist nicht der erste Luftangriff, und das wird wohl auch nicht der letzte sein.«

Der Bienenschwarm war vorübergerauscht. Nur noch fernes Summen kündete von den Bombern. Mit einem Ruck setzte sich der Zug wieder in Bewegung. Noch einmal umsteigen, und dann war es bald so weit.

Dennoch zögerte sie nicht, die seltsame Erscheinung aus der Nähe zu betrachten. Nun sah Hilde keinen Sinn mehr darin, sich länger versteckt zu halten. Sie schob den Vorhang beiseite, trat ihrer Großmutter entgegen.

»Hilde, mein Gott, wo kommst du denn her?«

Die Bauersfrau nahm die Enkeltochter in den Arm und atmete schwer, Hildes Schwester Gertrud weinte vor Schreck und Rührung.

»Hilde, Hilde, nu erzähl doch mal, was los ist«, drängte Emma Meyerhoff. »Hamse dich endlich rausgelassen?«

Aber Hilde konnte nichts sagen.

Dafür redete ihre Großmutter umso mehr. »Nu komm doch erst mal rein, Kind. Zieh dir den Mantel aus und ruh dich 'n bisschen aus. Ist sicher anstrengend gewesen, die Zugfahrt. Oh, wie bist du abgemagert, Hilde. Du siehst ja aus wie 'n Knochengestell, armes Kind. Und was ist denn mit deinen Zähnen passiert? Wie siehst du aus? Mein Gott, sag doch was.«

Hilde fand noch immer keine Worte.

»Bestimmt hast du großen Hunger. Was willst du denn essen, Kind?«

Willenlos ließ Hilde sich unter diesem Redeschwall den Mantel abstreifen und in die Stube führen. Dort saß ihr Großvater mit einem Mann, den sie nicht kannte. Zum Glück war es nicht der Polizist Herbst, wie sie befürchtet hatte.

Der alte Meyerhoff sprang gleich auf und schlang seine Arme um sie. »Hilde, Hilde, mein Mädchen, das ist aber schön, dass du wieder da bist.«

Hilde spürte, dass ihr Großvater weinte. Sie selbst konnte nicht weinen, immer noch fühlte sie sich seltsam betäubt. Der Besucher, der sie höflich begrüßte, sagte, er wolle die Wiedersehensfeier nicht stören, verabschiedete sich knapp und verließ hustend das Haus.

»Soll ich dir 'n paar Bratkartoffeln machen, Kind?«, plapperte die alte Frau weiter. »Du musst doch was essen.«

Hilde nickte stumm.

»Denn komm man erst mal zur Ruhe«, redete ihr Großvater begütigend auf sie ein, während sich die Bauersfrau in der Küche zu schaffen machte. Und daraufhin erzählte der alte Mann, was sich in ihrer Abwesenheit im Dorf zugetragen hatte. Dass es nun immer häufiger Fliegeralarm gab, dass man schon Geschützfeuer hören konnte, dass manch junger Mann aus der Gegend gefallen war. Auch Walter, Hildes alten Freund, hatte der Tod auf dem Schlachtfeld ereilt – der schmucke HJ-Führer Walter Dröse war gestorben. So jung. Ein unvorstellbarer Gedanke: für immer aus dem Dorfleben getilgt. Nie mehr würde Walter zurückkehren, um Bäcker zu werden, wie er es vorgehabt hatte. Hilde versuchte, sich ihn vorzustellen. Schneidig hatte er immer ausgesehen. Blond war er gewesen. Doch weitere Einzelheiten seines Äußeren fielen ihr nicht mehr ein. Die Gesichtszüge verschwammen in ihrem Erinnerungsbild.

Allmählich fand Hilde ihre Sprache wieder. »Ist ja schlimm.«

»Aber jetzt erzähl du doch endlich mal, wie es dir ergangen ist, Hilde«, drängte die Bauersfrau weiter, nachdem alle am Küchentisch Platz genommen hatten.

Hilde schüttelte den Kopf. »Das geht nich, Oma, das darf ich nicht«, stammelte sie. »Wenn wir was erzählen, müssen wir fünf Jahre zurück ins Lager, haben sie uns gesagt. Und ich will nicht zurück, nie mehr.«

Dafür hatten alle Verständnis. Ihre Großmutter häufte ihr einen Berg fetttriefender Bratkartoffeln auf den Teller und legte zwei Spiegeleier obendrauf. »Dann iss dich man erst mal satt, Hilde.«

Wie oft hatte sie im Lager von solchen Bratkartoffeln geträumt. Voller Heißhunger verschlang sie die gebräunten, eiverklebten Kartoffelscheiben. Ihre Schwester Gertrud, die eher lustlos auf dem Teller herumstocherte, saß stumm daneben.

Plötzlich fiel Hilde ein, dass ja noch die Wurstbrote in ihrer Tasche steckten. »Ich hab euch auch 'n bisschen was mitgebracht«, kündigte sie an und sprang vom Tisch auf.

Die Reiseverpflegung setzte Hildes Großmutter in Erstaunen. »Da scheint es euch aber so schlecht gar nicht gegangen zu sein«, entfuhr es ihr.

Hilde verkniff sich eine Antwort. Sie spürte Übelkeit in sich aufsteigen, ihr schwindelte. Und ehe noch der Tisch abgeräumt war, hatte sie die Bratkartoffeln auch schon wieder erbrochen. Am nächsten Tag kochte ihre Großmutter ihr Haferbrei.

Während sie aß, überflog sie die Zeitung, die auf dem Küchentisch lag – begierig zu erfahren, was sich in der Welt verändert hatte, seitdem sie abgeholt worden war.

»Vier Feindarmeen greifen im Westen an«, lautete die Hauptschlagzeile. Der Bericht klang längst nicht mehr so zuversichtlich wie die Siegesmeldungen vor ihrer Verschleppung. Kleingedruckt war auch von Bombenangriffen auf deutsche Städte zu lesen.

Nicht einmal Reichsminister Joseph Goebbels versuchte offenbar mehr, über den Ernst der Lage hinwegzutäuschen. Von einer »jähen Veränderung der Kriegslage – und zwar zu unseren Ungunsten« hatte er, so die Zeitung, in einer Rundfunkansprache geredet, die Leiden der Bevölkerung in den Ostgebieten und Städten ausgemalt, dabei jedoch nicht versäumt, an den Durchhaltewillen der Deutschen zu appellieren. »In seiner härtesten Bewährungsprobe« stehe das deutsche Volk, tönte er. Doch zweifle er nicht daran, dass es sie bestehe. Denn: »So schnell schießen die Preußen nicht oder, für diesen Fall treffender gesagt, hören die Deutschen nicht mit Schießen auf.« Jawohl, »stolz und trotzig wollen wir den Sieg erringen«, echote das Blatt.

Hilde blies vor Abscheu zischend die Luft durch die Zähne.

Immer noch die alten Sprüche, dachte sie. Aber die werden denen auch noch vergehen.

Doch dann entdeckte sie einen Aufruf in der Zeitung, der ihr Angst machte. »Ausschneiden, Aufheben!«, stand darüber. »Wie bediene ich eine Panzerfaust?«, lautete der Titel. Über den ersten Merksatz kam Hilde allerdings nicht hinaus. »Du sollst den Feindpanzer nicht fürchten, sondern alles aufbieten, ihn umzulegen«, stand da allen Ernstes.

Hört denn dieser Wahnsinn niemals auf?, durchfuhr es sie. Wer weiß, was die sich noch alles einfallen lassen. Wirklich sicher, dass der Krieg bald vorbei ist, kann man sich wohl doch nicht sein. Aber was ist in diesen Zeiten schon sicher? Vielleicht die ständige Gefahr.

Während Hilde weiterhin über ihre Lagererlebnisse schwieg, begannen ihre Großeltern in den nächsten Tagen zu erzählen, dass auch sie es nach der Festnahme schwer gehabt hatten im Dorf. O ja. »In einer Tour haben sie uns damit gedroht, dass wir auch ins Lager kommen, wenn wir uns nicht fügen«, sagte ihre Großmutter. Auch Gertrud habe darunter zu leiden gehabt, dass ihre Halbschwester »das« gemacht hatte, klagte sie. Sogar von Schulausflügen sei sie ausgeschlossen worden, das »arme Kind«.

Hilde versuchte erst gar nicht, sich zu verteidigen. Sie schämte sich. Um den Blicken der Jarlinger zu entgehen, verließ sie tagelang das Haus nicht. Unvorstellbar, Kontakt zu ihren früheren Freundinnen im BDM aufzunehmen. Die gehörten nun einer anderen Welt an, aus der Hilde ein für alle Mal verbannt worden war.

Wie oft hatte sie davon geträumt, zu Hause wieder zu sticken und zu stricken. Doch nicht einmal dazu konnte sie sich aufraffen. Nein, so hatte sie sich die Freiheit nicht vorgestellt. Irgendwie, schien ihr, war sie nur von einem Gefängnis ins andere gewechselt.

Nach und nach kamen im Hause Meyerhoff auch die heiklen Themen zur Sprache, die anfangs umschifft worden waren.

Eines Abends erzählte die alte Frau Meyerhoff, dass Dröses Emmy, die Mutter von Walter, ihr gegenüber gewisse Andeutungen gemacht habe. Andeutungen, die Hildes Festnahme betrafen und einem Geständnis gleichkamen. »Wenn ich gewusst hätte, dass die Hilde gleich abholen, hätte ich natürlich nichts gesagt«, habe sie ihr im Vertrauen beim Klönschnack am Gartenzaun gebeichtet, erzählte Hildes Großmutter. In einem fort habe sie gejammert: »Dass das so schlimm kommt, das hätt ja keiner ahnen können. Nee, das hab ich nich gewollt, Emma, wirklich nich, das kannste mir glauben.«

»Für das Gejammer kann ich mir auch nichts kaufen«, fuhr Hilde auf. »Geschieht der alten Hexe ganz recht, dass sie ihren geliebten Walter totgeschossen haben, das ist die Strafe.«

»Hilde«, ermahnte die alte Frau sie. »So was darfst du nicht sagen. Es hat ihr ja selber Leid getan. Die hat das nicht gewollt. Die wollte doch immer nur, dass du mal ihren Walter heiratest. Und da ist sie wohl ärgerlich geworden, als sie gehört hat, dass du mit diesem Polen rumpoussiert hast, als ihr Walter an der Front war.«

Wütend schleuderte Hilde ihre Tasse auf den Boden. »Rumpoussiert? Was soll das denn nun wieder heißen? Fängst du jetzt auch schon an, mich zu beschuldigen? Das ist ja nicht mehr zum Aushalten hier bei euch. Das ist ja wie bei der Gestapo.«

»Hilde, halt dich im Zaum! Ich hab dir doch bloß erzählt, was Dröses Emmy gesagt hat, mehr nicht. Und ihr muss es ja auch schon jemand anderes gesteckt haben, was da beim Geburtstag los war. Wer weiß denn, ob sie selbst zur Polizei gegangen ist.«

»Ach, diese alte Puffmutter, diese Kupplerin, die ist doch nur so biestig, weil ihr Alter fremdgeht. Die stinkt doch aus allen Knopflöchern.«

»Hilde, was sind das für Reden? Das kenn ich ja gar nicht von dir.«

»Ach, leckt mich doch alle – aber putzt euch vorher die Zähne.«

Darauf rannte Hilde aus der Küche, knallte die Tür hinter sich zu und schloss sich in ihrer Dachkammer ein.

»Seitdem Hilde aus dem Lager zurück ist, kenne ich sie gar nicht wieder«, klagte Emma Meyerhoff später ihrem Mann. »Diese Ausdrücke! So was hat man früher doch nie von ihr gehört.«

»Wer weiß, wie es da zugegangen ist, wo Hilde war«, erwiderte der alte Meyerhoff. »Ein Pensionat für höhere Töchter ist das bestimmt nicht gewesen.«

Tatsächlich hatte das Lagerleben Hilde verändert. Und es war nicht nur die Gossensprache, es waren nicht nur die deftigen Flüche. In ihrem ganzen Verhalten hatte sie sich verhärtet. War sie früher immer weggelaufen, wenn ein Schwein geschlachtet wurde, so empfand sie nun auf einmal nicht den geringsten Widerwillen, einem Huhn den Kopf abzuhacken. Es machte ihr nicht einmal etwas aus, dass die zappelnde Henne ihr die Schürze voll Blut spritzte. Sie konnte darüber lachen. »Am besten, ich färb mir den Fummel gleich ganz mit Blut ein«, scherzte sie. »Rot ist sowieso meine Lieblingsfarbe.«

Nach außen hin hatte sie auch kühl reagiert, als schließlich die Rede auf Eugen gekommen war. Ihr Großvater hatte ihr von der Hinrichtung am Schafstall erzählt und betont, wie entsetzt auch Stockmanns über die grausame Strafe gewesen seien. »Ich hoffe, du nimmst es dir nicht so zu Herzen, Hilde«, hatte er gesagt und seiner Enkeltochter über den Handrücken gestreichelt.

»Ach, wieso denn, Opa?«, entgegnete Hilde scheinbar gleichgültig. »Ich hab mit dem Mann doch nichts zu schaffen gehabt. Is natürlich schlimm, was sie mit dem gemacht haben. Aber im Lager hab ich ganz andere Sachen gesehen.«

Insgeheim aber musste sie oft an Eugen denken. Und ob sie es wollte oder nicht – immer wieder malte sie sich in ihren Tagträumen die Bilder dieser Hinrichtung im Buchenhain aus. Schließlich empfand sie ein starkes Verlangen, den Schauplatz aufzusuchen – vielleicht, um auf diese Weise ein wenig besser zu begreifen, was da geschehen war.

Sie wartete ab, bis es Abend wurde. Im Schutz der Dunkelheit ging sie zu Stockmanns Hof und schlich sich zu dem etwas abgelegenen Schafstall. Als sich ihre Augen an das fahle Licht des Halbmonds gewöhnt hatten, fiel es ihr leicht, sich im Buchenwäldchen zurechtzufinden. Gleich neben dem Schafstall sollte es geschehen sein. Ihr Großvater hatte gesagt, dass Stockmann die Buche gefällt habe, an der sie Eugen aufgehängt hatten. »Da ruht kein Segen drauf«, habe er immer wieder geklagt.

Sie hielt deshalb Ausschau nach einem Baumstumpf. Plötzlich knackte es im Unterholz. Hilde erschrak. Eigentlich hatte sie keine Angst vor Gespenstern, in Ravensbrück war ihr solche Kinderfurcht abhanden gekommen. Doch jetzt konnte sie sich der Vorstellung nicht erwehren, dass hier vielleicht der Geist des Gehängten umgehen würde. Dass ein Fluch auf diesem Ort liege. So etwas hatte man ja schon oft genug gelesen.

Wieder knackte es. Ob mir vielleicht die Gestapo auf den Fersen ist?, dachte Hilde. Möglicherweise überwachten sie die Gegend, um zu sehen, ob sie, die heimgekehrte KZlerin, gleich zum Sterbeort des Geliebten renne und sich so doch noch selbst verrate. Hilde fühlte sich von unsichtbaren Augen beobachtet. Sie hockte eine Weile regungslos in der Dunkelheit. Panik befiel sie, der Drang, so schnell wie möglich zu verschwinden.

Tastend bewegte sie sich aufs Freie zu. Sie spürte eine Erhebung unter den Füßen. Ein Baumstumpf. Der Baumstumpf? Sie bekam eine Gänsehaut. Weg, bloß weg, schoss es ihr durch den Kopf.

Auf dem Rückweg musste sie daran denken, ob wohl schon Eugens Frau von der Hinrichtung erfahren habe. Sie machte sich

Vorwürfe. Die muss ja glauben, ich hätte ihren Mann in den Tod getrieben. Dabei kann ich doch gar nichts dafür. Das sind doch diese Schweine, die ihn auf dem Gewissen haben.

Die Verbitterung fraß sich wie ein Krebsgeschwür in ihre Seele. Als sie sich auch wieder tagsüber aus dem Haus traute, spürte sie, wie ihr Verachtung entgegenschlug. Die früheren BDM-Kameradinnen schienen ihr regelrecht aus dem Weg zu gehen, sie zu schneiden wie eine Verräterin. Niemand sprach sie offen auf das Lager an. Aber sie merkte, dass hinter ihrem Rücken getuschelt wurde. Die Kinder zeigten mit den Fingern auf sie.

»He, guckt mal, da geht sie«, riefen sie sich vom Fahrrad aus zu, als sie an der Mühle vorbeiging. »Könnt ihr sie sehen? Hat sie wieder Haare auf dem Kopf? Hat sie wirklich keine Zähne mehr im Mund? Die sieht ja wohl wirklich aus wie 'ne Hexe. Uh, der möchte ich nicht im Dunkeln begegnen.« Und sie veranstalteten Mutproben, indem sie Hilde böse Worte nachriefen. »He, Feindsliebchen«, grölten sie prustend vor Lachen. Oder »Hilde, Hilde, was führst du im Schilde?«

Diese Entwürdigung, dieses Gefühl der Schande drückte sie nieder. Sie kam sich vor wie eine Aussätzige, wie ausgestoßen aus dem Kreis der Ehrbaren. Dabei hatte sie doch immer so gern dazugehören wollen.

Aber die Demütigung ließ Hilde nicht zu Kreuze kriechen. Die Gehässigkeit, die sie als ungerecht empfand, entfachte auch ihre Wut. Da war es ihr nur recht, dass der Krieg jetzt auch die Heide entflammte. Vor wem sollte sie denn noch Angst haben? Die Herrschaften, die sie ins KZ verfrachtet hatten, mussten ja nun selbst damit rechnen, ins finstere Loch gesteckt zu werden.

»Wer zuletzt lacht, lacht am besten.« Dieser Spruch wurde für Hilde zu einer Art Motto, das ihr wie ein heimlicher Schlachtruf durch die letzten Kriegstage half.

Die Heide brennt

Der Frühling 1945 fiel ungewöhnlich mild aus. Die warme Sonne lockte die Igel schon vor der Zeit aus dem Winterschlaf. Die Osterglocken blühten früher als sonst, die Birken grünten bereits in der ersten Aprilhälfte. Und die Amseln und Finken sangen so laut und schön wie seit langem nicht mehr.

Doch es lag ein Singen in der Luft, das nicht von Vögeln herrührte. Und den Leuten in der Heide fehlte die innere Ruhe, sich über Hyazinthenduft und knospende Bäume zu freuen. Mit dem Frühling kam die Front. Kaum ein Tag verging, an dem nicht die Sirenen heulten, und das Summen der Bienen mischte sich mit dem Sirren der Tiefflieger.

Die »Walsroder Zeitung« beschwor unterdessen weiter die »fanatische Kampfentschlossenheit an der Front und in der Heimat«. Und auf den Tag X, den drohenden Einzug der Alliierten, stimmte das Blatt seine Leser durch den Abdruck des »Wehrwolfs« ein. Tag für Tag erschienen neue Folgen dieses Romans von Hermann Löns, in dem sich die Bewohner eines Heidedorfes gegen feindliche Soldaten zur Wehr setzen. Die Geschichte spielt zwar im Dreißigjährigen Krieg, ließ sich aber ohne große Interpretationskunst auf die Gegenwart übertragen. »Slaah doot, slaah doot«, lautet der Kampfruf: Schlagt sie tot, die Besatzer.

Mehr auf die Realität der Heidebewohner waren die ebenfalls in der Zeitung zu lesenden Tipps für den Kartoffelkeller zugeschnitten: »Ich hasse warmen Kellermief, lasst Luft herein, sonst geht es schief.«

Doch wer hatte in diesen Tagen schon die Muße, an keimende

Kartoffeln zu denken? Auch in Jarlingen war das Geschützfeuer nicht mehr zu überhören. Jeden Tag schallte der Kanonendonner von den näher rückenden Gefechten herüber. Kampfbomber schossen über das Dorf hinweg. In den Häusern zitterten die Heidjer gemeinsam mit den Flüchtlingen, die in Jarlingen ein Notquartier bezogen hatten. Auf der Flucht vor den Alliierten durchstreiften Flakhelfer und Wehrmachtssoldaten das Dorf und ließen anstelle von Gastgeschenken Handgranaten und Panzerfäuste in den Ställen und Scheunen zurück.

Auch im Hause Meyerhoff quartierten sich Uniformierte ein, was nicht zur Beruhigug der Hausbewohner beitrug. Denn Beschützer vermochten die Dörfler in den nervösen Gästen nicht zu sehen – eher schon Anziehungspunkte für die Granaten der Alliierten. Hildes Großmutter flüchtete sich bei jedem Fliegeralarm mit Gertrud in den Keller, während Hilde in den oberen Räumen blieb. Sie fürchtete sich nicht vor dem nahenden »Feind«. Sie hatte anderes erlebt, war wie berauscht von dieser Wendung des Schicksals und fühlte sich stark. Selbstbewusst wie nie zuvor. Und als sie von SS-Leuten aufgefordert wurde, Kartoffeln zu schälen, da lachte sie den Männern ins Gesicht und empfahl ihnen, ihre »Scheiß-Kartoffeln« selbst zu schälen, wenn sie Appetit hätten.

Schließlich kam der 16. April, ein denkwürdiger Tag in der Geschichte Jarlingens. Schon im Morgengrauen rückte die SS in das Dorf ein und forderte die Bewohner auf, ihre Behausungen zu verlassen. Die Häuser und Höfe sollten zu Verteidigungsstellungen ausgebaut werden.

Und die Leute fügten sich. Etliche Familien zogen ins Jarlinger Moor, andere flüchteten sich über das Flüsschen Warnau in Wölkens Busch. Auch die alten Meyerhoffs brachten sich in Sicherheit. Sie gingen jedoch nicht in die Wälder, sondern stiegen mit Enkeltochter Gertrud in den Keller.

Hilde dagegen sah keinen Grund, sich zu verstecken. Sie war so durchdrungen von dem Gefühl des Triumphes, dass sie sogar den beiden SS-Männern, die sich in der Küche verschanzt hatten, Kommandos erteilte. »Kommt bloß nicht auf die Idee, aus dem Küchenfenster zu schießen«, herrschte sie die verschreckten Elitekämpfer an. »Wenn ihr hier rumballert, dann passiert euch was. Das garantier ich euch.«

Es dauerte nicht lange, bis die britischen Panzer auf das Dorf zurollten. Immer lauter wurde das Rasseln der Ketten. Auf den Sandwegen staubte es, als sich die Kolonne heranwühlte. »Desert Rats« – »Wüstenratten« – nannte sich, wie sie bald erfuhr, die Einheit, die nicht lange fackelte und das Feuer eröffnete. Flammen schlugen aus Häusern und Scheunen. Auch die Mühle geriet in Brand.

Rette sich, wer kann, hieß jetzt das Motto im Dorf. Als die ersten Schusswechsel einsetzten, spannten die Bauern ihre Pferde vor die Leiterwagen und lenkten ihre Fuhrwerke ins Moor. Hastig hatten sie vorher schon Stühle, Tische, Betten und allerlei Hausrat aufgeladen. Sie öffneten die Stalltüren und ließen die Schweine hinauslaufen, trieben Rinder und Kühe auf die Wiesen, um sie vor der drohenden Feuersbrunst zu retten.

Auch die Flüchtlinge, die im Schulhaus untergebracht waren, schlossen sich dem Treck in Richtung Moor an. Nur die meisten Kriegsgefangenen gingen ihre eigenen Wege.

Gegen neun Uhr stieg Rauch aus dem Dorf auf. Jarlingen brannte. Ein Drittel aller Gebäude brannte. Neun Wohnhäuser und mehr als dreißig Ställe, Scheunen und Nebengebäude wurden zerstört. Bei den Kämpfen fielen laut Dorfchronik sieben deutsche Soldaten, eine Frau wurde auf dem Platz des Ehrenmals durch Granatsplitter getötet.

Der Hof der Meyerhoffs blieb verschont. Die beiden SS-Männer hatten sich an Hildes Weisung gehalten. Als die britischen Panzer auf den Hof rollten, schritt Hilde ihnen entgegen. Sie schwenkte ein weißes Bettlaken – zum Zeichen, dass in diesem Haus keine Gegenwehr zu erwarten sei. Zwei Soldaten mit geschwärzten Gesichtern kletterten aus ihren Tanks und traten auf die junge Frau mit den Zahnlücken zu. Hilde wusste nicht, was ihr die Männer sagen wollten. Aber sie wusste, was sie wollte. Sie lotste die nach Diesel stinkenden Engländer per Handzeichen zum Haus und gab ihnen mit Gesten und kindlichen Lauten zu verstehen, dass sich dort noch SS-Leute versteckt hielten. Die Tommys holten Verstärkung, bellten Kommandos, umstellten das Haus und erstürmten schließlich Küche und Stube. Wenig später führten sie die beiden SS-Männer ab, denen die Erleichterung ins Gesicht geschrieben stand, dass der Krieg für sie nun vorüber war. Die Verpflegungsration der Festgenommenen legten die »Wüstenratten« Hilde zur Belohnung in die Schürze.

Der Hof war unterdessen voller Panzer. Hilde hörte, wie die Funkgeräte quäkten: »Here is Charly, here is Charly. Charly calling …«

Auch sie bemerkte jetzt, dass überall Rauch aus dem Dorf aufstieg. Sie freute sich darüber. Ja, diesen Moment wollte sie festhalten. So nahm sie ihren alten Fotoapparat und ging damit durch das brennende Dorf. Sie war wie berauscht von diesem Gefühl der Genugtuung. Ganz ruhig nahm sie ein brennendes Haus nach dem anderen auf. Sie fotografierte, wie Flammen aus den Ställen und Scheunen der großen Bauern schlugen. Sie hielt im Bild fest, wie der Rauch aufstieg aus den roten Klinkerpalästen all dieser braven Dorfbewohner, die sie ausgestoßen und mit Verachtung gestraft hatten. Sie war beseelt von einem gewaltigen Zorn, der in ihr aufwallte. »Wer zuletzt lacht, lacht am besten.«

Ihr Großvater schimpfte, als sie mit dem Fotoapparat nach Hause zurückkam. »Bist du noch zu retten, Deern? Da wird doch überall noch rumgeballert.«

Hilde entgegnete mit überlegenem Lächeln: »Nicht für jeden ist eine Kugel bestimmt, Opa.«

Britische Offiziere quartierten sich für eine Nacht bei den Meyerhoffs ein. Zum Abendessen brieten sie Eier mit Speck. Die Familie ließen sie an ihrer Mahlzeit teilhaben. Einem Soldaten mit Rotkreuzbinde, der sich als Peter vorstellte und etwas Deutsch sprach, vertraute Hilde an, dass sie im KZ gewesen war. Der Engländer schenkte ihr Schokolade und Tee.

Allerdings nahmen ihr die Kanadier, die am nächsten Tag ins Dorf einrückten, die Schokolade wieder ab. Und was Hilde noch mehr gegen die Männer aus Übersee aufbrachte: Sie sackten auch den Fotoapparat ein – »mit den schönen Bildern drin«, wie sie später mit großem Bedauern erzählte.

Auch sonst behielt Hilde die Kanadier als rüde Gesellen in Erinnerung. Sie demolierten ihr Fahrrad, durchwühlten Kammern und Schränke und richteten die Läufe ihrer Maschinenpistolen auf Hildes Großvater. Das alles sah so bedrohlich aus, dass sich die lagergestählte KZ-Heimkehrerin aus Furcht vor den brüllenden Männern unterm Sofa verkroch.

Doch die Angst war grundlos. Auch die kanadischen Soldaten krümmten Hilde kein Haar. Sie ließen es damit bewenden, sich grinsend Blicke zuzuwerfen und über ihre eigenen Witze zu lachen – wohl derbe Zoten, die Hilde zum Glück nicht verstand.

Zu neuen Ufern

Die Dorfbewohner kehrten auf ihre verwüsteten Höfe zurück. Um ein Dach über dem Kopf zu haben, wrackten sie die Fremdarbeiterbaracken im Nachbarort Benefeld ab und bauten sie in Jarlingen als Übergangsquartiere wieder auf.

Während das große Aufräumen die ehrbaren Heidjer in emsiger Arbeit zusammenführte, sah Hilde sich noch feindseligeren Blicken ausgesetzt als zuvor. Nein. Niemand griff sie an. Keiner machte ihr Vorwürfe. Sie redeten einfach nicht mit ihr. Die Gespräche verstummten, wenn sie zum Kaufmann ging. Die anderen Kunden im Laden hüstelten, blickten abschätzig zur Seite. Schwiegen. Glotzten auf den Boden oder schielten sich verstohlen an. Und die Kinder hatten keine Hemmungen, ihre Abneigung offen zu zeigen. Wieder riefen sie ihr kichernd Schimpfwörter nach. »Feindsliebchen« – der Name hatte sich eingebürgert und zählte noch zu den vornehmeren Ausdrücken, mit denen sie sie bedachten.

Auch Hildes Großeltern machten keinen Hehl daraus, wie peinlich ihnen die Affäre war. Immer wieder ließ Emma Meyerhoff durchblicken, wie sie und ihr Mann während der Kriegsjahre unter der »Polengeschichte« gelitten hätten. »Man hat sich ja kaum mehr aus dem Haus getraut«, pflegte sie zu klagen, und auf Nachfrage erging sie sich in düsteren Andeutungen.

Vor allem Hildes Schwester Gertrud, jetzt sechzehn Jahre alt, wurde nicht müde zu betonen, wie sie von den anderen Kindern gehänselt worden war. »Alles wegen dir, du blöde Ziege«, hielt sie Hilde wütend entgegen, wenn sich die beiden Schwestern stritten.

Und sie stritten sich nicht selten. Durch Hildes Rückkehr sah sich Gertrud an den Rand gedrängt. Schon dass sie ihre Kammer mit der älteren Schwester teilen musste, behagte ihr nicht. Immer hatte der frühe Tod der Mutter zwischen ihnen gestanden. Immer hatte Gertrud unter dem dumpfen Schuldkomplex und dem unausgesprochenen Vorwurf gelitten, dass sie diesen Tod durch ihre Geburt verschuldet habe. Und das Gefühl, gänzlich ungerecht behandelt zu werden, belastete das Verhältnis zur Schwester wie eine Erbsünde.

Dies alles führte dazu, dass Hilde auch zu Hause keinen Rückhalt fand. Welche Qualen sie im KZ durchlitten hatte, wollte sowieso niemand wissen. »Lieber gar nicht mehr darüber schnacken«, empfahl ihre Großmutter. »Lieber nicht mehr aufrühren die alten Geschichten, bringt bloß Unheil.«

Jetzt, wo niemand mehr mit Lagerstrafe drohen und Schweigen erzwingen konnte, wurde das Thema Ravensbrück in der Familie Meyerhoff zum Tabu erklärt. Jetzt war die Zeit, da um die Gefallenen getrauert und um die Vermissten gebangt wurde, auch um Onkel Georg, jenen SS-Mann, der Gefangenentransporte nach Ravensbrück begleitet hatte. Der Tischlermeister war wie vom Erdboden verschluckt. Hildes Tante in Soltau machte sich große Sorgen.

Adolf Hitler war tot. Nun hätte Hilde tanzen können – tanzen, mit wem auch immer sie wollte. Doch der Mann, der sie einst aufgefordert hatte, war ebenfalls tot, und viele frühere Tanzpartner lebten nicht mehr. Hilde fühlte sich einsam, und die Lust zum Tanzen war ihr vergangen.

Das Triumphgefühl der letzten Kriegstage hatte sich verflüchtigt. Manchmal schien es ihr, als gäben ihr die Leute im Dorf gar eine heimliche Mitschuld am Ausgang des Krieges. Als sei sie Deutschland in den Rücken gefallen, habe sich mit den Feinden der Heimat verbündet. Und das, was ihr und anderen –

»angeblich« – im KZ widerfahren war, wurde ja auch tatsächlich von den Besatzern als Rechtfertigung für die Strafen gegen Deutsche ins Feld geführt. Dafür wurde so mancher, der doch nur der »nationalen Sache« gedient hatte, von den Engländern aufgeknüpft. Dafür wurden die deutschen Soldaten nach Sibirien verschleppt! »Unsere Väter und Söhne«, wie die Leute sagten.

Hilde war froh, als sie schließlich im Nachbarort Bomlitz eine Stelle als Haushaltshilfe bei Schlachter Kummer fand. Sie bezog eine kleine Kammer und blieb oft auch an freien Tagen im Haus ihrer Dienstherren. Die Zeit nutzte sie unter anderem, um sich eine Zahnprothese anpassen zu lassen. Nach Jarlingen zog es sie nur noch selten. Da nun auch ihr Onkel Siegfried aus Frankreich zurückgekehrt war, gab es ohnehin nicht genug Platz im Haus der Großeltern.

Montags weckte sie frühmorgens das Quieken der Schweine, die aus dem klapprigen Viehwagen getrieben und unter Gebrüll zur Schlachtbank gezerrt wurden. Es ärgerte sie, dass diese Biester sie aus dem Schlaf rissen. Sie war abgestumpft, konnte weder weinen noch aus vollem Herzen lachen. Nicht einmal der Anblick der Kühe und Kälber, die angebunden vor der Schlachterei standen und jämmerlich blökten, weckte ihr Mitgefühl. Sie freute sich schließlich auch über einen guten Braten.

Der Betrieb lief nur mit halber Kraft. Willi, der Sohn des Hauses, galt als vermisst. Der alte Kummer, der die Sechzig bereits deutlich überschritten hatte, verrichtete sein blutiges Handwerk allein mit einem älteren Gesellen und der Hilfe seiner Frau. Und als schließlich im Mai 1946 die Nachricht kam, dass der Junior gefallen war, wurde die Schlachterei geschlossen.

Frau Kummer konnte nun ihren Haushalt selbst führen. Hilde wurde überflüssig. Aber wohin? Nicht nach Jarlingen zurück, das stand für sie fest. Sie beschloss, sich in Celle nach Arbeit umzusehen. Sie hatte gehört, dass die englischen Besatzungstruppen dort Deutsche beschäftigten.

Und die Fahrt zum Arbeitsamt in Celle verlief auch gleich erfolgreich. Hilde fand eine Halbtagsstelle im Haushalt einer englischen Offiziersfamilie mit einem zwei Monate alten Baby. Hier endlich wurde ihr KZ-Aufenthalt nicht mehr als Makel betrachtet, sondern mit Anteilnahme registriert. Hilde kam morgens um halb acht, um Betten zu machen, zu putzen, Einkäufe zu erledigen und das Essen vorzubereiten; und mittags konnte sie schon wieder gehen. Um das Baby, das auf den Namen Mark hörte, kümmerte sich ausschließlich die junge Frau. Hilde war dies sehr recht. Sie konnte Babys nicht ausstehen. Die Vorstellung, so einem Schreihals die Windel zu wechseln, ekelte sie. Das lag für sie fast auf der gleichen Ebene, wie neugeborene Ferkel trockenzureiben. Iiiih.

Hilde bewohnte ein kleines Zimmer in einer Barackenunterkunft »Am Schwalbenberg« im Vorort Lachtehausen. Die Miete war gering, die Busverbindung erträglich.

Auch für den Nachmittag hatte sie bald Beschäftigung gefunden. Sie häkelte Tischdecken für Karstadt. Zwar erhielt sie dafür nur einen kärglichen Lohn, aber sie konnte ihrer Lieblingsbeschäftigung nachgehen: Handarbeit.

Allmählich lernte sie auch wieder zu lachen. Ihre Zimmernachbarin überredete sie, mit ihr zum Tanzen zu kommen. Zu ihrem Stammlokal wurde bald das Café Rost, ein schummriges Tanzcafé in einem Eckhaus. Viele britische Soldaten verkehrten in diesem »Corner House« – großgewachsene Kerle in schicken Uniformen, denen in diesen Tagen das Geld lockerer saß als den deutschen Jungs.

Da Hilde bei ihren Arbeitgebern einige Brocken Englisch aufgeschnappt hatte, war sie gegenüber den anderen Frauen im Vorteil. Es kam sogar vor, dass Soldaten sie um Dolmetscherdienste baten. Hin und wieder trieben sie und ihre Freundin ihre Späße mit ihnen. Als ein junger Sergeant sie fragte, wie er die junge Dame seiner Wahl am besten anspreche, diktierte Hilde ihm einen Satz, der ihm anstelle der erhofften Zuneigung eine Ohrfeige einbrachte: »Willst du mit mir ins Bett gehen, Schätzchen?«

Vor allem genoss Hilde es, endlich wieder tanzen zu können. Sie legte Quickstepps aufs Parkett, dass die Fußsohlen qualmten und ihre erschöpften Tanzpartner verschwitzt zur Bar taumelten. Es konnte ihr gar nicht schnell genug gehen.

Dann aber sollte sie einen englischen Feldwebel kennen lernen, der sich ihr nicht gerade als temperamentvoller Tänzer präsentierte. Sie war mit ihrer Freundin nach unten zur Toilette gegangen. Da saß dieser Sergeant in der graublauen Uniform der Royal Air Force mit einem Kumpel an der Bar, in der einen Hand eine Pfeife, in der anderen ein Bierglas, und sprach sie an. »Na, Baby, wer bringt dich denn heute Abend nach Hause?«, frotzelte er in halbwegs verständlichem Englisch.

»Na, Darling, du«, entgegnete Hilde und fuhr, halb auf Platt und halb auf Englisch, fort: »Up you herv ick jüst teuift.« (Auf dich hab ich gerade gewartet.)

Der Mann an der Theke verstand das Kauderwelsch. Hildes Schlagfertigkeit imponierte ihm. Er spendierte ihr und ihrer Freundin ein Bier und fragte nach den Namen.

»Den verraten wir erst, wenn ihr euch vorstellt«, erwiderte Hilde. Und so erfuhr sie, dass der Soldat mit den rotbraunen Haaren Lesley Heart hieß und erst vor einer Woche von Wunstorf bei Hannover zum Fliegerhorst Wietzenbruch bei Celle versetzt worden war. Die bisweilen auftretenden Verständigungsprobleme hemmten den Gesprächsfluss nicht. Im Gegenteil. Sie gaben dem Geplauder sogar einen zusätzlichen Reiz. Denn Hilde scheute sich nicht, ihren Mangel an englischen Vokabeln durch plattdeutsche Wendungen auszugleichen.

»Watt hett hei secht?«

Sie war erstaunt, mit einer solchen Frage von einem Engländer verstanden zu werden. Aber so viel anders klang die englische Übersetzung, die Lesley ihr schmunzelnd gab, ja auch wirklich nicht.

»What had he said?«

Nein, das hörte sich tatsächlich ganz ähnlich an. So fühlte sich Hilde ermutigt, weiter aus ihrem plattdeutschen Wortschatz zu schöpfen.

Nach einigen frivolen Scherzen und albernem Gekicher setzte sie sich mit ihrem Drängen durch, tanzen zu gehen. Eher widerstrebend folgte Lesley diesem Wunsch. Und Hilde stellte schnell fest, dass der Pfeifenraucher zum Quickstepp keinesfalls zu bewegen war und ihr auch sonst oft auf die Füße trampelte.

Nein, ihr Traummann war er nicht, dieser Soldat, der sie nur um einen Kopf überragte – was bedeutete, dass seine Größe sich deutlich unter dem britischen Gardemaß bewegte. Aber er hatte Witz – und offenbar großes Interesse an ihr.

»Wann können wir uns wiedersehen?«, fragte Lesley, als ihm einfiel, dass er seinen Dienst in der Kaserne antreten musste.

»Von mir aus schon morgen Abend.«

»Kommst du zur Bushaltestelle?«

»Wer bin ich denn, dass ich mir da die Beine in den Bauch stehe? Wenn du mich wiedersehen willst, musst du schon hierher zum Tanzen kommen, Darling.«

»Also gut, Darling, dann bis morgen.«

Und sie trafen sich im »Corner House«. Lesley brachte Hilde drei Tafeln Schokolade mit, was ihr ein wenig die Enttäuschung darüber versüßte, dass ihr Kavalier diesmal noch weniger Lust zum Tanzen verspürte als am Abend zuvor.

Während sie mit dem Engländer an der Bar hockte, blickte Hilde manches Mal sehnsüchtig auf die Tanzfläche. Unwillkürlich musste sie an Eugen denken. Ja, Eugen, jetzt hätte ich gern mit dir getanzt, ging es ihr durch den Kopf. Alles, was du gewollt hättest, vom Quickstepp bis zum Walzer.

Da Frauenbesuch in der Kaserne untersagt war, besuchte der Soldat seine Braut in ihrer Baracke. Bereitwillig ließ die sich von dem acht Jahre älteren Kavalier zu den Freuden der Liebe überreden. Wenn sie mit Lesley im Bett lag und die Lust in ihr aufstieg, dann fühlte sie sich weit weg von dem Elend, das all die Jahre auf ihr gelastet hatte. Und sie genoss es auch, begehrt zu werden. Es hatte ja Zeiten gegeben, in denen ihr Körper ihr wie ein Klumpen Dreck vorgekommen war. Jetzt ließen ihn Schauer der Wollust erzittern, wenn sich Lesleys nackte Arme um sie schlangen und seine behaarten Beine sie umschlossen. Und seinen soldatischen Dieselduft zog sie bald jedem Rasierwasser vor. Dabei hätte sie gar nicht genau sagen können, ob der Engländer ihr besser nackt oder bekleidet gefiel. Denn schon der Anblick seiner Uniform konnte sie in Erregung versetzen.

»Kannst du dir das vorstellen? Ich bin total verrückt nach Uniformen«, gestand sie dem Geliebten. Und der lachte schallend auf, als sie einmal in seiner graublauen Offiziersjacke vor ihm stand und übermütig seine Dienstmütze schwenkte.

Die Beziehung zu dem englischen Soldaten steigerte Hildes Lebensfreude, erhöhte aber auch ihren Wohlstand. Er verwöhnte sie mit kleinen Überraschungen, schenkte ihr ein Fahrrad, vor allem aber verschaffte er ihr Zutritt zur »Naafi« – dem Einkaufszentrum der britischen Streitkräfte, einem Paradies der Nachkriegszeit. Lesley besorgte ihr den amtlichen Bezugsschein und die erforderlichen Zuteilungsmarken. So konnte Hilde kaufen, woran in deutschen Geschäften vor der Währungsreform im Juni 1948 noch großer Mangel herrschte: Kaffee, Schokolade, Zigaretten. Die Schokolade aß sie am liebsten selbst. Es gab Tage, da steigerte sie sich in einen solchen Heißhunger, dass sie zehn Täfelchen und mehr verschlang. Kaffee und Zigaretten dagegen waren für sie wertvolle Tauschobjekte. Die kleine Hilde galt schon bald als bekannte Gestalt auf dem Schwarzmarkt, der auf dem Hof einer früheren Kohlenhandlung in Celle abgehalten wurde.

»Na, Hilde, was haste heute?«, pflegte ein Kaufmann sie regelmäßig zu fragen, der ihre Ware mit Aufschlag weiterverhökerte.

Die englischen Soldaten winkten ihr schon zu, wenn sie mit ihrem voll bepackten Fahrrad das Armeegelände verließ. »Hallo, Hedda«, grölten sie ihr nach oder auch »Hallo, Darling«.

Obwohl ihre illegalen Geschäfte bald allgemein bekannt waren, kam niemand auf die Idee, sie anzuzeigen. Im Gegenteil. Britische Militärpolizisten steckten ihr Kaffee in Päckchen zu, auf dass sie ihn gewinnbringend für sie verkaufe – gewissermaßen in Kommission.

Ihr Feldwebel verhalf Hilde auf diese Weise zu einem unverhofften Aufstieg. Nur ihre Großeltern zeigten sich nicht gerade erfreut. Wenn sie mit Lesley per Fahrrad zu Besuch kam, erntete sie Kopfschütteln und Stirnrunzeln. »Was sollen denn die Leute denken, dass du dich jetzt von den Besatzern aushalten lässt«, raunte ihre Großmutter ihr zu. »So was kann doch nicht gut gehen.«

»Das lass man meine Sorgen sein«, entgegnete Hilde. »Ich bin alt genug.«

Je länger sie fort war, desto häufiger zog es sie zurück in ihr Dorf, sie sehnte sich nach ihren Großeltern, nach ihrer Schwester, den Wegen ihrer Kindheit. Und doch freute sie sich, mit Lesley nach Celle zurückradeln zu können. Sie hielt fest an ihrem Engländer. Am 11. Februar 1949 verlobten sie sich. Hilde versuchte erst gar nicht, ihre Familie zu der Feier einzuladen. Sie steckten sich ihre Ringe im Kreise von Freunden in einem Celler Tanzsaal neben der britischen Kaserne an.

Damit änderte sich für die beiden einstweilen kaum etwas. Lesley wohnte weiter in der Kaserne in Wietzenbruch, Hilde in ihrem kleinen Lachtehausener Zimmer »Am Schwalbenberg«. Wegen der besseren Verdienstmöglichkeiten tauschte sie jedoch ihre Stelle im Haushalt der Offiziersfamilie gegen einen Job als Serviererin.

Sie spielte sogar mit dem Gedanken, in die Heilsarmee einzutreten. Sie spielte damit, denn es war weniger die christliche Mission als vielmehr die Uniform, mit der sie liebäugelte. Lesley nahm es mit Humor und amüsierte sich über ihren »Uniformen-Tick«. Und Hilde sah keinen Grund, sich zu grämen. Sie genoss es, endlich das Leben nicht mehr so ernst zu nehmen und ihre verlorene Jugend nachzuholen. War doch schön, wenn man morgens aufwachte und sich auf den Tag freuen konnte.

Ihre Zeit im Lager hatte sie in sich vergraben. Nur noch im Traum verfolgten sie die Bilder von verbrannten Leibern im Stacheldrahtzaun und das Aufrufen von unendlich langen Nummernlisten auf dem Appellplatz.

Im November 1950 trat eine entscheidende Wendung in Hildes Leben ein. Die Einheit Lesleys wurde nach England versetzt. Und Hilde zögerte nicht lange, ihrem Feldwebel zu folgen. Es hielt sie ja nichts mehr in Deutschland.

Eine Seefahrt, die ist lustig

Eine dünne Schneedecke lag über Wiesen und Feldern. Eiszapfen ragten von den Dächern herab. Rauch stieg auf aus den Schornsteinen. Sonst schien die Welt stillzustehen. Gefrorene Zeit. Märchenhaft entrückt. Die Sonne strahlte kalt an diesem Januartag und brachte die Winterlandschaft zum Glitzern.

Über das Wasser aber pfiff ein eisiger Wind. Man musste sich etwas überziehen, wenn man sich auf dem Schiffsdeck aufhalten wollte. Hilde war froh, dass sie sich noch den beigefarbenen Baumwollmantel gekauft hatte. Fast im gleichen Ton leuchtete Lesleys Trenchcoat. Der Wind zerrte an den Mänteln der beiden Passagiere, während sie den Blick über den Elbstrand schweifen ließen. Es ging hinaus auf die Nordsee mit Kurs auf England. Harwich war das Ziel.

Lesley war bereits vor Weihnachten nach England gefahren, um die Ankunft vorzubereiten. Sechs Wochen später hatte er Hilde in Celle abgeholt.

Sie atmete tief durch. Sie empfand es als Wohltat, sich den scharfen Wind ins Gesicht wehen zu lassen. Hin und wieder sickerte etwas Wehmut in ihre Stimmung, doch der Jubel, die Freude auf das neue Leben übertönten alle Beklommenheit.

Während der Zugfahrt nach Hamburg hatte sie in einem fort in ihren Taschen genestelt, in Sorge, wichtige Dinge wie ihren Ausweis oder ihr Fotoalbum vergessen zu haben. In der Nacht hatte es leicht geschneit. Doch nur hin und wieder blickte Hilde aus dem Fenster, um die vorbeiziehenden Felder und Wiesen zu betrachten, die in der Sonne glänzten. Ein herrliches Gefühl, dieses Landleben hinter sich zu lassen. Dampfende Misthaufen! Was war denn daran schön?

Und dann das Gewimmel im Hamburger Hauptbahnhof. Alles im Aufbruch. Die Barkassen, die Gischt spritzend durchs Hafenbecken pflügten. Die majestätischen Dampfer, die mit gedehntem Tuten ausliefen. Die hohen Kräne, die große Kisten aus den Schiffsbäuchen hievten. Das Gekreisch der Möwen. Nicht einmal das Schlangestehen vor den Abfertigungsschaltern störte sie. Es steigerte ihr Reisefieber.

Einen Moment lang stand ihr der Abschied in Jarlingen vor Augen. Am Abend vor der Abreise hatte sie mit Lesley ihre Großeltern besucht. Alle Verstimmung schien sich aufgelöst zu haben. Sogar Gertrud waren Tränen über die Wangen gelaufen.

»Denk daran, dass es auch in England Kirchen gibt«, hatte ihr Großvater in feierlichem Ton gemahnt. »Der liebe Gott ist überall, vergiss das nicht. Und wir wollen auch für dich beten.«

Während das Schiff den Hamburger Hafen verließ, gingen Hilde Seemannsschlager durch den Kopf, die sie früher mit ihren Großeltern sonntagsmorgens im Radio gehört hatte. »Nimm mich mit, Kapitän, auf die Reise …«

Das Gehämmer auf der Werft Blohm & Voss gab den Takt zu Melodien, die aus dem Innern aufstiegen. Später ließ Hilde den Blick über die Prachtvillen auf den Hügeln von Blankenese schweifen. »Da könnte es mir auch gefallen«, rief sie Lesley herausfordernd zu und zeigte auf die schönen Häuser am Elbufer. Lesley verstand aber offenbar nicht, was sie meinte, und schüttelte nur lächelnd den Kopf.

Auf einmal schallte Musik vom Ufer herüber. Die Melodie kannte sie doch. Natürlich: »Muss i denn, muss i denn zum Städele hinaus …« Was war das denn für ein merkwürdiger Abschiedsgruß? Und dann erklang eine Geisterstimme. »Und allzeit gute Fahrt«, wünschte da jemand aus dem Nichts. Lesley, der Hildes fragenden Blick bemerkt hatte, zeigte ihr den großen Lautsprecher in der Nähe des Fahnenmastes.

Das Schulauer Fährhaus. Die Grußbotschaft mündete in feierlichen Klängen. War das nicht die deutsche Nationalhymne, die der Wind über das Wasser trug? Keine Frage. »Deutschland, Deutschland über alles ...«

Obwohl sie dagegen ankämpfte, wallte Rührung in ihr auf. Heimlich wischte sie sich die verräterischen Tränen aus den Augen. Diese Sentimentalität war ihr peinlich.

Langsam weitete sich der Fluss, das Ufer entfernte sich immer mehr. Hilde fror. Sie ergriff Lesleys Hand und zog ihn vom windigen Deck in den warmen Schiffsbauch.

Mit an Bord waren auch einige von Lesleys Kameraden. Sie riefen sich übermütig Sprüche und Scherzworte zu, die Hilde zumeist nicht verstand. Manchmal schien es ihr, als machten sie sich über sie lustig. In solchen Momenten fühlte sie sich ausgeschlossen, dachte mit Schrecken daran, wie sie sich wohl in England mit der immer noch fremden Sprache verständigen sollte. Aber dann drückte sie Lesleys Hand, ganz fest. Und schon hellte sich ihre Stimmung wieder auf.

Sie klammerte sich an ihren Gefährten mit den schwarzen Lederhandschuhen, zog ihn immer wieder zu sich herunter, um sich durch einen Kuss seiner Treue zu versichern.

Am liebsten hätte sie sich gleich mit ihm ins Bett gelegt. Aber die fensterlose Kabine tief im Innern des Schiffes war so eng, düster und überheizt, dass man sich danach sehnte, wieder herauszukommen. Und in den beiden Etagenbetten konnte man sich kaum umdrehen. Außerdem warteten Lesleys Kameraden an der Bar.

Nach dem Umtrunk stand Hilde mit ihrem Verlobten wieder allein auf dem Deck. Mittlerweile dämmerte es schon. Die Fahrt ging hinaus aufs offene Meer. Irgendwo im Dunst blinkte ein Leuchtturm.

»Freust du dich, wieder nach Hause zu kommen?«, fragte Hilde in ihrem holprigen Englisch.

»O ja, natürlich«, sagte Lesley. Auch auf die übrigen Fragen – nach seinem Heimatort in der Nähe von Southampton, nach seinen Eltern, seinen Verwandten, seinen Plänen – antwortete er in karger Einsilbigkeit. Dabei stocherte er in seiner Pfeife und starrte nachdenklich auf den Horizont. Hilde hatte solcherart in sich gekehrtes Verhalten bei ihrem Verlobten noch nie erlebt.

Immer noch begleitete ein Möwenschwarm das Schiff, angelockt durch Brotbrösel, die einige Passagiere den Vögeln zuwarfen.

»Mir ist kalt, lass uns einen Tee trinken«, schlug Lesley schließlich vor.

Hilde folgte ihm bereitwillig. Dankbar, dass überhaupt ein Signal von ihm ausging.

Sie sah aus dem leicht beschlagenen Bugfenster, wie die Schiffslichter auf dem schwarzen Wasser glitzerten. Lieber wäre sie draußen gewesen. Die Stimmung in dem stickigen Restaurant bedrückte sie. Die warme Luft machte sie müde. Nur wenige Tische waren in diesen frühen Nachmittagsstunden besetzt. Das Schiff schwankte, ächzte und knarrte. Hilde wurde ein wenig schwindlig. Es graute ihr davor, dass die Wellen noch höher schlagen könnten. Wie sollte sie das bloß bis zum nächsten Tag überstehen? Wie sollte sie nachts zur Ruhe kommen in dieser muffigen Kabine?

Lesley wollte sie mit ihren dummen Ängsten nicht behelligen. Daher schwieg sie lieber und beobachtete, wie er sich Milch in den Tee goss, mit dem Löffel in der Tasse herumrührte und seine Pfeife stopfte. Alles, ohne ein Wort zu sagen.

»Ich bin schon ganz gespannt, wie es bei dir zu Hause aussieht,

Lesley«, begann sie von neuem in ihrem Kauderwelsch aus Deutsch und Englisch. »Du hast so wenig von deiner Wohnung erzählt.«

Das Wort »erzählt« übersetzte sie wieder mit der plattdeutschen Vokabel »vertellt«. Lesley hatte sie oft lachend korrigiert. Doch diesmal blieb seine Miene ernst und verschlossen. Mit wachsender Unsicherheit mühte sich Hilde weiter, ihn aus der Reserve zu locken.

»Wie viele Zimmer hast du denn eigentlich?«

»Vier.«

»Oh, so viel Platz. Da wird es aber auch Zeit, dass du Gesellschaft kriegst. Ist sicher alles verstaubt in der langen Zeit. Ich freu mich auf den großen Hausputz. Oder hast du das schon selbst gemacht, als du jetzt da warst? Komisch. Ich kann dich mir gar nicht mit Schrubber und Scheuerlappen vorstellen.«

»Das geht schon.«

»Ach, ich kann es fast nicht mehr abwarten, Lesley-Darling. Du glaubst ja nicht, wie gespannt ich darauf bin, endlich englischen Boden zu betreten. Hoffentlich klappt es mit der Sprache. Ich hab ganz schön Angst, dass ich euer Englisch nicht verstehe, Liebling.«

»Wird schon, Hilde.«

»Na, Hauptsache, wir sind erst mal da und können die Tür hinter uns zumachen. Aber dann will ich ganz schnell deine Geschwister besuchen.«

Lesley zog so stark an seiner Pfeife, dass die Tabakkrümel wie rote Glühwürmchen aus dem Pfeifenkopf krochen. Asche rieselte auf den Tisch. Er griff zum Pfeifenstopfer, um den aufquellenden Tabak zurückzustauchen. »Immer langsam, Hilde«, sagte er schleppend. »Wir nehmen uns erst einmal ein Zimmer im Hotel, und dann sehen wir weiter.«

»Im Hotel?«, protestierte Hilde. »Was sollen wir denn im Hotel? Ich will doch deine Wohnung sehen.«

Lesley legte seine Pfeife in den Aschenbecher und räusperte sich. »Das geht leider nicht, Hilde. Das musst du, äh, verstehen.« Er blickte aufs Meer. Hilde hörte seinen Atem, der wie stilles Seufzen klang.

»Was muss ich verstehen, Lesley? Du bist so komisch heute. Was ist eigentlich los mit dir?«

Er ergriff ihre Hand. »Ich muss dir was sagen, Hilde. Aber du musst mir versprechen, dass du nicht zu böse wirst.«

»Du machst einem ja Angst. Nun sag's schon. So schlimm kann es doch nicht sein. Hauptsache, wie lieben uns und halten zusammen. Dann kann …«

»Hilde«, unterbrach er sie. »Hilde, es ist leider schwieriger, als du denkst: Ich bin, äh, verheiratet.«

»Was? Was bist du?« Ein verständnisloses Lächeln huschte über Hildes Gesicht.

»Ich bin verheiratet, Hilde, ich habe eine Frau.« Er knetete die Finger seiner linken Hand, als ob sie abzusterben drohten. »Versteh bitte. Ich wollte es dir schon viel früher sagen. Aber dann hatte ich Angst, dass du Schluss machst. Und dann habe ich es wieder verschoben und gedacht, solange wir in Deutschland sind, spielt das ja auch gar keine Rolle. Und als du dann sofort mit mir nach England kommen wolltest, da habe ich mich nicht getraut, deine Freude kaputtzumachen. Du kannst mir glauben, dass es mir nicht leicht gefallen ist, wirklich nicht. Ich habe viele Nächte überlegt, was ich tun soll. Aber mir ist einfach nichts eingefallen. Am meisten Angst hatte ich davor, dass du dich von mir trennst, wenn du es erfährst. Das kannst du mir glauben, wirklich.«

Hilde schien es, als habe sich eine Glasglocke über sie gesenkt. Ganz dumpf klangen die Worte ihres Gegenübers, wie von weit her. »Dann kann ich ja mit dem nächsten Schiff wieder nach Hause fahren«, sagte sie auf Deutsch.

Lesley blickte sie verständnislos an. »Du kannst mir glauben, ich liebe dich, dich und keine andere. Mit Ann ist es längst aus und vorbei, wir hatten uns zwei Jahre nicht mehr gesehen, nur geschrieben. Die hätte ja nach Deutschland kommen können. Aber sie wollte gar nicht. Du musst dir keine Sorgen machen, Hilde, Darling. Wirklich nicht. Alles wird gut werden, glaub mir, bitte glaub mir.«

Hilde schüttelte fassungslos den Kopf. »Wie kann ich dir noch was glauben.«

»Ich verstehe ja, dass du ärgerlich bist, und es tut mir auch wirklich Leid. Aber du wirst sehen, es wird alles gut.«

Hilde seufzte. Ihr war es, als sei das Schaukeln stärker geworden. »Wahrscheinlich hast du mir auch verschwiegen, dass du Kinder hast«, presste sie hervor.

Lesley hatte nur das Wort »Kinder« verstanden. Er schloss die Augen. »Es tut mit alles so Leid, Hilde, so furchtbar Leid. Du hast wirklich allen Grund, wütend zu sein. Es stimmt. Ja, ich habe ein Kind, einen Sohn, Nevil, der kleine Nevilly. Fünf Jahre ist er jetzt alt, der Junge, ein hübscher Junge, wirst sehen, Hilde. Aber er kennt mich kaum, er hat seinen Dad ja bisher auch nur ganz selten zu Gesicht bekommen.«

»Dad, Dad«, rief Hilde empört. »Du bist mir ein schöner Dad.«

Sie sah, wie hoch plötzlich die Wellen gingen. Haushoch wälzten sie sich heran. Und das Schiff schwankte jetzt so stark, dass Aschenbecher und Teetassen auf dem Tisch hin- und herrutschten. Hilde spürte, wie sich ihr Magen verkrampfte. Alles drehte sich. Lesleys Enthüllungen kreisten ihr wie durchgedrehte Stubenfliegen im Kopf herum. Summ, summ, summ, Bienchen summ herum … Nur noch Bruchstücke verstand sie von seinen weiteren Geständnissen, diesem Gebrabbel. Am liebsten hätte sie sich die Ohren zugehalten.

»Wahrscheinlich hat sie den Jungen gegen mich aufgehetzt. Der hat mir nicht mal die Hand gegeben, als ich weggefahren bin.

Du kannst dir gar nicht vorstellen, wie sie getobt hat, als ich sagte, dass ich noch mal nach Deutschland rüber muss. Den Pass hat sie versteckt. Eine Woche lang habe ich alles abgesucht im Haus. Zwei Abfahrtstermine musste ich sausen lassen, bis ich den Pass endlich unter der Matratze gefunden habe, diesen gottverdammten Pass. Unter der Matratze! Du glaubst ja nicht, was das für eine ist. Aber zu dir ...«

Erst jetzt bemerkte Lesley, dass Hilde kreidebleich geworden war und sich die Hand vor den Mund hielt. Ohne etwas zu sagen, schoss sie hoch, warf dabei ihren Stuhl um, stürzte aus dem Restaurant. Lesley, nun völlig verwirrt, lief ihr, ohne an die Rechnung zu denken, hinterher.

Als er aufs Deck hinausblickte, sah er, wie sich Hilde über die Reling beugte. Wie sie sich krümmte und offenbar alles aus sich herauswürgte, was sie seit Tagen gegessen und getrunken hatte.

»Es tut mir so Leid«, stammelte Lesley hilflos. Aber Hilde hatte kein Ohr dafür. Tränenüberströmt erbrach sie sich und wäre am liebsten hinterher gesprungen, als sie daran dachte, wie lange die furchtbare Fahrt mit diesem Heiratsschwindler noch dauern würde.

»Du musst dich hinlegen«, redete Lesley auf sie ein. »Ins Bett, ins Bett, dann wird es besser.«

Willenlos ließ Hilde sich von ihm ins Unterdeck zu der kleinen Kabine führen. Tatsächlich wurde ihr etwas leichter, als sie sich auf dem schmalen Bett ausgestreckt hatte. Sie schloss die Augen, ließ sich wiegen. So beruhigten sich ihre Atemzüge allmählich, und auch ihr Magen entspannte sich.

»Willst du was trinken?«, fragte Lesley. »Ein Glas Wasser, ich hol es dir.«

»Nein, nein«, wehrte Hilde kraftlos ab. »Lass mich lieber in Ruhe, lass mich schlafen.«

Lesley ließ sie allein in der Kabine zurück. Das gleichmäßige Ächzen und Knirschen des Schiffes schläferte sie schnell ein. Als sie erwachte, war es dunkel. Dumpfe Vibrationen erzeugten ein gleichförmiges Beben. Fernes Tuckern untermalte die Stille. Ein klagendes Tuten ertönte, ein Nebelhorn.

Jetzt erinnerte sich Hilde wieder, wie sie in die Kabine gekommen war. Ihre Gedanken begannen aufs Neue zu kreisen. Lesley hatte sie getäuscht, sie hatte sich einem Mann anvertraut, der gar nicht frei war. Was das wohl für eine Frau sein mochte, die da in England auf ihren treulosen Schatz wartete? Hilde stellte sich vor, wie diese Ann die deutsche Nebenbuhlerin hassen würde. Ob die überhaupt wusste, dass Lesley seine »Eroberung« aus der Lüneburger Heide mitbrachte? In was für eine Peinlichkeit sie da hineingeschliddert war!

Sie nahm sich vor, mit dem nächsten Schiff zurückzufahren. Was sollte sie auch sinnlos Unfrieden stiften!

Der Entschluss stimmte sie ruhig. Doch dann musste sie daran denken, wie sie sich wohl zu Hause das Maul zerreißen, wie sie sich aufblasen würden, wenn sie zurückkäme. »Na, da ist ja unser Feindsliebchen wieder, die wilde Hilde, wieder ganz klein mit Hut«, würden sie höhnen. Nein, das wollte sie sich nicht zumuten. Auf keinen Fall wollte sie zurück in die Heide. Auf keinen Fall.

Aber wohin? Wohin? Vielleicht sollte sie doch in England bleiben, um ein ganz neues Leben anzufangen? Aber wie sollte das aussehen? Sie beherrschte ja nicht einmal die Sprache. Totlachen würden sich die Engländer ja über ihr Plattdeutsch. Totlachen.

Und wieder musste sie an Lesley denken. Sie konnte es immer noch nicht fassen, dass alles aus sein sollte. Vorbei, bevor es richtig begonnen hatte. Sie versuchte sich das Gespräch beim Tee in Erinnerung zu rufen. Leicht war es ihm nicht gefallen, ihr seine Ehe zu beichten, darüber bestand kein Zweifel. Hilde musste unwillkürlich lächeln: Wie nervös er ihr nach dem Geständnis seine Liebe versichert hatte. Wie ein kleiner Junge, der reumütig beichtet, dass er beim Fußballspielen eine Fensterscheibe kaputtgeschossen hat! Nein, gespielt waren die Liebesbekundungen bestimmt nicht gewesen. Er hatte sich wirklich um sie bemüht. Darling hier und Darling da. Zu beneiden war der sicher nicht. Würde schon ein rechter Drachen sein, der da in Southampton auf ihn wartete.

Es klopfte. Zaghaft trat der Mann in die Tür, an den sie gerade dachte. »Ich wollte nur gucken, ob es dir wieder besser geht, Darling«, nuschelte Lesley.

Hilde hatte nur das Wort »better« verstanden.

»Ja, geht schon«, seufzte sie.

»Der Wind hat auch nachgelassen«, stammelte Lesley. »Ich glaube, das Schlimmste ist überstanden.« Er knipste das Licht an. »Willst du jetzt ein Glas Wasser trinken?«

»Ja, das wäre nicht schlecht.«

Ermutigt durch die Antwort, wühlte Lesley einen Becher aus seiner Tasche und füllte ihn in der nächstgelegenen Toilette.

Mit wenigen gierigen Schlucken leerte Hilde das Glas. »Das tut gut.«

»Wir sollten ein wenig an die frische Luft gehen, es ist schon ganz dunkel.«

»Vielleicht hast du Recht.«

So schraubte sie sich aus dem Bett, wechselte ihr Kleid, wusch und puderte sich ein wenig, tupfte sich Kölnisch Wasser ins Dekolletee und ließ sich von Lesley aufs Deck führen. Als wäre nichts geschehen, ergriff sie bereitwillig seine Hand.

Sie sog die frische Seeluft tief in sich hinein. Erleichtert. Die See war viel ruhiger geworden. Das Schiff glitt sanft durch die Nacht. Hilde hatte keine Lust mehr, an die zerrüttete Ehe ihres Verlobten und ihre ungewisse Zukunft zu denken. Sie hielt Ausschau nach dem Polarstern, dem Großen Wagen und fernen Gestaden im Nebeldunst.

»Schön, dass es dir wieder besser geht, Hilde«, sagte Lesley.

»Ja, jetzt fühl ich mich ganz wohl auf dem Schiff«, erwiderte sie, wendete sich jedoch ab, als er das wiedergewonnene Einverständnis gleich mit einem Kuss besiegeln wollte.

Aber sie widersprach nicht, als er sie zum Dinner einlud.

Es gab Fischsuppe und Roastbeef mit Meerrettichsauce, Pilzen, Bohnen und Yorkshire-Pudding.

»Pudding?«, fragte Hilde verwirrt, als sie den Brei probiert hatte. »Das ist aber komischer Pudding.«

Lesley lachte. »Keine Angst, Darling. Bei uns gibt es auch süße Sachen. Das Dessert kommt noch.«

Das Restaurant wirkte jetzt viel vornehmer als am Nachmittag. Kerzen in Porzellanleuchtern brannten auf weißen Tischdecken. Schwarz gewandete Kellner und Serviererinnen balancierten Tabletts mit Wein und dampfenden Köstlichkeiten durch den Salon. Ein Geiger spielte romantische Melodien. Das Schiff schien sich im Takt zu wiegen. Bei realistischer Betrachtung allerdings hätte man auch sagen können: Es begann wieder stärker zu schwanken. Doch Hilde ignorierte solche Vorboten neuen Unheils, fest entschlossen, das feine Essen zu genießen.

Nach dem Hauptgericht aber versanken beide erneut in einer Welle peinlicher Verlegenheit. Das Gespräch verlief schleppend. Hildes Blick wanderte über die Nachbartische. Am anderen Ende des Speisesaals hatten inzwischen auch Lesleys drei Kameraden Platz genommen, die sich angeregt zu unterhalten schienen und ab und zu lächelnd herüberblickten. Hilde kam es so vor, als trieben sie Späße auf ihre Kosten. Denn vermutlich waren sie ja eingeweiht in die Eheverhältnisse ihres Kumpels. Es war ihr peinlich, als sie ihr von ferne zuprosteten.

Doch stärker noch als die drei Soldaten in Zivil zog ein Paar am Nachbartisch ihre Aufmerksamkeit auf sich. Schon als sie das Restaurant mit Lesley betreten hatte, waren ihr die beiden aufgefallen. Die blasse Frau mit den hochgesteckten weißblonden Haaren hatte sie ungeniert angestarrt, während der Mann mit dröhnender Stimme den Ober gerufen hatte, um eine Bestellung aufzugeben. Der Unterschied zwischen Ehepartnern konnte kaum größer sein als zwischen diesen beiden. Der zierlichen Frau mit dem spitzen Vogelgesicht saß ein schwergewichtiger Mann mit gerötetem Kopf und derben Umgangsformen gegenüber, der sich abwechselnd den Schweiß von der Stirn tupfte und sein Glas Bier zum Mund führte.

Er schien dem Alkohol bereits kräftig zugesprochen zu haben. Prustend und polternd redete er in einem fort auf seine Tischnachbarin ein. Die indessen schien wenig Gefallen an den Wortschwallen zu finden. Angewidert blickte sie zur Seite und rauchte eine Zigarette nach der anderen. Und je mehr der Mann über seine eigenen Scherze wieherte, desto ernster, ja zorniger wurde die Miene seiner Frau. Doch den Mann bremste dies in seiner ungezügelten Heiterkeit keineswegs. Im Gegenteil. Es spornte ihn offenbar geradezu an. Der Poltergeist schien zu bersten vor Ausgelassenheit, schüttelte sich vor Lachen, hämmerte in seinem Übermut auf den Tisch und seine Schenkel. Als er den wütenden Blick seiner Frau bemerkte, versuchte er ihr begütigend über die Hände zu streicheln, doch die verbat sich diese Versöhnungsgeste, zog ihre Hand energisch zurück und presste den Rücken an die Stuhllehne wie eine Henne, die sich im hintersten Winkel ihres Stalls vor den Nachstellungen des Hahns verbirgt.

Bei dem Mann löste diese Verweigerungshaltung eine neue Lachsalve aus, die ihn wieder heftig beben ließ. Die Frau schien sich durch den neuerlichen Ausbruch zusätzlich verspottet zu fühlen. Zitternd führte sie ihre Zigarette zum Mund, während sie die andere Hand zur Faust verkrampfte. Auch sie schien jetzt zu beben, allerdings innerlich, was sich an gepressten Atemstößen und funkelnden Augen ablesen ließ und auf eine nahende Explosion hindeutete. Die Verkrampfung löste sich auf unspektakuläre, wenngleich effektvolle Art: Anstatt die aufgerauchte Zigarette im Aschenbecher auszudrücken, warf die Frau ihre Kippe wortlos in das Bierglas des Mannes, stand auf und verließ das Restaurant, ohne nach links und nach rechts zu schauen.

Der Betrunkene war nun offensichtlich doch etwas verdutzt und folgte dem Abgang mit großen Augen. Wenige Sekunden später aber fiel er wieder in seine gute Laune zurück, fischte die Kippe aus dem Glas, schnippte sie quer durchs Restaurant und brüllte vor Lachen. Und um seinen Triumph über die humorlose Attacke seiner Frau zu besiegeln, nahm er einen kräftigen Schluck Bier mit Asche und zündete sich eine Zigarre an.

Noch eine ganze Weile hockte er qualmend, glucksend und kopfschüttelnd am Tisch. Schließlich erhob er sich mühsam. Man sah, dass er all seine noch verfügbaren Kräfte aufbot, um die Balance zu halten. Doch es wollte ihm nicht gelingen. Er schwankte, stürzte und fiel der Länge nach auf den Boden. Zu allem Überfluss übergab er sich dabei, beobachtet von den teils angewiderten, teils belustigten Blicken der übrigen Gäste. Der Geiger, der das gesamte Drama mit einem ungarisch anmutenden Potpourri von Operettenmelodien untermalt hatte, verfolgte die Krümmungen und Zuckungen des Gestürzten mit abgewinkeltem Kopf und hochgezogenen Augenbrauen wie den Auftritt eines Tenors. Zwei Kellner bereiteten dem Spektakel schließlich ein Ende, indem sie den stöhnenden Trunkenbold unter die Arme nahmen und aus dem Saal schleiften.

Hilde kam die hässliche Szene nicht ungelegen, lenkte sie doch ein wenig von den eigenen Irritationen ab. Auch Lesley nutzte den Zwischenfall, schüttelte abfällig den Kopf und nuschelte etwas von »troubles« – von Schwierigkeiten, die glücklicherweise nichts mit der eigenen Misere zu tun hatten.

Doch kaum war wieder Ruhe eingekehrt, legte sich erneut die

knisternde Anspannung über das Tischgespräch. Sie plauderten über das zerstrittene Paar im Besonderen und Trunksucht im Allgemeinen, tauschten belanglose Artigkeiten über Essen und Schiffstechnik aus und starrten durchs Fenster, um Schiffe oder Leuchttürme zu erspähen – angestrengt bemüht, die dahinplätschernde Konversation in Gang zu halten. Wie man aber beim Spazierengehen über einen Stein stolpert, stolperten die beiden schließlich doch über ihr Reizthema.

»Wie ein schwimmendes Hotel«, hatte Hilde ganz arglos bemerkt. Sie errötete, kaum dass sie den Satz beendet hatte.

Lesley räusperte sich daraufhin derart demonstrativ, dass Hilde den Atem anhielt und eine bedeutsame Erklärung erwartete. »Du wirst sehen, Hilde«, sagte er. »In England gibt es auch Hotels, die nicht so schaukeln.«

Das sollte wohl ein Witz sein.

»Nein, Lesley«, widersprach sie. »Ich gehe nicht ins Hotel. Das ist doch keine Lösung. Außerdem haben wir gar nicht so viel Geld.«

»Ist ja auch nur vorübergehend, Darling.«

»Eben«, fiel Hilde ein, der nach einem kurzen Blick auf das Erbrochene auf dem Boden schon wieder übel geworden war. »Das hilft doch überhaupt nicht weiter. Entweder du nimmst mich mit zu dir, oder ich fahre wieder nach Hause.«

Lesley zuckte hilflos die Achseln. »Wie denkst du dir das? In meiner Wohnung ist Ann, meine Frau.«

»Na und? Warum soll ich mich verstecken? Wenn ich in England bin, dann kannst du es ihr doch sowieso nicht länger verbergen. Warum also nicht gleich reinen Tisch machen?«

»Versteh doch, Darling, versteh. Das würde nur Ärger geben, glaub mir.«

»Wenn du mich wirklich willst, dann musst du das jetzt auch durchstehen, Lesley. Ich will deine Frau kennen lernen. Sie soll sehen, dass ich kein Ungeheuer bin. Ich will ihr sagen, dass es mir Leid tut. Dass ich nicht gewusst habe, dass du verheiratet bist. Und ich will ihr auch sagen, dass eure Ehe bestimmt schon kaputt war, bevor du mich getroffen hast.«

Lesley nahm seine Pfeife und sog so lange daran, bis wieder dicker Rauch aus seinem Mund stieg.

»Wenn du so mutig bist – okay.«

»Was bleibt uns anderes übrig, Lesley?«

Der Qualm nebelte jetzt auch Hilde ein und verstärkte ihre Übelkeit. Immer hatte sie sein Rauchen klaglos hingenommen, aber jetzt verlor sie die Geduld. Sie polterte los: »Würdest du bitte mit dem Qualmen aufhören, Lesley. Mir ist so schon ganz schlecht.«

»O verzeih, natürlich«, erwiderte Lesley und legte seine Pfeife artig beiseite. »Wir sollten noch ein wenig Eiskrem essen.«

»Das fehlte mir gerade ...«

Hilde schaffte es nicht mehr, den Satz zu beenden. Entsetzt sah sie, dass der Parkettfußboden schon wieder in Schräglage geriet und sich alles zu drehen begann. Im nächsten Moment sprang sie auf und stürzte mit zugehaltenem Mund aus dem Raum.

Ungeordnete Verhältnisse

Als Lesley und Hilde in East Boldre ankamen, war es längst wieder dunkel geworden – eine frostige Januarnacht mit glitzernden Sternen und leuchtender Mondsichel. Das Dorf an der englischen Südküste schlief bereits. Nur die Straßenlaternen warfen ihre zittrigen Lichtkegel über die Gassen und schmalen Vorgärten. Dabei standen die Zeiger der Kirchturmuhr erst auf halb zwölf.

Lesley und Hilde waren von Harwich aus mit dem Zug bis Southampton gefahren. Beim Umsteigen in London hatten sie schnell auf dem Bahnhof Fish and Chips gegessen – ein nach Hildes Geschmack nicht gerade viel versprechendes Begrüßungsmahl im Inselreich. Sie musste sich zwingen, die von Essig aufgeweichten Kartoffelstäbchen hinunterzuwürgen.

Während der Zugfahrt hatte sie sich gewundert, welche Spuren der Verwüstung der Krieg hinterlassen hatte. In manchen Stadtteilen Southamptons zeugten noch Ruinen von den Bombenangriffen der Deutschen. Wie riesige Zahnlücken klafften die Trümmergrundstücke in den Straßen. Hier in East Boldre dagegen schien die Welt in Ordnung zu sein, soweit Hilde dies im trüben Licht der Straßenlaternen beurteilen konnte.

In Southampton hatten sie sich ein Taxi genommen, um zu der späten Stunde noch das Ziel ihrer Reise zu erreichen. Während der halbstündigen Fahrt sprachen sie kaum ein Wort miteinander. Hilde fragte sich immer wieder, ob es richtig gewesen war, nicht ins Hotel zu gehen, sondern in die Höhle der Löwin. Aber nun wollte sie an ihrer Entscheidung nicht mehr rütteln. Diese Ann war ja doch vorbereitet, musste von ihrer Existenz wohl schon gehört haben. Natürlich konnte Hilde nicht erwarten, dass sie ihr um den Hals fiel. Aber den Kopf würde sie ihr schon nicht abreißen. Und letztlich hatte sie, Hilde Meyerhoff, ja auch die besseren Karten. Lesley liebte schließlich seine deutsche Verlobte und nicht seine englische Frau.

Er habe Ann nie wirklich geliebt, hatte Lesley ihr während der Zugfahrt von Harwich nach London versichert. »Ich habe mich nach einer Familie gesehnt, nur darum habe ich mich damals entschlossen, sie zu heiraten.«

Sein Vater war schon vor seiner Geburt im Ersten Weltkrieg gefallen, seine Mutter, eine Französin, als Tänzerin durchs Land getingelt. Schon bald hatte die Kriegerwitwe einen anderen Mann geheiratet. Bereits in Deutschland hatte Lesley immer wieder Teile seiner Familiengeschichte erzählt. Aber noch nie hatte Hilde so aufmerksam zugehört wie jetzt im Zug.

»Meine Mutter war eine bildschöne Frau, hat geduftet wie ein Rosengarten im Mai«, schwärmte Lesley. »Immer habe ich gewartet, dass sie wiederkommt und mich abholt. Aber sie ist nie mehr gekommen. Das war bitter, glaub mir.«

So sei er elternlos bei Onkel und Tante aufgewachsen und habe sich schließlich einer fast zehn Jahre älteren Frau in die Arme geworfen. »Sie war eine Art Mutter für mich, leider aber nicht so hübsch wie meine richtige Mutter.«

Ganz überstürzt sei die Hochzeit anberaumt worden. Schon am Morgen der Trauung habe er den Entschluss bereut und zu flüchten versucht. Buchstäblich in letzter Minute sei er von den Brüdern seiner Braut aus dem Zug geholt worden. »Das war wie in einem Slapstickfilm«, erzählte er. »Du kannst dir das nicht vorstellen.« Mit Gewalt hätten sie ihn zum Standesamt gezerrt.

Hilde wagte es nicht, die abenteuerliche Geschichte anzuzweifeln. Bereitwillig sog sie all die Beteuerungen auf, um ihre quälende Unsicherheit niederzukämpfen. Erst später im Taxi kam ihr dann die Erzählung merkwürdig wolkig vor. Vater im Krieg, Mutter Tänzerin, und der arme Knabe getrieben von unstillbarer Sehnsucht nach Nestwärme? Das sollte sie glauben?

Aber egal. Lesley nahm auf jeden Fall einiges auf sich ihretwegen. Immerhin war er ja eigens nach Deutschland zurückgekehrt, um sie zu holen.

Nein, es gibt kein Zurück, redete sich Hilde ein. Und ich habe ja auch nichts zu verlieren. Nur tapfer voran!

»Here we are«, sagte Lesley. Der Ausruf passte nicht ganz zu dem bedrückten Tonfall.

Doch das Ziel war erreicht. Ein dunkles Reihenhaus. Nun wäre Hilde am liebsten davongelaufen. Trotz der Kälte hatte sie schweißnasse Hände.

Auch Lesley wirkte nervös, hatte nur knapp und fahrig auf Kirche und Kaufmann gedeutet, bevor sie in die Heath Road eingebogen waren. Als er den Taxifahrer bezahlte, fielen ihm Münzen aus dem Portemonnaie, die er gleich fluchend verloren gab. Zu allem Überfluss fand er seinen Haustürschlüssel nicht. Im Schein der Straßenlaterne durchwühlte er seinen Handkoffer, tastete mehrmals die gleichen Jacken- und Hosentaschen ab und fragte schließlich Hilde, ob sie nicht vielleicht »das verdammte Ding« an sich genommen habe.

Doch alles Suchen war vergeblich. Und so blieb ihm nichts anderes übrig, als den Klopfer an der Haustür zu betätigen. Zuerst rührte sich nichts. Alles blieb dunkel. Erst als er ein zweites Mal hämmerte, ging Licht im Flur an. Wenig später wurde die Tür aufgeschlossen. Heraus trat eine Frau in gestepptem rosa Morgenmantel mit schlafzerwühlten Haaren.

Hilde spürte, wie die Frau zurückwich, als sie durch ihre dicken Brillengläser sah, dass Lesley nicht allein gekommen war. Sie warf ihr einen funkelnden Blick zu und zog die Hand zurück, die sie bereits nach Lesley ausgestreckt hatte.

»Hallo, Ann.«

Lesleys Gruß blieb unbeantwortet. Ann blickte schwer atmend an ihrem Mann vorbei.

»Guten Abend, Frau Heart«, sagte Hilde schließlich in ihrem schleppenden Englisch, nachdem ihr wortloses Nicken unerwidert geblieben war.

Jetzt endlich wandte sich die Frau des Hauses der Besucherin zu. »Guten Abend«, entgegnete sie mit gepresster Stimme. »Kommen Sie doch herein, bitte.«

Sie ließ Lesley mit dem Gepäck allein und lotste Hilde in die gute Stube. Mit knappen Worten forderte sie sie auf, in einem der mit Spitzendeckchen dekorierten Plüschsessel Platz zu nehmen, und fragte sie höflich lächelnd, ob sie einen Tee wünsche. »Nach der langen Fahrt.«

»O ja, danke, danke«, antwortete Hilde eifrig nickend, bemüht, nur ja keinen Fehler zu machen. Es war kalt in dem Wohnzimmer, das mit allerlei Reiseandenken und Stofffiguren dekoriert war. An der Wand hingen Wappen von Lesleys bisherigen Einheiten. In einer Ecke stand noch ein weihnachtlich dekorierter Plastiktannenbaum.

Hilde fröstelte, obwohl sie ihren Mantel anbehalten hatte. Sie hörte, dass Lesley zu seiner Frau in die Küche ging. Kaum war die Tür geschlossen, entspann sich ein Wortwechsel, der immer lauter und heftiger wurde. Die schrille Stimme der Hausherrin überschlug sich, Lesley kam nicht dagegen an, obwohl auch er ein Gebrüll anstimmte, das Hilde ihrem Feldwebel nicht einmal auf dem Kasernenhof zugetraut hätte. Sie verstand nicht die Wörter, die sich die beiden an den Kopf warfen. Aber sie begriff, dass der Streit dramatische Formen annahm. Worauf habe ich mich da bloß eingelassen?, dachte sie. Wie soll das nur weitergehen?

Tränen traten ihr in die Augen. Sie weinte in heftigen Stößen. Im nächsten Augenblick hörte sie, wie eine Tür zugeknallt wurde.

Unversehens stand Lesley vor ihr. Er schüttelte hilflos den Kopf und strich ihr zärtlich über das feuchte Gesicht. »Sorry, Darling, sorry. Aber wir werden das in den Griff kriegen, glaub mir.«

Während Hilde nun noch heftiger schluchzte, hörte man ein leises Getrippel auf der Treppe. Im nächsten Moment öffnete sich die Wohnzimmertür. Herein huschte ein kleiner Junge im Schlafanzug, der gleich auf Lesley zustürmte. »Dad«, rief er verschlafen. »Dad.«

Gerührt hob Lesley seinen Sohn in die Höhe und schloss ihn in die Arme. »Nevil, mein kleiner Liebling, Nevil, mein Schatz.«

Hilde wischte sich die Tränen aus dem Gesicht. Sie unterdrückte den Weinkrampf und zwang sich zu einer freundlichen Miene. Ihr fiel auf, dass dieser Nevil die gleichen rotbraunen Haare hatte wie Lesley, nur sehr viel lockiger. Er sah hübsch aus. Aber dann nahmen seine Augen einen feindseligen, verschlossenen Ausdruck an, während sie sich auf sie richteten.

»Das ist Hilde«, sagte Lesley, der den argwöhnischen Blick bemerkt hatte. »Sie ist müde von der langen Reise, gib ihr doch mal die Hand.«

Hilde streckte dem Jungen gleich beide Hände entgegen. Doch Nevil ging zwar artig auf sie zu und grüßte mit einem schüchternen »Hello, Missis«, doch dann senkte er den Kopf und kehrte zu seinem Vater zurück. Verlegenes Schweigen beherrschte den Raum.

»Alles wird gut werden«, murmelte Lesley mehr zu sich selbst. Dann sprang er auf und holte seinen kleinen Koffer aus dem Flur. Nach kurzem Wühlen zog er zwei Tafeln Schokolade hervor. »So, die sind für dich, kleiner Mann, aber erst morgen essen. Jetzt musst du ganz schnell wieder ins Bettchen.«

Diese Aufforderung bekräftigte auch Ann, als sie mit einem

Teetablett das Zimmer betrat. Sie sah verweint aus, mühte sich aber mit demonstrativer Tapferkeit, einen höflichen Eindruck zu erwecken.

»Bitte entschuldigen Sie mich, Miss, aber ich bin sehr müde und möchte mich gleich schlafen legen«, stammelte sie zu Hilde gewandt. »Ich wünsche Ihnen eine gute Nacht. Nevil, du kommst mit mir, ich bringe dich ins Bett zurück.«

Murrend ließ sich der Junge von seiner Mutter aus dem Wohnzimmer ziehen.

»Alles wird gut werden, Darling«, wiederholte Lesley, als er wieder mit Hilde allein war. Er zündete sich eine Pfeife an und schlürfte den heißen Tee. Dabei erläuterte er Hilde seine vorläufigen Pläne.

»Heute Nacht bleiben wir erst einmal hier im Wohnzimmer, dann bekommst du das Zimmer von Nevil. Der Junge kann bei Ann im Ehebett schlafen. Das habe ich ihr schon gesagt.«

»Aber ich kann doch dem Jungen nicht sein Zimmer wegnehmen.«

»Das ist kein Problem. Der schläft sowieso am liebsten bei seiner Mutter. Und auf diese Weise muss Ann auch nicht allein schlafen.«

»Und du?«

»Ich komm zu dir.«

Die Ankündigung wurde mit einem Kuss bekräftigt. Dann ging Lesley ins Schlafzimmer, um Bettzeug zu holen. Hilde hielt sich die Ohren zu, als erneut schrille Schreie durchs Haus gellten. Als Lesley aber dann die Couch ausgezogen und die Bettdecke über sie beide gebreitet hatte, beruhigte sie sich. Lesley schlief sofort ein, während Hilde noch lange wach lag. Die Bilder der zurückliegenden Stunden geisterten vor ihrem inneren Auge. Sie horchte auf das Ticken der Wanduhr, zählte die Schläge zur vollen Stunde, hoffend, dass die Nacht bald vorbei sein möge. Erst als die Verkehrsgeräusche anzuschwellen begannen, schlummerte sie ein.

Und sie schlief lange. Lesley rief sie schließlich zum Frühstück. Dabei kündigte er an, er müsse bald zum Dienst auf den Militärflughafen von Fawley. Zum Spätdienst.

Hilde, die noch gar nicht ganz wach war, erschrak. »Und ich, äh, soll den Rest des Tages mit deiner Frau verbringen?«

Lesley zuckte die Achseln.

»Du kannst dir ja das Dorf angucken und ein bisschen spazieren gehen. Und dann kannst du dich auf Nevils Zimmer zurückziehen. Ich werde alles vorbereiten. Glaub mir, Darling. Es ist nur für kurze Zeit, wir werden schon eine Lösung finden.«

Hilde seufzte. »Wie soll ich das bloß aushalten hier? Ich muss mir so schnell wie möglich eine Arbeitsstelle suchen, irgendwas im Haushalt, bloß schnell raus hier.«

»Jetzt musst du dich erst mal stärken.«

Doch das Frühstück fiel sehr viel kärglicher aus, als Lesley es während der Fahrt angekündigt hatte. Es gab geröstetes Weißbrot, Tee und selbst gemachte Marmelade.

Lesley warb um Verständnis. »Sorry, dass wir dir kein richtiges englisches Frühstück mit Ei, Schinken und Pilzen bieten können. Aber hier in Großbritannien ist noch alles knapp und rationiert. Daran habe ich in Deutschland gar nicht mehr gedacht.«

Hilde wischte die Entschuldigung beiseite und beteuerte, sie sei schon mit weniger ausgekommen. Sie nahm sich vor, ihre Großmutter zu bitten, das eine oder andere zu schicken. Dann würde sie vielleicht auch nicht mehr nur als Schmarotzerin dastehen, sondern selbst einen kleinen Beitrag zum Speiseangebot leisten können. Einstweilen aber freute sie sich, dass sie mit Lesley allein frühstücken konnte. Ann war mit Nevil unterwegs zum Einkaufen.

Gemeinsam mit ihrem Beschützer brachte Hilde danach ihre

Reisetaschen ins Kinderzimmer. Der Anblick der Holzautos und Zinnsoldaten in den Regalen versetzte ihr einen Stich. Das Spielzeug machte ihr wieder bewusst, dass sie sich zwischen ein Kind und seinen Vater stellte – und einer Frau den Mann nahm. Lesley, dem ihr sorgenvoller Blick nicht verborgen geblieben war, gab ihr tröstend einen Kuss. Doch dann musste er sich auch schon seine Uniform anziehen, um rechtzeitig zum Dienst zu kommen. Der Flugplatz von Fawley war fünfundzwanzig Kilometer von East Boldre entfernt, und die umständliche Busfahrt dorthin dauerte eine Dreiviertelstunde.

Bevor Lesley aufbrach, kehrte Ann mit Nevil vom Einkaufen zurück. Frostig war der Blick, den sie ihrem Mann zuwarf. Sie sprachen kein Wort miteinander. Hilde hielt sich im Kinderzimmer verborgen. Nach kurzer Zeit kam Nevil, um sich ein Malbuch zu holen, wie er Hilde mühsam erklärte. Die nutzte die Gelegenheit, um dem Jungen eine Tüte Kekse zu überreichen, die sie aus Deutschland mitgebracht hatte. Nevil bedankte sich zwar artig, doch Hilde spürte, dass das Eis damit noch lange nicht gebrochen war. Aber das konnte ja wohl auch niemand erwarten.

Am frühen Nachmittag verließ sie das Haus, um den Ort zu erkunden. Anders als Jarlingen war dies kein Bauerndorf. Abseits der Straßen mit den graurot geklinkerten Reihenhäusern, den weiß getünchten Fachwerkhäusern und kleinen Läden entdeckte Hilde altehrwürdige Villen mit Türmen, Erkern, Hecken und großen Gärten, die an den Wald grenzten. Das Wetter hatte sich eingetrübt, der Himmel war schiefergrau. Es roch nach Schnee. Hilde fühlte sich einsam. Sie ging in einen Gasthof mit einer stilisierten Jagdszene auf dem Kneipenschild und bestellte Tee und zwei Sandwiches. Die Männer an der Theke warfen ihr neugierige Blicke zu, sprachen sie aber nicht an. Nervös schob sie das Weißbrot mit dem dünnen Käsebelag in sich hinein und schlürfte ihren Tee.

Dann kehrte sie gleich in die Heath Road zurück. Da sie keinen Schlüssel hatte, musste sie klopfen. Als Ann öffnete, bot sich Hilde an, in der Küche oder beim Saubermachen zu helfen. Doch die Frau in dem dicken Wollpullover wies das Angebot mit einem bitteren Lächeln zurück und bot dem Gast pflichtschuldig einen Tee an. Hilde lehnte dankend ab, indem sie auf den Wirtshausbesuch verwies, zog sich in ihr Kinderzimmer zurück und weinte. Die Vorstellung, dass banale Verrichtungen wie der Gang zur Toilette oder ein gemeinsames Essen den Charakter von Mutproben haben würden, stürzte sie in Trübsal.

Um irgendetwas zu tun, schrieb sie ihren Großeltern einen Brief. Natürlich erwähnte sie die ungeordneten Verhältnisse, in die sie geraten war, mit keinem Wort. Doch sie bat ihre Großmutter, ein wenig Zucker, Wurst und Schinken zu schicken – und ihren geliebten Limburger Käse.

Als Hilde aus dem kleinen Fenster blickte, sah sie, dass es zu schneien begonnen hatte. Die Schneefront war ihr offenbar von Deutschland nach England gefolgt. Ihr schien es, als breite der Himmel eine weiße Decke über all die Zweifel und Ängste, die sie bedrängten.

Es klopfte. Nevil rief zum Abendessen.

Es gab gekochten Fisch: haddock – Schellfisch, wie Hilde später lernte. Als Ann Heart die dampfenden Schüsseln auf den Tisch gestellt hatte, forderte sie die Nebenbuhlerin auf, sich zu bedienen, und setzte sich dazu. Hilde mühte sich, ihre Verlegenheit zu überspielen, indem sie mit Nevil in ihrem holprigen Englisch über Schnee und Schlittenfahren scherzte.

Als sie dann aber zu essen begann, hatte sie vollauf mit den Gräten zu tun. Gleich zu Beginn hatte sie eine verschluckt. Sie meinte, daran ersticken zu müssen. Das ist ja eine ganz hinterhältige Art und Weise, einen um die Ecke zu bringen, dachte sie. Anders als bei Gift konnte daraus auch niemand der Köchin einen

Vorwurf machen. Aber selbst wenn eine Mordabsicht ruchbar geworden wäre – jeder hätte Verständnis für Ann Heart gehabt. Diese undurchsichtige Hausfrau, die Hilde höflich anlächelte, während sie hustete und würgte. Es vergingen qualvolle Minuten, bis sie den kleinen Nevil beauftragte, ein Glas Wasser für die Besucherin zu holen. Mehr als alles Verlegenheitsgeplauder brachte die steile Falte zum Ausdruck, die sich bei Ann mitten auf der Stirn über der Nase eingegraben hatte.

Hilde war froh, als sie sich wieder in ihr Zimmer zurückziehen konnte. Mrs. Heart hatte zwar immer wieder zaghafte Anläufe zu einer Konversation unternommen, dabei aber in einem Englisch gesprochen, das Hilde kaum verstand. Sie hatte sich daher weitgehend darauf beschränkt, zu nicken und mit »Yes, Madam« zu antworten. Immerhin erlaubte es ihr die Gastgeberin gnädig, nach dem Essen den Abwasch zu übernehmen.

Hilde setzte ihren Brief an ihre Großmutter zu späterer Stunde fort. Sie schrieb, dass sie an ihrem ersten Abend in England Fisch gekocht habe. Als Lesley kurz nach Mitternacht nach Hause kam, war sie schon eingeschlafen.

Am nächsten Morgen polsterte eine dicke Schneedecke Straßen und Dächer. Eine feierliche Stille lag über dem Ort. Es klang, als sei jeder Laut in Watte verpackt. Das ganze Dorf war wie verzaubert. Wie Märchenschlösser kamen Hilde die Herrenhäuser mit den wuchtigen Außenkaminen vor, die sie gemeinsam mit Lesley bei einem Spaziergang nach dem Frühstück in Augenschein nahm. Er versprach ihr, sich umzuhören, ob nicht irgendwo ein Hausmädchen gebraucht werde.

Die Aussicht auf eine Arbeitsstelle mit Wohnung und der Spaziergang durch das verschneite Dorf stimmten Hilde heiter. Jetzt fühlte sie sich stark. Warum sollte sie auch Trübsal blasen? Ihr gehörte ja die Zukunft. Bemitleidenswert war doch im Grunde Ann.

Dieser Eindruck verstärkte sich noch, als sie sah, wie die Frau mit dem spitzen Gesicht in zwei übereinander gezogenen Pullovern vor dem Haus einen Aschekasten entleerte. Sie hatte ihr Haar in Lockenwickler eingerollt. Welch verzweifelt rührender Versuch, sich ein wenig aufzuputzen, um ihren Mann vielleicht doch noch zurückzugewinnen, dachte Hilde.

Das Gefühl der Überlegenheit verließ Hilde auch nicht, als Lesley wieder zum Dienst gefahren war. Erhobenen Hauptes ging sie jetzt allein in den Ort und kaufte von ihrem Geld drei Stücke Kuchen. Als sie zurückkam, sah sie, wie Nevil von größeren Jungen mit Schnee »gewaschen« wurde. Während er wimmerte, lachten seine Peiniger. Hilde stellte den Kuchen ab und stürzte auf die Kinder zu. Und ehe es sich die beiden Bengel versahen, hatte sie sie an ihren Jackenkragen gepackt und in den Schnee gestoßen. Sie nahm Nevil an die Hand und zog ihn ins Haus. Als ihre Kuchenstücke zum Tee verspeist wurden, erzählte Nevil seiner Mutter stolz, wie die »Tante aus Deutschland« für ihn gekämpft habe. Auch gegenüber seinen Freunden protzte Nevil danach in brenzligen Situationen mit seiner starken Tante. Er begann zutraulicher zu werden.

Die Beziehung zwischen den Frauen dagegen blieb so frostig wie das Winterwetter. Wenn Hilde auch in der Küche half, Einkäufe erledigte und mit Ann gemeinsam speiste, so spürte sie doch bei allen Höflichkeitsfloskeln den abgrundtiefen Zorn, der ihr entgegenschlug. Auch der Dank, den sie für ihre Lebensmittelpakete mit Stinkekäse aus Deutschland von Ann erntete, kam nicht eben von Herzen. Und sie sollte schon bald erfahren, was alles die gedemütigte Ehefrau unternahm, um die unliebsame Konkurrentin aus dem Weg zu schaffen. Ann Heart spannte den Pfarrer ein, wandte sich ans Militär und ersuchte die Polizei, die Aufenthaltsgenehmigung zu überprüfen.

Zuerst kam der Pfarrer ins Haus. Mit eindringlichen Worten

redete der dickliche Mann auf Hilde ein, den sündhaften Zustand zu beenden und – um Himmels willen – das Glück einer vor Gott geschlossenen Ehe nicht länger zu gefährden. »Fahren Sie nach Hause, junge Frau. In Deutschland gibt es sicher Hunderte junger Männer, die Sie glücklich machen könnten. Fahren Sie heim, ich appelliere an Ihr christliches Gewissen, fahren Sie heim. Geben Sie dieser Familie ihren Frieden zurück, denken Sie an den Jungen. Ich bitte Sie.«

Hilde fehlten die englischen Worte, um die beschwörenden Überredungsversuche wirklich verstehen, geschweige denn zurückweisen zu können.

Einen besonders schweren Stand hatte sie, nachdem ein Telegramm aus Jarlingen in der Heath Road eingetroffen war. Ihr Großvater war gestorben. Hilde traf die Todesnachricht wie ein Schlag. Der Gedanke, dass sie ihren Opa nie wiedersehen sollte, machte sie krank. Schuldgefühle quälten sie. Wer weiß – vielleicht hatte er ihren Umzug nach England nicht verkraftet.

Angeblich um Hilde Trost zuzusprechen, bestellte Ann noch für denselben Abend den Pastor ins Haus. Der erweckte auch den Anschein, als ginge es ihm nur um Hildes Seelenfrieden. Auf jeden Fall müsse sie nun schleunigst zurück nach Deutschland, um rechtzeitig zur Beerdigung zu kommen, drängte der Geistliche väterlich. Doch Hilde schien dies nur ein weiterer neu bemäntelter Versuch zu sein, sie loszuwerden. Dieser scheinheilige Kirchenheini! Wahrscheinlich würde man ihr die Wiedereinreise verweigern, wenn sie erst einmal außer Landes wäre. So zog sie es schweren Herzens vor, dem Begräbnis fernzubleiben – was vom Pfarrer mit stirnrunzelnder Missbilligung quittiert wurde und ihren Ruf als unmoralische Person festigte.

Doch Hildes Sorge, nach der Teilnahme an der Trauerfeier aus dem Vereinigten Königreich ausgesperrt zu werden, war durchaus begründet. Denn auch das Militär hatte sich mittlerweile in die

Affäre eingeschaltet. Lesley war von seinen Vorgesetzen bereits förmlich gerügt und zu einer ersten Anhörung geladen worden. Ein derartiger Lebenswandel sei mit dem Ehrenkodex der königlichen Luftwaffe unvereinbar, ließ man ihn wissen. Und ein Vorgesetzter fragte ihn vorwurfsvoll, ob er sich nicht schäme, seine englische Ehefrau mit einem Bauernmädchen aus dem besiegten Nazi-Deutschland zu betrügen. Als Soldat Seiner Majestät!

Auch Nachbarn empörten sich hinter vorgehaltener Hand, dass ein »Hitlermädchen« sich erdreiste, eine britische Familie zu zerstören. Hilde erfuhr davon, weil der kleine Nevil sie fragte, wer eigentlich Hitler sei. Ein beklemmendes Gefühl stieg in ihr auf. Ihr war, als wiederhole sich etwas, das sie schon einmal erlebt hatte. Dumpfe, niederdrückende Angst grub sich ihr in den Magen ein. Doch gleichzeitig machten die Angriffe sie wütend und bestärkten sie in ihrem Trotz. Nein, so etwas musste sie sich nicht sagen lassen! Sie hatte schließlich schwer genug unter den Hitlerleuten gelitten.

Bestärkt wurde Hilde in ihrem Selbstbewusstsein dadurch, dass ein Job winkte. Lesley hatte ihr eine Stelle als Haushaltshilfe bei einem pensionierten Major vermittelt. Der alte Herr lebte in Beaulieu, was auf Französisch so viel heißt wie »schöner Ort«, auf Englisch aber schlicht »Bjulee« ausgesprochen wird. Das Nest liegt nicht weit von East Boldre entfernt zwischen Lymington und Southampton in einem großen Wald- und Heidegebiet namens New Forest. Aus den Kiefern und Fichten der Umgebung erheben sich die Ruinen einer alten Abtei, ein Fjord verbindet den »schönen Ort« mit dem Meer.

Auch Hildes Arbeitsplatz atmete den Geist der südenglischen Küstenlandschaft. William Coles bewohnte eines dieser Märchenschlösser, die Hilde bei ihren Spaziergängen bewundert hatte. Ein prächtiger Park mit alten Eichen und Kastanien gehörte zu dem Herrenhaus. Weiß gestrichene Fenster leuchteten aus verwittertem, von Efeu überranktem Sandsteinmauerwerk. Eine Freitreppe führte in einen Empfangssalon mit schweren Eichentruhen und den Porträts grimmiger Vorfahren an den Wänden.

Hilde war beeindruckt von der vornehmen Atmosphäre. Wie gut, dass Lesley sie begleitete. Der hatte aus Militärkreisen erfahren, dass der Major eine Haushaltshilfe suchte. Um den alten Herrn gewogen zu stimmen, hatte er zum Vorstellungsgespräch sogar seine Ausgehuniform angezogen. Auch Hilde war stolz auf ihren Feldwebel. Sie hatte nur Angst, dass ihr die wilde Ehe zum Verhängnis werden könnte.

Doch die Sorge erwies sich als unbegründet. Major Coles ging schmunzelnd jovial über die Affäre hinweg. Sehr interessiert zeigte er sich hingegen, als Hilde in ihrem Mischmasch aus Plattdeutsch und Englisch von ihrer Zeit im Konzentrationslager berichtete. Damit war sie so gut wie eingestellt. Dass sie keine Arbeitsgenehmigung besaß, war für den beleibten Pensionär nur von untergeordneter Bedeutung. Gleichwohl trug er Hilde auf, sich darum zu kümmern.

Für einen entsprechenden Antrag musste sie ihren deutschen Pass an das Home Office in London schicken. Damit aber sollten sich ihre Probleme mit der Aufenthaltsgenehmigung noch verschärfen. Schon kurze Zeit nachdem sie den Antrag gestellt hatte, kam ein Polizist in die Heath Road und forderte sie auf, das Land zu verlassen. »Frau Meyerhoff, fahren Sie nach Hause. Andernfalls müssen Sie mit erheblichen Unannehmlichkeiten rechnen.«

Doch glücklicherweise lag ihr Pass noch im Home Office, so dass sie gar nicht durch die Grenzkontrolle gekommen wäre, selbst wenn sie es gewollt hätte. Lesley nutzte den Umstand, um ihre Aufenthaltsgenehmigung auf sechs Monate zu verlängern.

Unterdessen hatte Hilde bereits ihren Dienst im Haus des Majors angetreten. Wenn sie auch von dem übrigen Personal eher von oben herab behandelt wurde, gefiel ihr die Arbeit. Sie wischte mit wahrer Leidenschaft Staub, machte Betten, putzte Silber. Der Herr des Hauses lachte, wenn sie in ihrem plattdeutsch gefärbten Englisch »Buddel« statt »bottle« zu einer Flasche sagte, bedachte sie aber immer mit freundlichen Worten. Und vor allem musste sie nicht mehr den ganzen Tag damit rechnen, Ann Heart über den Weg zu laufen. Anfangs radelte sie noch täglich zu ihrer sechs Kilometer entfernten Arbeitsstelle, nach vier Wochen bezog sie sogar eine kleine Dachkammer im Herrenhaus.

So kam allmählich der Frühling ins Land. Vom nahen Meer her wehten warme Winde, und die Vögel erfüllten den Park mit munterem Gezwitscher. Der Major lud sich große Gesellschaften ins Haus. Anfangs beschränkte sich Hildes Aufgabe darauf, schmutziges Geschirr abzuräumen und abzuwaschen, doch schon bald durfte sie auch servieren. Es kam sogar vor, dass der alte Major seinen Gästen das deutsche Hausmädchen vorstellte. Hilde fand Gefallen daran, diesen vornehmen Leuten mit schwarzem Rock und weißer Schürze ihre Aufwartung zu machen.

»Kann ick juh helpen?«, fragte sie anfangs noch auf Platt, bis sie freundlich darauf hingewiesen wurde, dass es »May I help you, Madam?« heißt. Und schon nach kurzer Zeit beherrschte sie die Dienstbotenfloskel so perfekt, als gehöre sie schon so lange zum Hausstand wie das Tafelsilber. Leider hatte der Major a. D. sie in erster Linie als Putzfrau eingestellt.

Wenn sie aber an der Seite ihres Feldwebels Ausflüge ins nahe Seebad Lymington oder zur Isle of Wight unternahm, dann verwandelte sie sich selbst in eine feine Dame. Sie hatte ja schon in Deutschland großes Geschick bewiesen, sich Kleider und Röcke zu schneidern. Jetzt musste sie sich nicht einmal mehr die Mühe machen, Altkleider aufzuarbeiten, sondern konnte schöne neue Stoffe verwenden, die Lesley ihr schenkte. Dass Pfarrer, Polizei und Militär sie weiter bedrängten, das Vereinigte Königreich zu verlassen, ließ sie zunehmend kalt. Auch ihr Dienstherr unterstützte sie nun bei der Verlängerung ihrer Aufenthaltsgenehmigung.

Bei aller Loyalität entschloss sie sich aber schon nach einem Vierteljahr, den Arbeitsplatz zu wechseln. Auf einem der Ausflüge mit Lesley war sie in einem abseits von Beaulieu gelegenen Hotel eingekehrt und hatte dort erfahren, dass eine Serviererin gesucht wurde. Sofort ergriff sie die Gelegenheit beim Schopfe und bekundete ihr Interesse. Und dank eines hervorragenden Zeugnisses, das ihr der Major schrieb, war sie schon wenige Tage später im Hotel »Beaulieu Road« eingestellt.

Im Hotel der wilden Pferde

Nur sehr gedämpft drang der Lärm der Welt zu Hildes neuem Arbeitsplatz vor. Nur ein beständiges Tuckern untermalte die Klangkulisse des Waldes. Erst nach einigen Tagen entdeckte Hilde die Ursache: In einem Schuppen arbeitete ein Dieselgenerator, der das Hotel mit Elektrizität versorgte. Denn die Stromleitungen von Beaulieu reichten damals noch nicht so tief in den Wald hinein wie heute.

Hilde lebte sich schnell ein. Zu ihren Aufgaben gehörte es, von dem kleinen Bahnhof, der direkt neben dem Hotel »Beaulieu Road« lag, Wasserkanister abzuholen, die mit dem Zug hierher transportiert wurden. Das Brunnenwasser des Hotels war nämlich so rostig braun, dass es nicht einmal zum Waschen heller Wäsche taugte – geschweige denn zum Trinken.

Hauptsächlich war Hilde natürlich als Kellnerin tätig. Sie servierte Teegebäck und Roastbeef, schenkte abends hinter der Bar Whisky aus und zielte gemeinsam mit den Gästen auf die Dartscheibe. So durfte sie sich über großzügige Trinkgelder freuen und konnte obendrein noch ihr Englisch verfeinern.

»Nice weather, isn't it?«

Schönwettersprüche dieser Art zwitscherte sie bald so ungezwungen wie ihre englischen Kolleginnen. Immer seltener mischten sich plattdeutsche Wendungen in ihre Rede. Dabei war die Landschaft, in der sie sich nun bewegte, dem platten Land der norddeutschen Tiefebene durchaus verwandt.

In dem Naturschutzgebiet der Umgebung fühlte sich Hilde fast wie zu Hause. Der New Forest erinnerte sie an die Lüneburger Heide. Auch hier mischten sich Kiefern- und Laubwälder mit ausgedehnten Moor- und Heideflächen. Das Besondere aber war, dass in den Wäldern wilde Ponys grasten. Da Hotelangestellte und Gäste sie hin und wieder mit Leckereien bedachten, waren sie so zutraulich, dass sie in den Garten trippelten und die Zuckerstückchen von den Tischen schleckten. Es kam auch vor, dass sie ihre Köpfe durch die Fenster steckten. Hilde machte sich einen Spaß daraus, den kleinen Pferden das Naschwerk auf der bloßen Hand zu reichen. Als ihr allerdings einmal ein Pony auf den Flur folgte, war der Schreck größer als die Heiterkeit, und sie hatte alle Mühe, den ungebetenen Besucher zu verscheuchen.

Im Herbst endete das freie Leben für viele der Wildpferde. Dann wurden die Ponys eingefangen und gleich neben dem Hotel meistbietend versteigert. Hilde sah, wie ihre kleinen Freunde in Viehwaggons verladen wurden und auf dem Schienenweg einem ungewissen Schicksal entgegenfuhren. Die Bilder rührten Erinnerungen auf, die sie tief in sich vergraben hatte.

Die Gegenwart dagegen gab ihr wenig Grund zum Klagen. Ann Heart kämpfte zwar weiter um ihren Mann, doch Lesley ließ keinerlei Zweifel aufkommen, dass er zu seiner deutschen Braut stand. Nach Feierabend und am Wochenende kam er fast jeden Tag in Beaulieu mit seinem Motorrad angeknattert, das er sich angeschafft hatte, um beweglicher zu sein. Oft übernachtete er bei Hilde im Hotel. Bei besonderen Gelegenheiten wie Hochzeiten half er sogar an der Bar aus.

Zum Spaß durfte er auch seine eigene Hochzeit im »Beaulieu Road« feiern. Es war eine der verrückten Ideen des Hotelchefs John Buller gewesen, Hilde mit ihrem Liebhaber in einer selbst inszenierten Zeremonie zu verheiraten.

Buller mimte dabei den Standesbeamten. In feierlichem Ton deklamierte er unter dem Gekicher der Gäste: »Lady Hedda Meyerhoff, wollt Ihr den hochverehrten General Lesley Heart zu Eurem lieben Mann erwählen und ihm die Treue halten bis an das Ende Eurer Tage, so antwortet mit Ja.«

Und Hilde antwortete ebenso fest mit »Ja« wie »General Lesley«.

Das einzig Echte an dieser Trauung waren die Ringe. Lesley hatte sie ja schon zwei Jahre zuvor für die Verlobung in Deutschland angeschafft. Auf dem Schiff hatte Hilde ihren Ring abgezogen, aber immer gut verwahrt. Lesley dagegen trug den Verlobungsring auch in England trotzig weiter und hielt seinen Ehering tief in einer Kiste verschlossen. Nun tauschte er nach deutscher Sitte seinen Verlobungsring mit Hilde.

»In England gibt es zur Trauung eigentlich einen zweiten Ring«, erklärte er seiner Braut. »Aber was nicht ist, kann ja noch werden.«

Am Ende sangen alle »God Save the Queen« – Elisabeth II. war gerade wenige Monate zuvor zur Königin gekrönt worden.

Die Hotelgäste, die die Rolle der Hochzeitsgäste einnehmen und sich auf Kosten des Hauses betrinken durften, johlten vor Vergnügen. Hilde wurde zwar das dumme Gefühl nicht los, dass man sich über sie lustig machte, doch sie fühlte sich geehrt, wenn John Buller sie später nur noch als »Mrs. Heart« ansprach – und zwar durchaus ernsthaft.

Bei der Royal Air Force dagegen steigerte sich der Ärger über den unsittlichen Lebenswandel des Sergeanten Heart. Um Lesley von Hilde zu trennen, versetzte man ihn sogar nach Nordirland. Doch solch durchsichtige Schikane schweißte die Liebenden nur noch enger zusammen. Bevor Lesley seinen Dienst in Belfast antrat, schenkte er Hilde eine Art Platzhalter: einen fünf Tage alten Dackel. Da sie sich vor kleinen Tieren ekelte, konnte Hilde dem Welpen anfangs nichts abgewinnen. Später aber wuchs ihr das Hündchen, das sie auf den Namen »Carlieboy« taufte, ans Herz wie ein kleines Kind. Carlieboy bewährte sich sogar als Wachhund.

Während der Schäferhund des Hotelbesitzers schlief, weckte der Dackel Hilde auf, als Einbrecher versuchten, ins Haus einzusteigen. Die Bande ergriff sofort die Flucht, und Carlieboy erhielt von Hotelchef Buller eine Extrawurst und den Ehrentitel »Ticketacke« – weil er immer auf leisen Pfoten die Treppe hochtippelte.

Auch Hilde erwarb sich die Anerkennung ihrer Arbeitgeber. Um ihrer wachsenden Sehnsucht nach Deutschland ein wenig Nahrung zu geben, hatte sie den Speiseplan des Hotels mit deutschen Gerichten bereichert. Sie war zwar nie eine große Köchin gewesen, ihr Schweinebraten mit Rotkohl aber fand großen Anklang unter den Gästen.

Vor allem in der Weihnachtszeit empfand Hilde ein starkes Verlangen nach deutschen Liedern und Gebräuchen. Und sie erfüllte sich ihren Wunsch, indem sie ihr Zimmer mit einem Tannenbaum schmückte und die Bescherung, die in Großbritannien üblicherweise erst am Weihnachtsmorgen stattfindet, auf Heiligabend vorverlegte. Da Lesley noch auf dem Heimweg von Nordirland war, beteiligte sich das Hotelbesitzerehepaar an ihrer kleinen Feier. Hilde stellte in ihrem Radio auf Ultrakurzwelle einen deutschen Sender ein, und dann begann das Wunschkonzert für Seeleute, das sie oft bei ihren Großeltern gehört hatte.

»Oh, du fröhliche, oh, du selige, gnadenbringende Weihnachtszeit …«, tönte es knisternd aus dem kleinen Rundfunkgerät. Gerührt schloss Hilde die Augen, um sich von der Musik noch weiter fort aus diesem englischen Haus entführen zu lassen.

»… Himmlische Heere jauchzen dir Eh-ehre, freue dich, o freue dich …«

Plötzlich stiegen Bilder in ihr hoch, die gar nicht zu der schönen Musik passen wollten. Bilder von hohen Mauern mit Stacheldraht, von langen, schmalen Baracken, einer neben der anderen. Unwillkürlich musste sie an ihre Ankunft in Ravensbrück denken, als die Wachmannschaft eine Weihnachtsfeier abgehalten und »Oh, du fröhliche …« gesungen hatte. Hilde wischte sich über die Augen, als wollte sie einen bösen Traum verscheuchen.

»Arme Hedda«, sagte John Buller mitfühlend. »Ich glaube, unsere Hedda hat Heimweh.«

Hilde schwieg. Sie atmete auf, als das Lied verklungen war. Und als ihre Arbeitgeber ein englisches Weihnachtslied anstimmten, wollte sie sofort den Text lernen: »O come all ye faithful, joy-ful and tri-umphant …« Es klang genauso wie das deutsche »Herbei, o ihr Gläubigen«.

Trotz des guten Einvernehmens mit ihrem Chef und der Chefin wurde es Hilde mit der Zeit zu eng in der Dachstube. Und Lesleys Wochenendbesuche waren nicht das, was sie sich unter einer festen Beziehung vorstellte. Sie träumte von einem richtigen Eheleben mit eigenem Hausstand und drängte ihren »Les«, doch endlich die Scheidung einzureichen. Dabei war klar, dass er zuvor seinen Abschied von der Armee nehmen musste. Denn die Royal Air Force hätte es nie akzeptiert, dass einer ihrer Sergeanten wegen einer Deutschen seine Frau im Stich ließ.

Und so entschied sich Lesley schließlich schweren Herzens, seine Uniform an den Nagel zu hängen und ins Zivilistendasein zu wechseln, um endlich frei für eine neue Ehe zu sein. Er trat in die Autowerkstatt seines Onkels in Southampton ein. Dabei konnte er an eine Ausbildung zum Kraftfahrzeugmechaniker anknüpfen, die er schon vor seiner Militärzeit absolviert hatte.

Da die Ehe in den vergangenen Jahren ohnehin nur noch auf dem Papier bestanden hatte, setzte Ann – müde und resigniert – seinem Scheidungswunsch kaum mehr Widerstand entgegen, zumal auch die Unterhaltsfrage in ihrem Sinne entschieden wurde. Und als nach dem formellen Trennungsakt die Schamfrist von sechs Wochen verstrichen war, steckten Hilde und Lesley sich einen zweiten Ring auf – einen richtigen Trauring, der nach englischer Sitte nun dem Verlobungsring Gesellschaft leistete.

Der feierliche Akt fand am 19. Dezember 1954 statt, einem trüben Tag mit Nebel und Nieselregen. Ein Freund Lesleys und die Hotelchefin Mrs. Buller traten als Trauzeugen mit dem Paar vor den Standesbeamten, der diesmal echt war. Auf ein Fest verzichteten die beiden allerdings. Sie hatten die Hochzeit ja auch schon vorgefeiert.

Hinzu kam, dass sich Lesley nicht recht wohl fühlte. Plötzlich begann er sogar zu zittern, klagte über heftigen Schüttelfrost. Innerhalb einer halben Stunde glühte sein Kopf derart, dass es Hilde angst und bange wurde. Sie lieh sich von der Hotelchefin ein Fieberthermometer und stellte fest, dass die Körpertemperatur des Bräutigams auf vierzig Grad gestiegen war. Die anfänglichen Scherze von heißer Liebe blieben der Braut angesichts dieses Befunds im Halse stecken.

»Wir müssen sofort einen Arzt anrufen, Lesley. Bei so hohem Fieber kann man sterben.«

Doch Lesley schüttelte nur matt den Kopf. »Das geht von selbst wieder weg, Darling. Das kommt und geht wie die Gezeiten.«

Hilde erinnerte sich, dass er bereits in Deutschland über Fieberanfälle geklagt hatte. »Malaria« hieß diese Tropenkrankheit, die sie bisher nicht sonderlich ernst genommen hatte. Lesley hatte ihr erzählt, er habe sich bei einem Militäreinsatz in Libyen durch Moskitostiche infiziert. In größeren Abständen war er seither immer wieder von Fieberattacken heimgesucht worden. Doch bisher waren diese Anfälle eher harmlos verlaufen. Ausgerechnet in der Hochzeitsnacht aber ging es ihm so schlecht wie nie zuvor. Er fröstelte und fantasierte im Halbschlaf. Glücklicherweise klang das Fieber gegen Morgen ab. Doch der Anfall warf einen Schatten auf die junge Ehe. Und fortan mussten beide immer damit rechnen, dass es zu neuen, noch schlimmeren Anfällen kommen könnte.

Wenige Tage nach der Hochzeit zog das Paar nach Southampton. Zuerst in eine Frühstückspension, zwei Wochen später in eine kleine Wohnung. Hilde hatte in der großen Hafenstadt, wo Lesley in der Autowerkstatt arbeitete, einen Job als Kellnerin in einem Café gefunden. Es lag in der East Bargate, einer Einkaufsstraße mit Trümmergrundstücken. Auf wunderbare Weise verschont geblieben von den deutschen Bombern war das alte Stadttor, das Bargate, das gleich um die Ecke lag. Dem altertümlichen Bogengang des Bargate verdankte das »Café Arcade« offenbar auch seinen Namen.

Zu den Stammgästen zählten Fußballspieler, die nach dem Training nicht nur Tee tranken. Noch raubeiniger gebärdeten sich die amerikanischen Marinesoldaten, die das Café besuchten. Ungeniert knallten die Männer ihre Stiefel auf den Tisch, waren laut und lustig und trieben ihre Späße mit dem Personal. Nachdem einer in seinem Übermut Hilde das Tablett aus der Hand geschlagen hatte, gab der Chef die Anweisung, die Marines künftig ohne Tablett zu bedienen. Doch die Amerikaner geizten nicht mit Trinkgeldern. Hartgeld ließen sie grundsätzlich liegen, egal wie viel es wert war. Die Kellnerinnen nutzten diese Angewohnheit aus, indem sie ihnen das Wechselgeld ausschließlich in Form von Münzen auszahlten.

Besonders Hilde profitierte von der Freigebigkeit der Amerikaner. Sie passte sich dem rauen Umgangston der Soldaten einfach an, schimpfte und lachte mit ihnen und erwarb sich so ihre Sympathie. Die Kerle in den feschen Uniformen gefielen ihr in ihrer Direktheit. Und die Marines, die alle vierzehn Tage im Hafen anlegten, bedachten sie mit kleinen Geschenken: »For the German waitress« (Für die deutsche Kellnerin) stand auf Päckchen mit Nylonstrümpfen oder Schinken, die sie ihr mitbrachten. Auch beim ohnehin schon üppigen Trinkgeld pflegten sie noch etwas für »die Deutsche« draufzulegen.

Hilde kam so zu einem stattlichen Verdienst. Und mit dem Einkommen stieg auch ihr Selbstbewusstsein. Gleich zu Beginn ihrer Ehe machte sie Lesley die Hölle heiß, wenn der schon am Sonntagmorgen mit den Kumpels in den Pub abtauchen wollte und ihr das Essenkochen überließ. »Wenn du dir einbildest, dass heute Abend das Dinner auf dem Tisch steht, wenn du besoffen nach Hause kommst, dann hast du dich getäuscht, mein Lieber«, wetterte sie. »Wenn du in die Kneipe gehst, dann gehe ich auch einen kippen.«

»Ach, Darling, sei doch nicht so streng mit mir«, flehte Lesley – fügte sich aber allmählich. Oft kam am Sonntag sein Sohn Nevil zu Besuch. Der Junge verstand sich auch mit Hilde gut. Zu dritt unternahmen sie Ausflüge ans Meer und zu den wilden Ponys und gaben sich dabei wie eine kleine Familie. Dennoch wünschte sich Lesley auch von Hilde ein Kind, und die zeigte sich diesem Wunsch nicht abgeneigt – jetzt, wo sie ordentlich verheiratet und damit zur britischen Staatsbürgerin geadelt worden war.

Tatsächlich wurde sie ein Jahr nach der Hochzeit schwanger. Doch während Lesley gleich eine Flasche Whiskey kaufte, um die frohe Kunde zu feiern, hielt sich Hildes Freude in Grenzen. »Ich weiß gar nicht, ob ich das schaffe, Lesley. Ich habe mich noch nie getraut, ein Baby auf den Arm zu nehmen. Und ehrlich gesagt, mir ekelt davor, so einem Schreihals die Kacke abzuwischen und die Windeln zu wechseln.«

»Alles wird sich fügen, Hilde. Du schaffst das schon.«

Doch es gab noch eine andere, eine dumpfe Angst, die sich in Hildes Tagträume schlich. Unwillkürlich musste sie in diesen Tagen an Paula denken, eine Frau, die mit ihr im gleichen Block in Ravensbrück gewesen war. Auch Paula hatte keine Freude an ihrer Schwangerschaft gehabt. Sie hatte viel geweint, als sich ihr

Bauch nach der Einlieferung immer mehr wölbte. Bis zum fünften Monat hatte sie die Leibesfrucht vor den Aufseherinnen verborgen gehalten.

»Ich will nicht, dass die mir mein Kind abtreiben«, hatte sie zu Hilde gesagt. »Das ist das Einzige, was mir von meinem Mann geblieben ist. Wahrscheinlich sehen wir uns nie wieder. Aber unser Kind, das soll mich immer an ihn erinnern.«

Doch als sie kurz vor der Entbindung stand, wurde sie von Panik ergriffen: »Die wollen mir das Kind wegnehmen, Hilde. Die werden es ermorden, diese Bestien, totmachen. Aber das lasse ich nicht zu, dann sollen sie mich selber umbringen. Warum soll ich dann noch leben?«

Die Befürchtungen sollten sich erfüllen. Wenige Tage nach der Entbindung kehrte die Frau allein in die Baracke zurück. Sie hatte den Verstand verloren, wiegte Kleiderbündel im Arm und schrie, wenn jemand versuchte, sie auf den Boden der Tatsachen zurückzuführen. Kurze Zeit später verschwand Paula.

Bei Hilde kam es nicht zur Entbindung. Schon nach drei Monaten verlor sie ihr Kind. Der Arzt erklärte die Frühgeburt mit der »Medizin« im KZ. Die fortgesetzte Unterdrückung der Menstruation hatte, so vermutete er, bewirkt, dass Hilde kein Kind mehr austragen konnte.

Nach außen hin gab sie sich gelassen. Innerlich aber machte ihr die Diagnose zu schaffen. Sie hatte wieder böse Träume. Sie ging wieder durch die Hölle.

»Nicht schlagen, nicht mehr schlagen, bitte, bitte aufhören«, schrie sie nachts im Bett. Und wenn Lesley sie zu besänftigen versuchte, funkelte sie ihn an wie einen Fremden und brüllte: »Lass mich in Ruhe, du Scheusal. Lass mich bloß in Ruhe, ich kann nicht mehr.«

Sprach Lesley sie am nächsten Morgen darauf an, konnte sich Hilde nicht mehr an ihren Alptraum erinnern – und war auch nicht bereit, sich in ein Gespräch darüber verwickeln zu lassen. »Das ist vergangen und vergessen, Schluss aus. Wir leben heute und nicht vorgestern.«

Doch so einfach ließen sich diese Bilder nicht verscheuchen. Auch Ereignisse, die sie nur vom Hörensagen kannte, nahmen in ihren Träumen düstere Gestalt an.

Sie wurde vor großem Publikum auf eine Bühne geführt. Und während die Leute sie aus leeren Augenhöhlen anglotzten, legte ein Mann mit Zylinder die Schlinge um ihren Hals. Dann wurde ihr erklärt, dass sich in Kürze die Falltür unter ihr öffnen werde. Vorher habe sie aber noch Gelegenheit, ihr Lieblingslied zu singen.

»Auf der Lüneburger Heide, in dem wunderschönen Land« – das war es, wofür sie sich entschied. Doch als sie das Lied anstimmen wollte, versagte ihre Stimme.

»Das Lied, das Lied«, brüllte das Publikum. »Singen, singen, singen.«

Aber es ging nicht. Sie glaubte zu spüren, wie schon jemand den Strick von hinten zusammenzog.

Weil sie im Bett aufsprang und röchelnd um Atem rang, rüttelte Lesley sie wach. Anfangs starrte sie ihn mit großen Augen an. Ihr war, als sei es ein Unbekannter, der da neben ihr im Bett saß.

Onkel Georg in Southampton

Doch Hilde ließ sich nicht unterkriegen von den Gespenstern der Vergangenheit. Sie kämpfte dagegen an. Wenn sie ihr schwarzes Kellnerinnenkleid mit der weißen Spitzenschürze und dem Häubchen trug, tänzelte sie so leichtfüßig durch die Welt, als sei sie von wirklichen Sorgen unbeschwert. Und mit dem Ertrag ihrer Arbeit konnte sie sich auch schon bald einen Traum erfüllen, der ihr über die Fehlgeburt hinweghalf.

An einem Sonntagmorgen im Januar 1956, fast genau fünf Jahre nach ihrer Ankunft in England, überraschte sie Lesley mit diesem Traum. Doch der war nicht nur überrascht, sondern wie vom Donner gerührt. Denn Hilde eröffnete ihm, dass sie die Absicht habe, ein Haus zu kaufen.

»Du willst ein Haus kaufen? Sag mal, bist du wahnsinnig? Wie sollen wir das bezahlen? Du weißt doch genau, was bei mir übrig bleibt, wenn ich den Unterhalt für Ann und Nevil gelöhnt habe.«

»Wer spricht denn von dir? Das lass mal meine Sorge sein, Schätzchen. Ich glaube, wir Deutschen verstehen besser mit Geld umzugehen als ihr englischen Torfköpfe.«

»Du bläst dich ja ganz schön auf, Darling. So viel verdienst du doch auch wieder nicht. Ich hoffe, du hast keine Bank überfallen.«

»Nicht nötig, die Männer geben uns das Geld auch so.«

»Was soll das denn heißen?«

»Du bist etwas begriffsstutzig, Liebling. Ich spreche von meinen Trinkgeldern.«

»Trinkgelder? Ich lach mich schlapp. Davon willst du ein ganzes Haus kaufen?«

»Wart's ab.«

Lesley verschlug es die Sprache, als Hilde ihm ihr Sparbuch präsentierte: Die stolze Summe von achttausend Pfund hatte sich darauf angesammelt. Kein Vermögen. Aber als Anzahlung für ein schon etwas älteres Reihenhaus in der Graham Road reichte es allemal.

Eine Nobelgegend war es natürlich nicht. Die Straße hatte schon bessere Tage gesehen. Von den stuckverzierten Tür- und Fensterbögen der schmalen Reihenhäuser blätterte die Farbe ab. Die niedrigen Steinmauern, die die schmalen, größtenteils betonierten Vorgärten begrenzten, waren verwittert und von Moos und Nässeflecken überzogen. Ein Krankenhaus beherrschte das Straßenbild, das Royal South Hants Hospital. Für Lesley lag es günstig. Er musste nur über die Straße gehen, wenn sich wieder ein Malariaanfall ankündigte und eine Spritze zur Linderung seiner Leiden nötig wurde. Doch das Krankenhaus machte nicht gerade den feinsten Eindruck.

Wegen der niedrigen Mieten hatten sich in dem Arbeiterviertel in den vergangenen Jahren viele Einwanderer von den Westindischen Inseln einquartiert, bronzefarbene oder noch dunkelhäutigere Leute aus Jamaika, Haiti oder Trinidad.

Die Spuren der deutschen Luftangriffe waren hier noch immer nicht beseitigt. Gleich nebenan lag ein Trümmergrundstück. Als hätte ein Riese mit seinem Schwert die Mauer zum Nachbarhaus durchtrennt und den ganzen Schutt beiseite geschoben, so sah es aus. Während sich die anderen Häuser eng aneinander schmiegten, stand die rechte Außenmauer von Hildes und Lesleys neuem Heim nackt und ungeschützt da.

Doch die schönen Türbogen und runden Erker zeugten von so viel altertümlicher, liebevoller Handwerkskunst, dass Hilde über die Zerstörungen hinwegsah und sich geborgen fühlte und vor allem: endlich zu Hause. Auch die Schreie der Möwen ließen ihr Herz höher schlagen. Sie kündeten von der Nähe des Meeres.

Und Hilde genoss es, das Haus nach ihrem eigenen Geschmack zu tapezieren und zu streichen. Wenn auch zum Kauf neuer Möbel nicht mehr viel Geld übrig blieb, so richtete die stolze Hausbesitzerin immerhin noch ein Fremdenzimmer ein, das vermietet werden konnte und zur Tilgung des Kredites beitrug. Lesley ließ ihr freie Hand. Natürlich wollte Hilde sich nicht in die Fenster gucken lassen. Anders als ihre englischen Nachbarn brachte sie daher nach deutscher Sitte Gardinen an. Damit erregte sie zwar anfangs einen gewissen Argwohn in der Straße, wurde aber wegen ihrer offenen Art schnell von den englischen Nachbarn akzeptiert und sogar zum Tee eingeladen.

Nachdem Hilde das Haus gekauft hatte, schaffte Lesley ein Auto an, einen gebrauchten Ford, den er günstig über seine Werkstatt erstand. Hilde beschloss, ihren Führerschein zu machen.

Der Weg zur Arbeit aber war so kurz, dass es sich nicht lohnte, mit dem Auto zu fahren – meistens ging sie zu Fuß, gelegentlich nahm sie das Rad.

Als sie an einem trüben Frühlingstag des Jahres 1958 zum Café Arcade radelte, sah sie an einer Bushaltestelle einen älteren Herrn in einem grauen Trenchcoat, der ihr irgendwie bekannt vorkam. Zuerst glaubte sie an eine Verwechslung. Aber als der Mann mit der gedrungenen Gestalt in ihre Richtung blickte, gab es für sie keinen Zweifel mehr: Es war Georg, genannt Schorse – Onkel Georg, der Tischlermeister aus Soltau, den Hilde als Kind immer besucht hatte, Georg Rosenbrook, der später SS-Mann geworden war und während des Krieges Häftlingstransporte nach Ravensbrück begleitet hatte. Von seiner Frau und den vier Kindern war er seit dem Ende des Krieges vergeblich gesucht und schließlich als »vermisst« gemeldet worden.

»Onkel Georg?«

Der Mann im Trenchcoat schrak zusammen, als er gewahr wurde, wer ihn da vom Fahrrad aus auf Deutsch ansprach.

»Hilde? Du? Das gibt's doch nicht.«

»Onkel Georg! Was machst du denn hier? Tante Ida hat dich überall gesucht.«

Schorse hatte es plötzlich sehr eilig. »Mein Bus ist gerade gekommen, Hilde. Tut mir Leid.«

Und dann wandte er sich noch einmal um und fügte fast mahnend hinzu: »Sag bloß nichts in Deutschland davon, dass du mich hier gesehen hast. Hast du gehört?«

Mit diesen Worten hastete er auf den Bus zu. Wie ein Flüchtender hielt er mit der einen Hand seinen Hut fest und machte mit der anderen dem Busfahrer ein Zeichen, die Tür zu öffnen.

Hilde war so verwirrt, dass sie noch eine ganze Weile, auf ihren Fahrradlenker gestützt, dem Bus nachstarrte. Erst als sie bemerkte, dass ein Straßenkehrer sie beobachtete, setzte sie ihren Weg fort.

Nicht einmal »Wiedersehen« hatte er gesagt. Dieses Miststück, durchfuhr es sie. Dieser Hund. Lässt Frau und Kinder sitzen und nistet sich hier in England ein. Sie grübelte hin und her, wie sie sich verhalten sollte. Ihre Großmutter hatte ihr geschrieben, Tante Ida sei krank. Wahrscheinlich würde es der den Rest geben, wenn sie hörte, dass ihr Schorse, um den sie so getrauert hatte, quicklebendig war und nichts mehr von ihr wissen wollte. Auch fragte sich Hilde, ob es ausgerechnet ihr zustand, sich in dieses Familiendrama einzumischen. Schließlich war sie selbst nicht ganz unschuldig daran, dass ein Mann seine Frau verlassen hatte. Außerdem überkam sie Angst. Dieses »Sag bloß nichts in Deutschland« hatte wie eine Drohung geklungen. So behielt sie die denkwürdige Begegnung für sich. Nicht einmal mit Lesley sprach sie darüber, und in manchen Momenten kam ihr das Ganze so unwirklich vor, als habe sie eine Halluzination gehabt.

Sie zog es ohnehin vor, in der Gegenwart zu leben. Sie unternahm Ausflüge mit Lesley und ihrem Dackel und balancierte weiterhin Teetassen und Suppenteller, Bitter, Brown Ale und Roastbeefplatten an lärmenden Kneipenbesuchern vorbei – allerdings nicht mehr im Café Arcade.

1960 wechselte sie ins vornehmere Café Cresta an der großen Durchgangsstraße Above Bar. Hilde war begeistert von der Einrichtung, den hellen, bunten Farben. Die Wände waren gelb gestrichen, mit zartrosa Wölkchen dekoriert und durch längliche, schmale Spiegel verziert, Türen und Fensterrahmen leuchteten minzgrün. Wandlampen mit beigefarbenen Stoffschirmen tauchten das Lokal in gedämpftes Licht. Die Kerzen und Blumenvasen auf den weißen Tischdecken gaben dem Interieur eine vornehme Note. Bedeutsamer als diese Eleganz und farbenfrohe Innengestaltung waren für Hilde aber die ungewöhnlichen Öffnungszeiten. Noch lange nach der Sperrstunde in den Pubs, noch bis ein Uhr nachts, gab es hier Fish 'n Chips oder Kidney Pie. So musste sie ihre Hauptarbeitszeit auf die Abendstunden verlagern. Dadurch bekam sie zwar noch etwas mehr Trinkgeld, aber auch von Anfang an heftiges Herzklopfen auf dem nächtlichen Heimweg durch den Stadtpark. Und dann geschah etwas, das sie in ihrer Angst bestärkte.

Zwei Wochen nach der mysteriösen Begegnung mit Onkel Georg hörte sie auf einmal Schritte hinter sich, als sie anderthalb Stunden nach Mitternacht den Park durchqueren wollte. Als sie sich umblickte, bemerkte sie jemand mit Hut und Trenchcoat hinter sich. Die Gestalt erinnerte sie an Schorse. Sie beschleunigte ihre Schritte, begann zu laufen. Als sie kurz den Kopf drehte, sah sie zu ihrem Entsetzen, dass der Mann ebenfalls lief – sie offenbar verfolgte. Wie von Sinnen rannte sie zwischen Büschen und Bäumen hindurch. Ein streunender Hund kläffte ihr wütend hinterher. Schließlich erreichte sie keuchend die Graham Road. Ein kalter Schauer überlief sie, als sie bereits den Haustürschlüssel aus der Tasche gezogen hatte und bemerkte, dass der Verfolger keine fünfzig Meter von ihr entfernt stand und sie anstarrte. Obwohl der Mann nur schwach vom Lichtkegel einer Straßenlaterne erhellt wurde, meinte sie seine Gesichtszüge zu erkennen: Onkel Georg. Er schien zu grinsen.

Der will mich zum Schweigen bringen, dachte sie, nachdem sie hastig die Tür geöffnet und wieder hinter sich verriegelt hatte. Der hat Angst, dass ich ihn verpfeife. Der hat es auf mich abgesehen. Jetzt, da er weiß, wo ich wohne, habe ich keine ruhige Minute mehr.

Nun vertraute sie sich Lesley an. Doch der lachte sie aus. »Das sind doch alles nur Einbildungen. Wo soll denn dieser Nazi-Onkel herkommen? Die Nacht hat tausend Ungeheuer. Gefährlicher sind die, die einem am helllichten Tag begegnen, glaub mir, Schatz.«

Doch Hilde ließ sich ihre Beobachtungen nicht ausreden. An den nächsten Abenden bat sie eine Kollegin, sie nach Hause zu begleiten. Doch das war natürlich keine Dauerlösung. Und so machte sie sich bald wieder allein auf den Heimweg. Entgegen ihrer Gewohnheit fuhr sie mit dem Rad ins Café. Sie war oft schweißnass, wenn sie nach der Hetztour durch den dunklen Park endlich die Haustür hinter sich schließen konnte.

Der Mann zeigte sich nicht wieder. Hilde aber hatte immer das Gefühl, dass er nur auf eine Gelegenheit warte, um sich aus irgendeinem düsteren Hinterhalt auf sie zu stürzen. Er kannte ja ihre Adresse, konnte sich Zeit lassen. Bald schon sehnte sie sich danach, umzuziehen – in eine helle Straße mit einer Bushaltestelle direkt vor der Haustür. Nein, in der Graham Street war es ihr nicht mehr geheuer.

Und es behagte ihr auch nicht, dass in der Straße immer mehr Schwarze und Inder Einzug hielten. Vor allem aber ging ihr das Sirenengeheul der Rettungswagen auf die Nerven, die Tag und Nacht das große Krankenhaus ansteuerten, das gleich gegenüber Notfallpatienten aufnahm.

So hielt sie Ausschau nach einem anderen Haus – und fand schließlich eines in einer Vorortsiedlung am Forest Hills Drive. Das lag auf einem Hügel bei einem Park, der viel schöner war als die unheimliche Grünanlage im Stadtzentrum. Man musste nur wenige Schritte laufen, um zum River Itchen zu kommen. Der Stadtfluss sprudelte hier viel gemächlicher als in der Nähe der Graham Road. Schon vom Haus aus sah man die Schwäne auf einem Altarm des Itchen ihre Kreise ziehen. Und im Sommer konnte man auf der Wiese liegen, die nur wenige Schritte entfernt auf der anderen Straßenseite grünte und duftete.

Hier, in diesem großzügig geschnittenen Reihenhausneubau mit Zentralheizung und Badezimmer, überwand Hilde ihre Ängste. Der verwandelte SS-Mann schien ihre Fährte verloren zu haben. Nur im Traum verfolgte Schorse sie hin und wieder noch. Dann kam es vor, dass sie im Schlaf aufschrie und von Lesley beruhigt werden musste.

»Keine Angst, Darling. Niemand tut dir hier was.«

Und Hilde seufzte nur kurz auf und schlief besänftigt weiter. Das neue Haus in der hell erleuchteten Straße umschloss sie nun wie eine Festung. Und nach einiger Zeit schien es ihr, als habe sie die Begegnung mit Onkel Georg nur geträumt.

Dagegen bereiteten ihr Lesleys Malariaanfälle immer größere Sorgen. Mindestens alle sechs Monate mussten sie mit einer dieser Fieberattacken rechnen. Und sie wurden immer schlimmer.

Umso mehr nutzten die beiden die gemeinsame freie Zeit zwischendurch. Sie spazierten zum Ocean Terminal, um die großen Schiffe zu bestaunen, sie fuhren zum Strand, machten mit Carlieboy Picknick im Wald.

Und schließlich entschlossen sie sich auch, den Kanal zu überqueren. Zehn Jahre war Hilde ihrem Vorsatz treu geblieben, keinen Fuß mehr auf deutschen Boden zu setzen. Doch ob sie es sich eingestand oder nicht: Ihre Sehnsucht war immer größer geworden. Und dann kam an einem schönen Junitag dieser Brief aus Jarlingen. »Wenn Du mich noch mal sehen willst, dann musst Du bald kommen«, schrieb Hildes Großmutter. »Ich komm kaum mehr hoch. Ich muss immer weinen, wenn ich daran denke, dass Du so weit weg bist.«

Der Brief versetzte Hilde in Unruhe. Ihren Großvater hatten sie schon in ihrer Abwesenheit unter die Erde gebracht. Auf keinen Fall wollte sie so auch noch ihre Großmutter verlieren. Damit stand für sie fest: Sie musste schon bald nach Deutschland reisen. Der Urlaub war noch nicht verplant. Und da auch Lesley keine Einwände erhob, wurden zwei Wochen nach Ankunft der Schreckensnachricht die Koffer gepackt.

Zum Glück erwies sich die Krankheit der alten Frau Meyerhoff als nicht so ernst, wie Hilde nach dem Brief befürchtet hatte – nur eine Sommergrippe, die schon fast wieder verflogen war, als der Besuch aus England in Jarlingen eintraf. Doch als Hilde unversehens mit Lesley und ihrem Dackel in der Tür stand, war ihre Großmutter so verdutzt, dass sie sich stöhnend ans Herz fasste.

»Oh, Hilde, bist du das?«, rief sie. »Ich glaub, das überstehe ich nicht.«

Doch die Bauersfrau verkraftete die Aufregung ohne Mühe. Selig, ihre Enkelin wieder bei sich zu haben, redete und redete sie – es gab so viel, was sie Hilde erzählen wollte. Und sehr schnell wurde sie auch mit Lesley vertraut, der sich bemühte, sein Englisch ins Plattdeutsche abzuwandeln.

Erhobenen Hauptes spazierte Hilde mit Carlieboy und ihrem englischen Ehemann durchs Dorf. Mochten die Leute ruhig große Augen machen. Sie hatte keinen Grund mehr, in Sack und

Asche zu gehen. O nein, sie war jetzt eine feine Dame mit roten Fingernägeln und edelsteinbesetzten Ohrringen. Dass sie gelegentlich »Good Morning« statt »Guten Morgen« sagte und auch sonst manch englische Wendung und Vokabel in ihre Sätze flocht, erhöhte nur den Anschein von Weltläufigkeit.

Besonders stolz war sie, als sie ein Jahr später bei ihrem nächsten Deutschlandbesuch ihren nagelneuen roten VW-Käfer wie auf einer Triumphfahrt durch Jarlingen steuerte. So konnte jeder sehen, dass sie erreicht hatte, wonach in der Heide mancher vergeblich strebte.

Hilde und Lesley nutzten diese Reise auch, um das Volkswagenwerk in Wolfsburg zu besuchen – sie waren zu der Werksbesichtigung beim Autokauf eingeladen worden. Und Lesley zeigte als Mann vom Fach großes Interesse daran, die Säulenhalle des deutschen Wirtschaftswunders in Augenschein zu nehmen.

In England wurde der Käfer für Hilde zu einer Art Schutzpanzer. Der Volkswagen verkörperte ein Stück Heimat in der Fremde. Denn wenn sie auch nun die britische Staatsbürgerschaft besaß – je länger sie auf der Insel lebte, desto mehr fühlte sie sich als Deutsche.

Das Commonwealth zerbröselte, und Königin Elisabeth musste eine Kolonie nach der anderen in die Unabhängigkeit entlassen. John F. Kennedy wurde ermordet, und die Amerikaner bombardierten Vietnam. Konrad Adenauer verankerte die Bundesrepublik in Nato und EWG, und die Mauer zwischen Ost- und Westdeutschland wurde unüberwindlich. Die Beatles eroberten die Welt, und die Engländer gewannen die Fußballweltmeisterschaft. Und die Russen und Amerikaner wetteiferten um die Vorherrschaft auf der Erde und im Weltall und scheuten keine Kosten, um Mond, Mars und Sterne zu erkunden.

Doch Hilde blieb auf dem Boden der englischen Tatsachen. Sie band sich weiter ihre weiße Schürze um und servierte Tee und Truthahnbraten in wechselnden Lokalen. Nevil, ihr Stiefsohn, war mittlerweile ein junger Mann geworden und als Automechanikerlehrling in die Fußstapfen seines Vaters getreten. Und Lesley Heart achtete zwar noch darauf, dass sich sein Sprössling die Fingernägel reinigte, wurde aber mehr und mehr niedergedrückt von seiner Krankheit. Die Malariaanfälle wurden so heftig, dass er das Bewusstsein dabei verlor. Es kam vor, dass er wie von Sinnen auf Hilde einschlug und sie würgte, wenn das Fieber ihn packte und seine Frau ihn zu bändigen versuchte.

In einer Herbstnacht im Jahre 1967 alarmierte Hilde, als sie von der Arbeit nach Hause kam, beim Öffnen der Haustür ein starker Gasgeruch. »Lesley«, schrie sie durchs ganze Haus. »Mein Gott, Les.« Sie fand ihren Mann im Bett. Die Augen waren geschlossen, aber er atmete – eine Schnapsfahne wehte aus seinem Mund. Am Bettpfosten entdeckte Hilde eine halb leere Whiskyflasche.

»Wach auf, Les, verdammt«, schrie sie, während sie ihn rüttelte. »Wach auf, ich will nicht, dass du hier erstickst.«

Er blinzelte sie aus flackernden Augen an und lallte: »Warum lässt du mich denn nicht schlafen, Darling? Schlafen und nie mehr aufwachen. Was soll das alles noch? Wenn der Motor erst im Arsch ist, ist das ganze Auto Schrott.«

»So darfst du nicht reden, Lesley. Ich liebe dich doch, und ich will nicht, dass du mich allein lässt. Glaub mir, ich war dem Tod auch schon näher als dem Leben, und ich habe es geschafft. Bei dir wird es auch wieder aufwärts gehen, Les.«

Und dann riss Hilde ihren Mann mit aller Macht aus dem Bett, stellte ihn auf die Beine und schleifte ihn aus dem Haus. An der frischen Herbstluft merkte sie, dass auch ihr schwummrig geworden war. Erst jetzt fiel ihr ein, dass sie den Gashahn abdrehen und alle Fenster öffnen musste.

Lesley kam allmählich wieder zu sich. Hilde zog ihm einen Mantel über und setzte sich neben ihn auf die Treppenstufen.

»Wir werden es schon schaffen, wenn wir zusammenhalten«, redete sie auf ihn ein. »Wir müssen weg von hier, weg aus diesem ewigen Nebel und Nieselregen, Les. Lass uns nach Deutschland ziehen. Da regnet es nicht so viel.«

In der Tat hatten die Ärzte den Malariapatienten schon seit längerer Zeit darauf hingewiesen, dass die feuchte Luft seiner Gesundheit abträglich sei. Klimaveränderung biete zumindest die Chance, die Leiden zu mildern. Und in der Lüneburger Heide war die Luft doch auf jeden Fall trockener als an der englischen Südküste.

Es galt aber nicht nur, Lesley zu überreden. Hilde musste auch ihre eigenen Zweifel niederkämpfen. Sie hatte doch allen verkündet, dass sie nicht nach Deutschland zurückkehren werde. Nie mehr. Doch sie wollte ja nicht in ihr Dorf zurück, und die Zeiten hatten sich auch geändert. Sie war nicht mehr die kleine Hilde, die sich ängstlich in der Ecke verkroch. Sie hatte etwas gesehen von der Welt. Und vor allem wollte sie ihrer Großmutter wieder näher sein. Wer wusste denn, wie lange es die alte Frau, schon Ende achtzig, noch machte.

Lesley auf ihre Seite zu ziehen fiel ihr nicht schwer. Schon die vage Aussicht auf Linderung überzeugte ihn von dem Umzugsplan. Auch seine Angst, in Deutschland keinen Arbeitsplatz zu finden, konnte Hilde zerstreuen. Ihre Schwester vermittelte ihm einen Job bei der britischen Rheinarmee im Lager Oerbke bei Fallingbostel. Als Kraftfahrzeugmechaniker konnte er dort in der Instandsetzungskompanie Jeeps und Panzer warten. Und auch eine Wohnung wurde schon von England aus gemietet. Hilde entschied sich für Walsrode, eine Kleinstadt, in der es sicher nicht so eng wie auf dem Dorf sein würde. Und es war schließlich auch der Ort, in dem sie ihre ersten sechs Lebensjahre mit ihrer Mutter verbracht hatte. Mama, ich komm zurück, sagte sie im Stillen. Dann kann ich dich auch wieder auf dem Friedhof besuchen.

So wurde das hübsche Haus am Forest Hills Drive verkauft, noch bevor es ganz abbezahlt war, und die Heimkehr in die Wege geleitet. Das erwies sich als recht kompliziert. Hilde hatte alle Papiere, die sie an Deutschland erinnerten, in den ersten England-Jahren zerrissen. So konnte sie nicht einmal mehr eine Geburtsurkunde vorlegen. Um den drohenden Scherereien aus dem Weg zu gehen, verzichtete sie am Ende auf eine Wiedereinbürgerung und beließ es bei ihrer britischen Staatszugehörigkeit. Immerhin konnte Lesley einen Arbeitsplatz bei der Rheinarmee vorweisen, so dass dem Wohnortwechsel keine größeren bürokratischen Hürden entgegenstanden.

Im November 1968 packten Mr. und Mrs. Heart schließlich ihre Koffer und brachen auf nach Dover, um den Kanal zu überqueren. Es war ein nasskalter Tag. Hilde hatte sich mit Schal und Wollmütze vermummt, als sie mit Lesley aufs Deck trat, um zu verfolgen, wie das Schiff den Hafen verließ und die Docks immer kleiner wurden. Und wie bei der ersten Überfahrt in umgekehrter Richtung wurde Hilde auch diesmal wieder von einer furchtbaren Seekrankeit heimgesucht – so gnadenlos, dass sie mit leerem Magen das europäische Festland erreichte.

Zurück in der Heimat

Spinnweben glitzerten in der Novembersonne. Raureif überzog das Gras. Das gefrorene Laub knisterte unter ihren Tritten, während Hilde auf das kleine Fachwerkhaus mit dem qualmenden Schornstein zuging. Tiny trippelte neben ihr her, die Dackelhündin, die vor einem Jahr die Nachfolge von Carlieboy übernommen hatte. Trotz dieser Gesellschaft fühlte sich Hilde einsam. In ihrem bordeauxroten Wintermantel mit dem Kaninchenfellbesatz und den schwarzen Stiefeln, mit ihrem Hütchen und den Wildlederhandschuhen hätte sie auch in London eine gute Figur gemacht. Dennoch kam sie sich wie eine Verliererin vor.

Wieder hatte sie den Abstecher bei ihrer Großmutter in Jarlingen nicht angekündigt. Doch anders als bei ihren ersten Deutschlandbesuchen wollte sie diesmal für immer bleiben.

Die Vorfreude auf das Wiedersehen war verflogen. Eine unsichtbare Last schien sie niederzudrücken, ihre Gelenke schmerzten wie bei einer heraufziehenden Grippe. Ein bisschen wie damals, als sie mit noch bangeren Gefühlen und verfilztem Mantel angekommen war aus dem Lager.

Doch mit dieser Rückkehr verband sie nicht mehr als ein dumpfes Gefühl in der Magengegend. Jetzt beherrschte die Scham des Scheiterns ihre Gedanken. Das Geld für das verkaufte Haus in Southampton war noch nicht verfügbar, der Kredit längst nicht abbezahlt. Sie kam mit einem Sack voll Schulden, einem kranken Mann und wenig rosigen Aussichten; gestrandet mit ihrem Plan, ein neues Leben in der Ferne zu führen. Ein Job am Obst- und Gemüsestand eines Supermarkts – damit musste sie sich künftig ihren Lebensunterhalt verdienen. Etwas anderes hatte sie auf die Schnelle nicht gefunden. Oh, wie sie feixen und höhnen würden, die alten Bekannten, wenn sie sie dort zwischen Gurken und Zwiebeln entdeckten! Wer zuletzt lacht, lacht am besten? Von wegen.

Hilde ließ ihren Blick über die Häuser auf der anderen Straßenseite schweifen. Ob sie mich schon gesehen haben? Doch hinter den Gardinen regte sich nichts. Das Dorf wirkte wie ausgestorben. Krähen krächzten. In der Ferne tuckerte ein Trecker. Der Wind wehte den Geruch von aufgewühlter Erde von den Feldern herüber.

Wenn wenigstens Lesley bei ihr gewesen wäre! Der hatte es vorgezogen, das Schlafzimmer zu tapezieren. Es war ja auch so viel zu tun in der neuen Wohnung. Da die bestellten Möbel noch nicht geliefert worden waren, mussten die Heimkehrer einstweilen auf Matratzen schlafen. Wie die Landstreicher, dachte Hilde. Dabei haben wir es in Southampton so gut gehabt.

Tiny riss sie aus ihren Grübeleien. Die Hündin kläffte, hüpfte auf und ab, zerrte an ihrer Leine. Sie hatte hinter einem Maschendrahtzaun Hühner bemerkt. Die Hennen gackerten aufgeregt und stoben auseinander, während der Jagdinstinkt in Tiny erwachte. Hilde zog sie zu sich heran und nahm sie auf den Arm. Sie streichelte sie, redete zärtlich auf sie ein: »Ruhig, Tiny, ruhig, du darfst doch die armen Hühner nicht so erschrecken.«

In diesem Moment öffnete sich die Haustür. Eine Greisin in Kittelschürze blinzelte in die Novembersonne.

»Oma, hallo, Oma«, rief Hilde der Frau zu – unsicher, aber froh, dass ihr der bange Moment des Klopfens erspart geblieben war.

Doch die alte Frau mit dem Krückstock antwortete nicht. Verwirrt starrte sie die Besucherin in dem roten Mantel an, die nun mit flinken Schritten auf sie zugestürmt kam.

»Oma, kennst du mich nicht mehr? Was ist denn los?«

Die Greisin starrte sie immer noch an wie eine Fremde.

Dann aber setzte Hilde ihren Dackel ab und umarmte ihre Großmutter.

Die seufzte zuerst nur tief und schüttelte den Kopf. Endlich löste sie sich aus ihrer Erstarrung. »Hilde! Kind, wo kommst du her?« Entgeisterung drückte sich in der Frage aus. »Ich hab dich gar nicht erkannt im ersten Moment«, stammelte sie mit tränenerstickter Stimme. »Aber komm doch rein. Ich bin gerade beim Rosenkohlpulen, du kennst das ja.«

Rosenkohl. Eine Bild durchschauerte Hilde. Die Erinnerung ließ sie frösteln. Wie damals, schoss es ihr durch den Kopf – wie damals, als mich dieser Polizist abgeholt hat. Der Blick auf den Rosenkohl in der Küche bereitete ihr fast Übelkeit. Schon dieser Geruch!

»Denn lass uns man erst mal einen Kaffee trinken«, schlug Emmy Meyerhoff vor. Hilde war zwar mehr an Tee gewöhnt, erhob aber keine Einwände. Doch um dem Kohlgeruch zu entkommen, trug sie die Kaffeetassen gleich in die Stube.

»Diesmal müsst ihr aber 'n bisschen länger bleiben«, sagte die alte Frau.

»Diesmal bleiben wir für immer«, antwortete Hilde.

»Für immer?«

»Ach, Oma, das ist eine traurige Geschichte.«

Weit kam Hilde jedoch nicht damit, die Geschichte zu erzählen. Schon als sie auf Lesleys Malariaanfälle zu sprechen kam, klagte ihre Großmutter über ihr Herzleiden und die Atemlosigkeit, die ebenso anfallsartig über sie komme. Und ehe Hilde fortfahren konnte, ging die alte Bauersfrau zu den Neuigkeiten aus dem Dorf über.

Hilde gab es schnell auf, die Gründe für ihren Entschluss zu erklären. Zuerst kränkte sie das Desinteresse noch, aber dann kam es ihr ganz gelegen, auf diese Weise abgelenkt zu werden. Sie horchte auf, als ihre Großmutter erzählte, dass die Mühlen-Familie nun vollständig ausgestorben war. Knapp zwei Jahre nach dem Tod ihres Mannes Ernst hatte nun auch Emmy Dröse das Zeitliche gesegnet, die Mutter von Ernst und Walter, Hildes Gefährten aus Kinder- und Jugendtagen, die beide im Krieg gefallen waren.

»Darüber ist sie nie weggekommen«, sagte Emmy Meyerhoff. »Und als dann letztes Jahr auch noch ihr Ernst eingeschlafen ist, da hat sie allen Lebensmut verloren. Und jetzt ist die Familie ausgelöscht, als hätte es sie nie gegeben.«

Hilde musste daran denken, welch tonangebende Rolle die Bewohner der Mühle einst im Dorf gespielt hatten. Ernst Dröse war in der Hitlerzeit Bürgermeister gewesen, seine Frau Emmy führend in der Frauenschaft der Partei.

Auch Hildes Schicksal hatten sie ja maßgeblich beeinflusst. Wie anders ihr Leben wohl verlaufen wäre, wenn diese Emmy Dröse sie damals nicht angezeigt hätte? War das nun die Strafe dafür? Ausgleichende Gerechtigkeit? Hilde wehrte den Gedanken ab, bremste ein aufkeimendes Triumphgefühl. Doch es erleichterte sie, dass sie nun die Begegnung mit der mutmaßlichen Denunziantin nicht mehr fürchten musste. Auch dieser Bahnhofsvorsteher Beinhorn würde ihr nicht mehr über den Weg laufen. Der alte Nazi war in das »Walhalla der Kampftoten« eingefahren, wie die germanischen Möchtegernhelden einst ihr Jenseits genannt hatten. Hilde atmete tief durch. Ihr schien es, als sei die Luft reiner geworden in Jarlingen, als könne sie jetzt unbeschwerter durchs Dorf gehen.

Gesprochen wurde jedoch nicht mehr über die alten Zeiten. Ihre Großmutter hatte ihr ja nach dem Krieg unmissverständlich zu verstehen gegeben, wie auch sie unter der »Schande« gelitten habe. Bloß nicht aufrühren, die ollen Kamellen.

Schneller als erwartet lebte Hilde sich wieder ein in der Heide. So groß waren die Unterschiede gar nicht. Im Radio spielten sie fast die gleiche Musik wie in England. Auch wenn sie nicht gemeinsam mit Lesley den britischen Soldatensender BFBS hörte, liefen die Hits von Cliff Richard und Tom Jones, der Beatles und Bee Gees. »Now I've found that the world is round« oder »Hey Jude, don't make it bad, take a sad song and make it better«.

Und auch im Fernsehen zeigten sie Serien, die Hilde schon von England her kannte. Es klang zuerst ganz und gar ungewohnt für sie, als zum Beispiel die »bezaubernde Jeannie« mit einer fremden Stimme Deutsch redete. Besonders unpassend erschien ihr dies anfangs bei John Steed und Emma Peel aus »Mit Schirm, Charme und Melone«. Die waren doch britisch vom Scheitel bis zur Sohle. Doch schon bald konnte sich Hilde gar nicht mehr an die englischen Stimmen der beiden Detektive erinnern. Und so ging es ihr auch mit anderen Dingen. Nur ihrem englischen Tee blieb sie treu.

Die Walsroder Wohnung in der Schubertstraße hielt natürlich keinem Vergleich mit dem schönen Haus in Southampton stand. Doch sie bereute es nicht, zurück im eigenen Land zu sein. Auch an ihrem Obst- und Gemüsestand im Walsroder Supermarkt Plus fühlte sie sich bald recht wohl in ihrem weißen Kittel. Sie tauschte Neuigkeiten und freundliche Worte mit den Stammkunden aus, die zumeist den einkommensschwächeren Schichten angehörten und nach Sonderangeboten Ausschau hielten. Sie überließ alten Leuten schwarzfleckige Bananen oder angeschrumpelte Äpfel zu einem geringen Preis und steckte Kindern hin und wieder eine Mandarine zu, wenn der Filialleiter nicht guckte. Da jeden Abend das angefaulte Obst aussortiert werden musste, kam sie immer mit Äpfeln, Birnen oder Apfelsinen nach Hause. Denn wen kümmerte es schon, ob die »unverkäufliche Ware« im Abfallcontainer oder in ihrer Tasche landete? Auch ihre Großmutter versorgte sie auf diese Weise mit Obst – ebenso ihre Schwester, die mittlerweile einen Bauern geheiratet hatte.

Dass sie vor kurzem noch in Southampton englischen Gästen Pasteten und Ploughman's Lunch serviert hatte, kam ihr Tag für Tag unwirklicher vor. Hatte sie anfangs manchmal noch in Gedanken »Bananas« statt »Bananen« gesagt, so ging ihr nach einem Vierteljahr das Heidehochdeutsch wieder so selbstverständlich über die Lippen, als sei sie nie fort gewesen.

Schwer fiel es ihr jedoch, die passenden Worte zu finden, als an einem milden Februartag diese Frau mit dem dunkelgrünen Hut zu ihr in die Gemüseabteilung kam. Hilde packte gerade eine neue Blumenkohllieferung aus, als sie die Frau bemerkte. Fast alles an ihr war schwarz: der Wintermantel, die kurzen Stiefel, die Haare, das Brillengestell. Nur der Hut hob sich ab von dem Traueraufzug. Noch während sie ihr den Rücken zuwandte, hatte sie den durchdringenden Blick dieser Kundin gespürt. Keine Frage, sie war der Frau schon mal irgendwo begegnet. Aber wo?

Als sie ihren Blick erwiderte, verstärkte sich der Eindruck einer weit zurückliegenden Bekanntschaft. Zum Glück machte die Frau den Anfang. »Ich glaube, wir kennen uns«, sagte sie unvermittelt, nachdem sie sich prüfend einen Blumenkohlkopf aus dem Karton genommen und in den Händen gewogen hatte.

»Ja«, antwortete Hilde. »Das kommt mir auch so vor.«

»Ravensbrück«, erwiderte die Frau. »Ich glaube, wir haben uns in Ravensbrück getroffen.«

»Ravensbrück?« Einen Moment brauchte Hilde noch, dann fiel es ihr ein. »Ja natürlich.« Die braunen Augen, jetzt hinter einer Brille. Das Muttermal auf der linken Stirnseite. Trotz der vielen Falten im Gesicht der Frau und der fülligen Figur wusste Hilde auf einmal, wer da vor ihr stand.

»Rosi? Rosi Schneeberger?«

»Hilde?«

Die Frau mit dem grünen Hut ging auf die Ladenhilfe im hellblauen Kittel zu, die mindestens einen Kopf kleiner war als sie selbst, und umarmte sie. Überwältigt von dem unverhofften Wiedersehen, stand Hilde stumm und erstarrt da. Sie erinnerte sich, dass Rosis Haare einst blond gewesen waren. Wahrscheinlich hat sie sie schwarz gefärbt, weil sie grau geworden sind, dachte sie.

»Dass wir uns hier in diesem prall gefüllten Laden wiedertreffen«, begann die Leidensgefährtin von einst. »Was hätten wir damals darum gegeben, wenn wir eine von diesen braunen Bananen gekriegt hätten!«

Hilde nickte lächelnd.

»Und jetzt wird das Obst gleich weggeschmissen, wenn es 'n bisschen angegammelt ist.« Rosi musterte Hilde, indem sie ihren Blick von oben nach unten und wieder von unten nach oben gleiten ließ. »Du musst neu sein hier, sonst hätte ich dich doch schon früher gesehen.«

»Stimmt, ich bin erst ein paar Wochen hier bei Plus. Vorher war ich in England.«

Hilde erinnerte sich, dass diese Rosi einen schwarzen Winkel getragen hatte – das Zeichen der »Asozialen«, der »Gemeinschaftsunfähigen«, wie sie damals genannt wurden, der »Arbeitsscheuen«. Doch Rosi hatte gearbeitet, wenn man das so nennen konnte: Sie war auf den Strich gegangen. Ja, Rosi war als Dirne ins Lager gekommen.

»In England?«, hakte die Frau nach, die mit ihrem blassen Gesicht und dem schwarzen Wintermantel gar nichts mehr von einer Hure hatte. »Was hast du denn in England gemacht?«

»Da bin ich verheiratet gewesen.« Hilde wurde es unbehaglich zumute. Sie hatte das Gefühl, von der Kollegin an der Kasse angestarrt zu werden. Auch von Kunden fühlte sie sich beobachtet. Nach weiteren Erklärungen stand ihr nicht der Sinn. Sie musste sich eingestehen: Die Begegnung war ihr unangenehm, schlicht peinlich.

Rosi Schneeberger aber fuhr unbekümmert fort, ihrer Wiedersehensfreude Ausdruck zu verleihen. »England, das klingt ja sehr interessant. Nach England möchte ich auch gern mal. Ich bin hier leider in Walsrode hängen geblieben nach dem Krieg.«

Hilde schwieg.

»Ich musste ja wieder ins Lager zurück damals, weil ich durchgedreht bin in Buchenwald, da in diesem Dirnenblock, na, du weißt schon. Nach dem Krieg hab ich noch lange Zeit im Krankenhaus gelegen. Schlimm. Man war ja mehr tot als lebendig damals. Und dann hab ich hier in der Nachkriegszeit in Fallingbostel bei den Tommys gearbeitet. Dabei habe ich auch meinen Mann kennen gelernt, meinen Otto. Und wie es so geht ...«

Hilde blickte immer unruhiger um sich.

»Ja, wie es so geht«, fuhr Rosi in höherer Tonlage fort. »Wir haben geheiratet, und dann bin ich bei ihm eingezogen, er hatte einen kleinen Hof, hat aber schon bald 'ne Stelle bei Wolff & Co. in der Kunstdarmherstellung gekriegt. Als ich bei ihm ins Haus gekommen bin, haben seine Eltern noch gelebt. Das hat ständig Ärger gegeben. Seine Mutter war ein Biest und sein Vater ein alter Knauser. Als die in die Kiste gehüpft sind, hab ich drei Kreuze geschlagen.«

Sie schwieg einen Moment lang.

»Aber dann ist es rausgekommen, was ich früher gemacht habe. Da war es aus, da hat Otto mit dem Trinken angefangen und sich am Ende totgesoffen. Kurz vor Weihnachten haben wir ihn beerdigt. Und jetzt bin ich ganz allein.«

Hilde nickte, blieb aber stumm, teilnahmsvoll und gleichzeitig abwehrend.

»Aber ich will dich nicht länger von der Arbeit abhalten«, sagte Rosi, die nun wohl auch Hildes Zurückhaltung bemerkte. »Ich glaub, ich bin nicht mehr recht bei Trost, dir hier zwischen Tür und Angel mein ganzes Leben auf den Buckel zu binden. Aber ich hab mich einfach so gefreut, dass ich endlich mal jemanden getroffen habe, mit dem ich reden kann.« Als Hilde immer noch nicht antwortete, nahm sie selbst den Gesprächsfaden wieder auf. »Wir müssen uns unbedingt bald mal treffen. Du kannst ja mal zum Kaffee kommen.«

»Ja, das will ich auch irgendwann machen«, antwortete Hilde – froh, dass die Begegnung dem Ende zuging. »Aber im Moment ist das nicht so einfach. Mein Mann ist nämlich krank. Da komme ich gar nicht mehr weg nach Feierabend.«

»Hat ja auch Zeit«, erwiderte Rosi. »Wo wir uns zwanzig Jahre nicht gesehen haben, müssen wir ja jetzt nichts übers Knie brechen. Ich geb dir mal meine Telefonnummer.«

Sie zog einen zerknitterten Einkaufszettel aus der Tasche und kritzelte Nummer und Anschrift darauf.

Hilde hatte sich unterdessen schon wieder ihrer Blumenkohlkiste zugewandt.

»Du musst dich aber auch wirklich melden, Hilde«, ermahnte Rosi sie, als sie ihr den Zettel übergab. »Ich bin jeden Abend zu Hause. Man hat ja hier doch keinen mehr, zu dem man gehen kann.«

»Ich melde mich, Rosi, bestimmt«, murmelte Hilde schon sichtlich ungeduldig, während sie den Zettel in ihre Kitteltasche stopfte. »Aber jetzt muss ich wirklich weitermachen, sonst kriege ich Ärger mit dem Chef.«

Hastig verabschiedete sich Rosi. Hilde bemerkte, dass sie ein Bein nachzog, als sie den Laden verließ.

Sie erinnerte sich, dass sie diese Rosi im Lager ganz gern gemocht hatte. Doch was sollte sie nun mit ihr anfangen? Was würden die Leute sagen, wenn sie sich mit einer ehemaligen Prostituierten abgab? Nein, sie würde sich mit dem Rückruf nicht beeilen. Wohlweislich hatte sie ihre eigene Telefonnummer erst gar nicht genannt. Aber sie musste damit rechnen, dass Rosi immer mal wieder in den Laden kam. Schöne Aussichten! Nein, Hilde spürte kein Verlangen, die Bekanntschaft aus der dunkelsten Zeit ihres Lebens aufzufrischen.

Schließlich hatte sie auch genug mit Lesley zu tun. Die Hoffnungen, die sie mit der Luftveränderung verbunden hatten, erfüllten sich nicht. Kollegen ihres Mannes ließen bei geselligen Abenden im britischen »Dorf« durchblicken, dass Lesley auch während der Arbeitszeit seine »Touren« kriege. Vor allem der Umgang mit kaltem Wasser erhöhte offenbar das Anfallrisiko. Und da jeden Tag schlammverkrustete Jeeps oder Panzer abgespritzt werden mussten, drohte dem Zivilangestellten ständig die Gefahr einer Fieberattacke.

Lesley selbst sprach kaum darüber. Doch Hilde bedurfte der geflüsterten Mahnungen der Arbeitskollegen nicht, um den Ernst der Lage zu erkennen. Die Anfälle suchten Lesley auch in den eigenen vier Wänden heim. Leider ließ die ärztliche Versorgung zu wünschen übrig. War Lesley in Southampton bei einem Klinikfacharzt für Tropenkrankheiten in Behandlung gewesen, so fand sich in Walsrode nur ein Allgemeinmediziner mit oberflächlicher Zusatzausbildung. Und dieser Doktor Froschmann zeigte größeres Interesse an dem schottischen Whisky, den Lesley ihm aus dem »Camp« mitbrachte, als an den Anfällen des Patienten.

»Das kriegen wir schon wieder hin, Herr General«, lautete die Standardermutigung des betagten Arztes. Doch die neuen Tabletten, die der Mann mit dem stets geröteten Gesicht und den derben Scherzen verschrieb, verhinderten nicht, dass die Anfälle noch häufiger und heftiger auftraten. Hilde graute es jedes Mal, wenn Lesley zu zittern begann. Dann dauerte es nicht mehr lange, bis er das Bewusstsein verlor. In solchen Fällen musste sie ihn festhalten und in den Sessel drücken, damit er sich nicht das Gesicht zerkratzte oder die Wohnungseinrichtung zertrümmerte. Schaum trat ihm aus dem Mund, wenn er sie mit irrem Blick anstarrte und besinnungslos nach ihr schlug, um sich aus der Umklammerung zu befreien. Erwachte er nach solchen Attacken, konnte er sich an nichts erinnern.

Hilde war froh, wenn sie sich tagsüber an ihrem Obst- und Gemüsestand ein wenig von diesem Trauerspiel ablenken konnte. Doch wie befürchtet, tauchte Rosi Schneeberger schon zwei Wochen nach der ersten Begegnung wieder im Supermarkt auf. Mit mildem Lächeln trat sie an Hilde heran und erkundigte sich nach ihrem Befinden.

»Ach, mit meinem Mann wird es immer schlimmer«, antwortete Hilde, die hinter der Frage einen verdeckten Schuldvorwurf witterte.

»Das tut mir aber Leid«, erwiderte Rosi mit etwas übertriebenem Mitgefühl in der Stimme. »Aber da wäre es ja vielleicht gerade gut, wenn wir mal ein bisschen klönen würden. Es macht vieles leichter, wenn man sich aussprechen kann. Gerade wenn es einem so dreckig geht.«

»Warum nicht?«, entgegnete Hilde.

Zwei Tage später klingelte bei ihr gegen neun Uhr abends das Telefon. Da Lesley bereits im Bett lag, nahm Hilde ab. Sie erkannte die Stimme sofort.

»Hallo, Hilde, ich bin's, Rosi, ich hoffe, ich störe nicht. Ich habe dein Namensschild an deinem Kittel gelesen und dann ins Telefonbuch geguckt. Ich dachte mir, dass ich einfach mal den Anfang mache, wenn du dich nicht aufraffen kannst.«

»Das ist aber nett«, murmelte Hilde.

Nachdem Rosi sich kurz nach dem Befinden Lesleys erkundigt hatte, wandte sie sich gleich wieder ihrer eigenen Geschichte zu. Sie mache sich Vorwürfe wegen ihres Mannes, den sie in Wirklichkeit nie geliebt habe, bekannte sie. »Der war in der ersten Zeit so reizend zu mir – und ich kalt wie ein Fisch. Dabei habe ich ihn gern gemocht. Wirklich. Aber…« Ihre Stimme stockte. »Jetzt kann ich es ja ruhig sagen. Ich habe mich vor Männern geekelt. Kannst du dir das vorstellen? Das ging mir schon so, als ich, na, du weißt schon, noch angeschafft habe. Aber als ich dann in diesen Lagerpuff kam, wurde es noch schlimmer. An sich ließ es sich da ja leben. Das Essen war im Vergleich zu Ravensbrück fürstlich. Wir haben Kaffee und Milch zum Frühstück gekriegt, Fleisch mit Gemüse zum Mittag und Wurst zum Abendbrot. Das war eine ganz andere Welt. Da gab es Bänke und Stühle. Und unsere Sackkleider mussten wir da auch nicht mehr tragen. Weiße Faltenröcke haben wir gekriegt und richtige Büstenhalter. Stell dir das mal vor! Erst hab ich gedacht, dass uns nur SS-Leute beehren würden. Aber das war ein Irrtum. Abends haben sie uns tatsächlich Häftlinge geschickt. So um die sechs, acht Kerle mussten wir pro Schicht bedienen. Natürlich keine Juden. Vor allem Zuchthäusler, als Belohnung, wenn sie andere um die Ecke gebracht hatten und so. Und dann die Häftlinge, die irgendwas Besseres waren im Lager oder irgendwelche kriegswichtigen Sachen machen sollten. So genau haben wir das natürlich nicht mitgekriegt.«

»Furchtbar«, murmelte Hilde.

»Und dann wurde man auch noch verachtet von den Männern. Hinterher haben sie einen dann als ›Lagernutte‹ beschimpft. Schlimmer als die Häftlinge waren aber die kleinen Aufseher von der SS, die wollten natürlich auch mal 'ne Nummer schieben. Du kannst dir nicht vorstellen, wie die mit uns umgesprungen sind. Richtige Sadisten gab es darunter. Und das hat mich dann richtig fertig gemacht. Ich konnte einfach nicht mehr, ich habe geweint und gesagt, dass ich lieber zurück ins Lager will. Und dann haben sie mich auch wieder weggeschickt.«

Verachtet werden – diese Erfahrung war Hilde vertraut.

Schmerzliche Erinnerungen wurden wach. Umso mehr sträubte sie sich dagegen, in Rosis Lebensgeschichte hineingezogen zu werden.

»Ganz schrecklich wurde es dann, als ich wieder in Ravensbrück war. Ich kam in einen anderen Block als den, wo wir uns getroffen haben. Wie mich die andern da angegiftet haben! Wie eine Aussätzige ...«

Eine heisere Männerstimme übertönte Rosis Redefluss. Lesley rief aus dem Schlafzimmer nach Hilde. Und die war dankbar für die Unterbrechung.

»Mein Mann, Rosi. Ich muss Schluss machen.«

»Natürlich«, antwortete die Anruferin verständnisvoll. »Ich plappere und plappere und lass dich gar nicht zu Wort kommen. So ist das, wenn man sonst keinen hat. Aber das nächste Mal musst du unbedingt von dir erzählen.«

Am liebsten hätte Hilde ihr deutlich zu verstehen gegeben, dass sie kein Interesse an einem »nächsten Mal« habe. Stattdessen sagte sie ausweichend, sie müsse sich nun erst einmal um ihren Mann kümmern. Doch die Botschaft erreichte dennoch ihr Ziel.

»Mach's gut, Hilde«, sagte Rosi Schneeberger mit unverhohlener Enttäuschung. »Halt die Ohren steif.«

Sie meldete sich nie wieder.

Im März 1971 war Lesley durch das Fieber derart geschwächt, dass er es nicht mehr schaffte, das Bett zu verlassen und das dämmrige Delirium abzuschütteln. Doktor Froschmann sah selbst in dieser Lage keine Veranlassung, seinen Whiskylieferanten in eine Klinik zu überweisen. Wie bisher sprach er Hilde nach einem Hausbesuch Mut zu: »Das kriegen wir schon wieder hin, man keine Bange.«

Doch als Hilde am nächsten Morgen aufwachte, lag Lesley starr und mit weit aufgerissenen Augen neben ihr.

Obwohl er zuletzt nur noch Zivilangestellter gewesen war, wurde der frühere Feldwebel mit militärischen Ehren beigesetzt. Eine große Abordnung aus dem Camp begleitete Hilde zum Grab. Der »Union Jack« wurde entrollt, und ein Trompeter spielte »God Save the Queen«. Hilde musste an den Hochzeitsklamauk im Hotel Beaulieu Road denken. Und trotz ihrer Trauer huschte ein Lächeln über ihr Gesicht.

Der Kuss der Moorhexe

Es wurde still in der Dreizimmerwohnung. Das Alleinsein machte Hilde schwer zu schaffen. Den Kontakt zu Rosi Schneeberger aufzufrischen kam für sie nicht in Frage. Und ihre Schwester Gertrud lebte ihr eigenes Leben, in das sie sich nicht hineindrängen wollte. Auch Tiny, die Dackeldame, konnte Hilde nicht über ihre Einsamkeit hinwegtrösten. Sie mochte sie noch so kraulen und mit Koseworten umschmeicheln, ihr noch so viel Hundekuchen vorsetzen und Quietschknochen kaufen, Antworten auf ihre vielen Fragen erhielt sie nicht von dem Hund.

Nicht einmal ihre Handarbeit stimmte sie froh. Oft in ihrem Leben war sie beim Sticken oder Häkeln zur Ruhe gekommen, dann hatte sie ihre Aufgeregtheit in das zweckgerichtete Spiel ihrer Hände übersetzt und so gebändigt. Doch jetzt konnte sie sich nicht einmal mehr aufraffen, Nadel und Garn zur Hand zu nehmen.

Und wenn es Nacht wurde, kamen die Gespenster. Dann horchte sie ängstlich in die Dunkelheit, erschrak bei jedem Trippeln und Wispern im Treppenhaus, bei jedem Knistern, Knurren und Knacken. Mochte es auch nur eine Motte sein, die im Todestanz um die Glühbirne flatterte, Hilde erschauerte, als sei ein Vampir in ihre Wohnung geschlüpft. Sie ließ nachts das Licht im Schlafzimmer brennen, verbarrikadierte die Flurtür zum Treppenhaus mit einer Liege. Die nächtlichen Wahnvorstellungen hielten sie oft wach bis zum Morgengrauen.

Müde und ausgelaugt schleppte sie sich dann in den Supermarkt zu Obst und Gemüse. Glücklicherweise tauchte Rosi

Schneeberger dort nicht mehr auf. Doch obwohl sie diesen Schatten der Vergangenheit nun abgeschüttelt hatte, musste sie immer damit rechnen, von »alten Bekannten« angesprochen zu werden, ein Gedanke, der sie in ständige Anspannung versetzte.

So hielt sie Ausschau nach einem neuen Arbeitsplatz. Und sie zögerte nicht lange, als sie in der Tür des »City-Grills« ein Schild mit der Aufschrift »Serviererin gesucht« entdeckte. Sie bekam den Job in dem Schnellrestaurant, das nur wenige Fußminuten von ihrer Wohnung entfernt lag. Schließlich hatte sie lange genug als Serviererin gearbeitet. Und die Spätschicht in der Kneipe verkürzte ihre langen Nächte.

Doch Lesleys Tod blieb nicht der einzige Trauerfall, der sie in diesem Jahr niederdrückte. Am 27. Oktober 1971 starb auch ihre Großmutter.

Im schwarzen Kostüm und mit vom Weinen geröteten Augen ging sie an diesem Tag im City-Grill ihrer Arbeit nach. Stumm reichte sie die Currywurst über den Tresen und senkte den Blick, wenn jemand einen Scherz machte. Ein Mann mit kräftiger, untersetzter Statur und vollem dunkelbraunem Haar, den sie schon öfter bedient hatte, stellte sie schließlich zur Rede. »Mensch, du siehst ja aus, als ob du geradewegs von 'ner Beerdigung gekommen bist. Was ist 'n los?«

»Ach«, wehrte Hilde schniefend ab. »Das gehört hier nicht her.«

Doch da der Mann nicht locker ließ, erzählte sie schließlich mit dünner Stimme, dass ihre Großmutter gestorben sei – diese gute Frau, die wie eine Mutter zu ihr gewesen war.

»Ach du Ärmste, trink man erst mal einen, das bringt dich auf andere Gedanken«, redete der Mann auf sie ein, den Hilde auf höchstens Anfang dreißig schätzte. »Komm, ich geb dir 'ne Moorhexe aus.«

»Bloß nicht, ich trink überhaupt keinen Alkohol, das bekommt mir nicht.«

»Ach was, das ist Medizin, wenn's einem so schlecht geht wie dir.«

Und so ließ sich Hilde doch überreden, den Kräuterlikör zu probieren, dessen bitterer Geschmack sie tatsächlich an Medizin erinnerte.

»Ich heiße übrigens Willi«, stellte sich der Gast vor, nachdem Hilde das Glas geleert hatte.

»Hilde.«

Lag es an ihrem seelischen Ausnahmezustand oder an der Direktheit dieses Gastes? Sie ließ alle Hemmungen fahren. Und sowie ihr zwischen den Bestellungen etwas Zeit blieb, kehrte sie zu Willi an den Tisch zurück, um die Unterhaltung fortzusetzen. Der kontaktfreudige Gast vertraute ihr an, dass er aus dem Saarland stamme und gerade einige Wochen lang als Bauarbeiter in der Heide auf Montage sei. »Mir ist das egal, ob ich hier bin oder zu Hause. Auf mich wartet keiner«, verriet der Mann. Und mit einem vieldeutigen Seitenblick fügte er hinzu: »Und auf mich wartet auch keine«, wobei er das letzte »e« betonte.

Hilde blickte verlegen zu Boden.

Doch Willi wurde immer forscher. »Was hast du denn da in deinem Kettenanhänger, du kleine Schniefnase?«

»Da ist mein Herz drin«, sagte sie. Und dann erläuterte sie keck, dass sie vor wenigen Monaten ihren Mann verloren habe, dessen Name Heart gewesen sei. »Heart heißt nämlich Herz – auf Englisch und auf Plattdeutsch.« Stolz erzählte sie von ihrem Englandaufenthalt. Sie vergaß darüber fast, warum sie schwarze Nylonstrümpfe trug.

Willi wurde zum Stammgast. Auch an den nächsten Abenden ließ sich die trauernde Kellnerin von dem siebzehn Jahre jüngeren Mann gern wieder in munteres Geplauder verstricken. Kehrte sie jedoch in ihre leere Wohnung zurück, brachen die Ängste mit neuer Macht über sie herein. Nicht nur die Furcht vor Gespenstern und Einbrechern, auch Geldsorgen raubten ihr den Schlaf.

»Wer heute spart, lebt morgen besser.«

Das war einmal. Wie ein Hohn erschien ihr der Werbespruch der Kreissparkasse. Ihre Lage geriet aus den Fugen. Die neuen Möbel hatte sie noch längst nicht abbezahlt, und das Geld für das verkaufte Haus tröpfelte nur in kleinen Raten aus England auf ihr Konto. Da Lesley erst zwei Jahre in Deutschland gearbeitet hatte, beschränkte sich die Witwenrente auf 9,20 Mark pro Monat. Die Rentenansprüche aus seiner Arbeit in England würden wahrscheinlich komplett seiner ersten Frau zufallen, war Hilde mitgeteilt worden. Gleichzeitig verlangte das Möbelhaus die Tilgung des Ratenkredits, und die Miet- und Stromkosten mussten natürlich auch irgendwie bezahlt werden. Hilde fürchtete, in Armut zu versinken.

Obwohl es ihr zutiefst peinlich gewesen war, hatte sie bereits einen Versuch unternommen, Entschädigung für ihre Zeit im KZ zu beantragen. Doch bei der Stadtverwaltung hatte man ihr keine Hoffnungen gemacht. »Als englische Staatsbürgerin können Sie hier in Deutschland keinen Antrag stellen«, hieß es. Und so hatte sie sich nicht mehr weiter darum gekümmert.

Weihnachten rückte näher. »So viel Schönes«, warb das Modehaus Hering in der »Walsroder Zeitung«. »Innerdeutsche Abkommen werden heute paraphiert«, war auf Seite eins zu lesen. Weiter hinten brachte sich zwei Wochen vor den Feiertagen eine Biermarke in Erinnerung: »Ein Fest ohne Haake-Beck Pils ist wie Weihnachten ohne Geschenke.« Welch tiefe Weisheit aus diesem profanen Werbespruch sprach. Denn was blieb einem anderes übrig, als sich zu besaufen, um die Weihnachtsdepression zu ertränken? Manchmal bedauerte Hilde es, dass sie keinen Alkohol vertrug.

Lichterketten spannten sich über die Walsroder Einkaufsstraßen. Die Geschäfte schmückten sich mit Tannenbäumen und Lametta, Plastikengel schwebten unter den Kaufhausdecken, in den Spielzeugabteilungen grüßten Weihnachtsmänner mit bedeutungsvollem Winken, Mütter mit prall gefüllten Einkaufstaschen hetzten durch die Stadt. Und wenn es auch noch am passenden Weihnachtsschnee fehlte, so war in den Schaufenstern doch mit Hilfe von Spray und Styropor für reichlich Ersatz gesorgt. Alles schien sich auf die großen Festtage vorzubereiten. Die Spieluhren klimperten bereits seit Tagen ihr feierliches »Oh, du fröhliche«. Sogar die Hunde jaulten, als ob sie »Stille Nacht« einübten.

Hilde wäre am liebsten mit verbundenen Augen und zugestopften Ohren durch die Stadt gerannt, um dieser aufdringlich inszenierten Vorfreude zu entkommen. Der Gedanke, dass sie Weihnachten allein mit ihrem Dackel in der leeren Wohnung sitzen sollte, war ihr unerträglich. Ihre Schwester Gertrud hatte sie zwar eingeladen, die Feiertage bei ihr auf dem Bauernhof zu verbringen. Doch Hilde wusste, dass sie am Heiligen Abend ein Fremdkörper in der Familie wäre. Und sie wollte nicht wie eine arme Verwandte am Rande der Bescherung hocken.

Dann lieber allein bleiben. Dann konnte sie wenigstens in Gedanken den Menschen nahe sein, die sie so vermisste. Oma und Lesley, die haben es gut, musste sie immer wieder denken. Wie schön wäre es, wenn ich die endlich dort oben wiedersehen könnte. Und je mehr die Ängste und Geldsorgen wucherten, je näher die Weihnachtstage heranrückten, desto mächtiger wurde diese Vorstellung. Einschlafen und nie mehr aufwachen, das war die Verzweiflungsformel, die sich in Hildes Kopf zu einer persönlichen Radikallösung auswuchs.

Eine Woche vor Weihnachten kaufte sie sich eine große Packung Schlaftabletten und setzte ihre Gedankenspiele in die Tat um. Gleich nach dem Aufwachen, gleich nachdem sie am späten Vormittag zermartert von ihren Nachtgespinsten die Augen aufgeschlagen und ihrem Dackel Wasser und reichlich Futter gegeben hatte, schluckte sie die Pillen. Hastig eine nach der anderen – aus Angst, sie könnte es sich schon im nächsten Moment anders überlegen. Nach jeder Tablette trank sie einen Schluck Wasser. Dann legte sie sich mit wild klopfendem Herzen wieder ins Bett, unterdrückte mit aller Macht die Zweifel an der Unabänderlichkeit ihrer Entscheidung und versuchte sich vorzustellen, wie der Todesschlaf sie schon bald, bald all den Lieben zuführen würde, die vor ihr gegangen waren. Angestrengt mühte sie sich, das Bild ihrer Mutter wachzurufen, die sie ja praktisch nur noch von den alten Fotos kannte. Ein tröstlicher Gedanke, in einer anderen Welt empfangen zu werden von einem Menschen, den sie ihr Leben lang vermisst hatte. O ja, das würde schön sein. Ein Weihnachtsfest im Himmel wollte sie mit ihrer Mutter feiern. Eine Weihnachtsparty, von der die Leute in diesen Lamettaläden nur träumen konnten.

Plötzlich hörte sie ein Trippeln. Was war das? Sie öffnete die Augen und sah, dass Tiny winselnd vor ihrem Bett stand. Da fuhr ihr der Schreck in die Glieder. Wer würde sich um den armen Hund kümmern? Das konnte doch Tage dauern, bis man sie fand. Nein, nein, so egoistisch durfte sie sich nicht davonstehlen. Sie sprang aus dem Bett, spürte, dass ihr übel und schwindelig wurde. O nein, so nicht – ich kann doch den armen Hund nicht allein zurücklassen.

Mit schweren Schritten schleppte sie sich zur Wohnungstür, taumelte die Treppe hinunter, indem sie sich immer wieder auf das Geländer stützte. Endlich war sie im Freien. Frische Luft, frische, kalte Luft. Wie durch einen Schleier sah sie die Häuser auf der anderen Straßenseite, ein Auto fuhr vorüber. »Hilfe«, rief sie mit erstickter Stimme. »Hilfe.«

Als sie erwachte, schien es ihr, als sei alles um sie herum in gleißendes Weiß getaucht. Das blendete so furchtbar, dass sie ihre Augen gleich wieder schloss. War dies das Reich des Todes?

»Frau Heart, Frau Heart, alles in Ordnung. Ganz ruhig, ganz ruhig.«

Sprach da ein Engel zu ihr? Eine kühle Hand legte sich über ihre heiße Stirn. Erneut schlug sie die Augen auf. Das rotwangige Gesicht einer Frau mit weißblauer Haube lächelte ihr entgegen. Nein, das war kein Engel, sondern eine Krankenschwester. Hilde seufzte auf. Tiny fiel ihr wieder ein, ihre Dackeldame.

»Tiny«, wimmerte sie atemlos. »Mein Hündchen ist allein zu Hause. Ich muss schnell wieder hin, die verdurstet ja.«

»Daran hätten Sie man früher denken sollen, liebe Frau Heart«, raunte ihr die Schwester mit sanftem Tadel zu. »Aber machen Sie sich mal keine Sorge, darum kümmern wir uns schon.«

Beruhigt holte Hilde tief Luft und schlief schnell wieder ein. Die Schlaftabletten wirkten nach. Doch am nächsten Tag konnte sie schon aufstehen. Der Arzt setzte sie darüber in Kenntnis, dass man ihr den Magen ausgepumpt habe. Wenige Minuten später wäre jeder Rettungsversuch vergeblich gewesen.

Damit sie wieder zu Kräften kam, musste sie noch einige Tage im Krankenhaus bleiben. Für ihren Dackel sorgte Gertrud, die Hilde auch im Krankenhaus besuchte. Eines Nachmittags traten zwei Arbeitskolleginnen mit einem Blumenstrauß in ihr Zimmer. Hilde war gerührt über die unverhoffte Anteilnahme.

Noch mehr aber wühlte sie ein anderer Besuch auf. Sie hatte sich gerade in einen leichten Schlummer gewiegt, als er sich durch kräftiges Räuspern bemerkbar machte. Kein Zweifel, da stand er leibhaftig vor ihr: Willi. »Du machst Sachen, Hilde.«

Sie empfand die Bemerkung gar nicht als Vorwurf, eher als gut gemeinte Ermahnung. Sie beschloss, nicht darauf einzugehen. Sie war ja auch viel zu verblüfft über den unerwarteten Besucher, der eine Hand in der Manteltasche vergraben hatte und in der anderen eine braune Papiertüte hielt.

»Willi? Wo kommst du denn her?«

»Da staunste, was? Ich hab dich vermisst im City-Grill, Hilde. Und dann hat mir deine Kollegin erzählt, was du für'n Quatsch gemacht hast.« Willi hustete. »Verdammt trockene Luft hier«, fuhr er fort. »Sieh bloß zu, dass du hier bald wieder rauskommst. In zwei Tagen ist Heiligabend.«

»Ja, Heiligabend«, murmelte Hilde. »Meine Schwester hat mich eingeladen, ich werd wohl hingehen.«

»Ja, das mach man, Hilde«, erwiderte Willi. »Ich fahr auch zu meiner Schwester. Gleich morgen früh geht's los. Deswegen wollte ich dich ja noch mal besuchen.« Er rieb sich das Kinn. »Ach, fast hätte ich mein Gemüse wieder mitgenommen.« Er legte Hilde die braune Tüte auf die Bettdecke. »Paar Vitamine, damit du wieder auf den Damm kommst.«

»Das wär doch nicht nötig gewesen.«

»Schon gut. ›Esst mehr Obst, und ihr bleibt gesund.‹ Oder wie heißt es in der Reklame?«

Lächelnd legte Hilde die Tüte mit den Mandarinen und Bananen auf ihren Nachttisch. Beide verstummten.

»Hat ganz schön gefroren heute Nacht. Wenn es so weitergeht, können wir bald Schlittschuh laufen«, begann Willi zaghaft.

»Schlittschuh laufen«, wiederholte Hilde. »Das hab ich nie gelernt. Das haben bei uns im Dorf immer nur die Jungs gemacht.«

»Och, das will ich dir schon beibringen.«

Hilde sah, wie ihr Besucher errötete. »Ach, ich glaube, dafür bin ich schon zu alt. Ich tanze lieber auf'm Parkettboden als auf'm Eis.«

»Darüber lässt sich auch reden.«

»Du gehst ja ganz schön ran, das hätte ich dir gar nicht zugetraut.«

»Kannste mal sehen.«

Erst jetzt bemerkte Hilde, dass ihr Besucher die ganze Zeit gestanden hatte. »Setz dich doch hin«, forderte sie ihn auf. »Ist so ungemütlich, wenn einer die ganze Zeit vor einem rumsteht.«

»Aber nur für einen Moment«, sagte Willi, während er sich einen Stuhl heranzog und Platz nahm. »Ich muss noch jede Menge Geschenke kaufen, vor allem für meine beiden Neffen.«

»Ja, ich hab auch noch nichts.«

»Ach, bei dir hat doch jeder Verständnis dafür.« Willi hustete erneut, dann fragte er flüsternd: »Was hat dich eigentlich dazu getrieben, Hilde?«

Sie schüttelte hilflos den Kopf. »Ach, ich weiß es selbst nicht so genau. Ich hab einfach nicht mehr weitergewusst.«

Tränen liefen ihr über die Wangen. Gern hätte Willi ihr die Hand gedrückt. Doch dazu fehlte ihm der Mut. Glücklicherweise trat eine Krankenschwester ein und verkündete das Ende der Besuchszeit.

»Ich wollte sowieso gerade gehen«, versicherte Willi verlegen. »Dann halt mal die Ohren steif, Hilde«, sagte er zum Abschied. »Zwei Tage nach Weihnachten bin ich wieder da. Dann besuche ich dich zu Hause. Ich weiß ja jetzt, wo du wohnst.«

»Da freue ich mich aber schon drauf«, erwiderte Hilde artig. »Und treib es man nicht zu doll auf'm Eis, sonst brichst du noch ein.«

»Keine Sorge, Hilde.«

Willi trippelte von einem Fuß auf den anderen. Schließlich beugte er sich zu Hilde hinab und gab ihr einen Abschiedskuss auf die Hand.

»Oh, Kavalier alter Schule«, kommentierte die Krankenschwester mit schelmischem Blick.

Willi schüttelte grinsend den Kopf.

Doch Hilde wäre vor Freude am liebsten aus dem Bett gesprungen.

»Frohe Weihnachten, Willi«, rief sie dem Besucher nach. »Und feier schön.«

Die Weihnachtstage verliefen für Hilde erträglicher, als sie es befürchtet hatte. Ihre Schwester zeigte sich von ihrer besten Seite. Auch ihr Schwager verhielt sich rücksichtsvoller als gewohnt. Ihr kleiner Neffe Ulf, der gerade sieben geworden war und immer noch an den Weihnachtsmann glaubte, bereitete ihr viel Vergnügen. Und sie freute sich auf den Besucher, der sich bei ihr angekündigt hatte.

Und Willi machte sein Versprechen wahr. Am frühen Nachmittag des 27. Dezember stand er in grauem Wintermantel, auf dem Kopf ein flotter Hut, vor ihrer Wohnungstür. Richtig vornehm, fand Hilde. Und als er ihr die Arme entgegenstreckte, ließ sie alle Zurückhaltung fahren und gab ihm einen Kuss auf die Wange. Sie war sprachlos, als sie die Geschenke auspackte, die Willi ihr mitgebracht hatte: ein verschnörkeltes Fläschchen mit Eau de Cologne – »aus Köln am Rhein«, wie er betonte –, eine goldene Kette mit grünem Stein und dazu noch eine Flasche Moorhexe.

Hilde war beschämt, weil sie für ihren Gast nur eine Schachtel Pralinen gekauft hatte. Gerührt legte sie die Kette an und betrachtete sich im Spiegel. »Woher hast du bloß gewusst, wie verrückt ich nach goldenen Ketten mit grünen Steinen bin?«

»Wie heißt es doch in dem alten Schlager? Ich kenn die Herzen der stolzesten Frauen …«

Anstatt mit dem Schlagertext fortzufahren, legte Willi von hinten seine Arme um die kleine Kellnerin.

Die Wintersonne stand schon tief, als die beiden sich aus ihrer Umklammerung lösten. Sie brachen zu einem Spaziergang auf.

Die Luft war klar, aber eisig kalt. Willis Wettervorhersage hatte sich erfüllt. Strenger Frost überzog das Land. Hand in Hand spazierten sie unter einem roten Feuerball am Himmel durch die weihnachtlich aufgeputzten Straßen. Vom Klostersee schallten die Schreie übermütiger Kinder durch die Dezemberdämmerung.

»Schade, dass ich meine Schlittschuhe nicht mitgebracht habe«, sagte Willi.

»Ein Glück. Sonst wärst du mir noch weggelaufen.«

Ob mit oder ohne Schlittschuhe – beide fühlten sich magisch angezogen von dem gefrorenen See. Wie ein kleiner Junge nahm Willi Anlauf und schlitterte über die glatte Eisfläche. Wegen ihrer hochhackigen Schuhe konnte Hilde kaum mithalten. Sie spürte aber in diesem Moment auch den Altersunterschied, der zwischen ihr und diesem Saarländer lag. Siebzehn Jahre! Aber warum sollte man sich deshalb graue Haare wachsen lassen. Sie hatte ja allen Grund, stolz zu sein, von einem so jungen Spund noch begehrt zu werden.

Plötzlich kam er in vollem Lauf auf sie zu, ließ sich gleiten und riss sie mit sich, indem er sie hochhob. Hilde kreischte vor Schreck und Freude zugleich.

Allmählich erstarb der Kinderlärm. Die Sonne warf nur noch einen schwachen rötlichen Schein über den Winterhimmel, auf dem sich ein kräftiger Halbmond und erste Sterne abzeichneten. Dunst zog auf. Weißgraue Schleier erhoben sich über dem See. Der Frost kniff Hilde in die Wangen, aber ihr war dennoch warm. Warm wie lange nicht. Und obwohl sie alkoholischen Getränken noch immer nichts abgewinnen konnte, ließ sie sich von Willi zu einem Glühwein einladen und nach einem weiteren kurzen Spaziergang zum Abendessen ausführen.

In dieser Nacht fürchtete Hilde die Ungeheuer der Dunkelheit und die Gespenster der Vergangenheit nicht mehr. Willi war bei ihr. Und er blieb bei ihr. Sie feierten zu zweit den Jahreswechsel, amüsierten sich bei Sekt, Krapfen und Fernsehklamauk und schworen sich bei Glockenschlag und zischenden Neujahrsraketen ewige Treue.

Gut sechs Wochen später besiegelten sie ihren Bund, indem sie sich verlobten. Nach einem großen Fest war beiden nicht zumute. Dafür fuhren sie drei Tage in den Harz, spazierten über verschneite Wanderwege und wärmten sich aneinander in dem winzigen Zimmer ihrer Pension.

Zu einer richtigen Verlobung gehörten auch Ringe. Willi hatte welche gekauft, ohne Hilde zu fragen, und dabei vergessen, dass ihr Ringfinger längst nicht mehr frei war. Zwei Ringe verbanden sie ja bereits mit dem toten Feldwebel.

»Willst du die nicht abnehmen, Schatz?«, drängte Willi. »Ich glaub, für dich wäre es auch besser, wenn du diesen Engländer hinter dir lassen würdest.«

Es dauerte einige Sekunden, bis Hilde eine Antwort fand. »Das geht nicht, Willi«, sagte sie zögernd. »Ich kann das nicht. Diese Ringe, die gehören beide zu mir. Genauso wie die Erinnerung an Lesley. Die kann man nicht einfach abstreifen wie Socken. Wenn du mich haben willst, musst du mich schon ganz nehmen.«

Willi senkte den Blick und schloss die Augen. Dann griff er nach Hildes Hand und steckte ihr seinen Ring vor die anderen beiden. Hilde zog ihn fest zu sich her und überdeckte ihn mit Küssen, bevor sie ihm ihrerseits den Verlobungsring auf den Finger schob.

Hoch hinaus

Trotz der drei Ringe gab es für Hilde fortan nur noch einen Mann: Willi. Er verwöhnte sie wie eine Prinzessin. Bestaunte sie im Schaufenster einen Hut, konnte sie damit rechnen, dass er ihn ihr bereits am nächsten Tag in einem schleifenverzierten Karton präsentierte. Obwohl sie nun schon in einigen Monaten ihren fünfzigsten Geburtstag feiern würde, fühlte sie sich wieder wie eine frisch Verliebte. Natürlich wollte sie ihrem jungen Verehrer nicht nur am Wochenende und nach Feierabend nahe sein. So beschlossen die beiden schon im Sommer nach der Verlobung zusammenzuziehen. In der alten Wohnung erinnerte noch jeder Stuhl und jede Fensterbank an Lesley. Deshalb stimmte Hilde gleich zu, als Willi ihr den Umzug vorschlug. Sie mieteten sich im Zentrum der Kleinstadt Walsrode ein – in der Moorstraße, mitten in einer belebten Einkaufsstraße, mitten im Leben. Obwohl die Möbel aus der Schubertstraße kaum abbezahlt waren, ließ sie sich überreden, den Aufbruch in ein gemeinsames Leben mit einer neuen Wohnungseinrichtung zu beginnen.

Gern hätte Willi sie auch geheiratet. Doch in dieser Frage blieb Hilde standfest. Sie hätte dann nicht nur die karge Witwenrente eingebüßt, sondern auch die Stellung einer britischen Staatsbürgerin. Bei all ihrer Heimatverbundenheit wollte sie daran festhalten. Der Pass hob sie ein wenig heraus aus dem Mief der norddeutschen Tiefebene – aus diesen Niederungen mit all den bösen Erinnerungen. Und die formale Zugehörigkeit zum Vereinigten Königreich verhalf ihr auch zu einer gewissen Erhabenheit gegenüber den abschätzigen Blicken und Bemerkungen, die sie nun schon wieder wegen ihrer Beziehung zu dem jungen Saarländer erntete.

Sie hielt Kontakt zum »Camp«, zur britischen Garnison, die sich über die Nachkriegszeit hinaus in der Heide wie eine Festung im einstigen Feindesland behauptete. Wie gewohnt kaufte sie in der Naafi ein und ließ sich von den Arbeitskollegen ihres verstorbenen Mannes zu Geburtstagsfeiern ins englische »Dorf« einladen. Und sie zögerte nicht lange, als ein Offizier ihr eine Stelle in der Sergeants Mess, dem britischen Feldwebelkasino, anbot. Da ging es doch etwas gesitteter zu als im City-Grill, wo sie immer damit rechnen musste, von betrunkenen Gästen begrapscht oder angepöbelt zu werden. Und wenn sie nun schon mit einem Zivilisten zusammenlebte, dann konnte sie sich auf diese Weise wenigstens während der Arbeitszeit am Anblick von Uniformträgern erfreuen.

Davon sagte sie Willi natürlich nichts. Doch der war froh, dass sie jetzt nicht mehr wildfremden Männern zu Diensten stand und nach Pommes frites, Hähnchen oder Zigarettenqualm stank, wenn sie spätabends von der Arbeit nach Hause kam.

Wunderbarerweise kehrten im Feldwebelkasino auch Angehörige einer Truppe ein, der Hilde in jenen gespenstischen Tagen ein Vierteljahrhundert zuvor in Jarlingen begegnet war: die »Wüstenratten« – sie waren jetzt in Bergen stationiert, nahe dem früheren Konzentrationslager Bergen-Belsen. Natürlich waren die Kriegsteilnehmer nicht mehr dabei, aber Hilde sah in jeder »Wüstenratte« einen Befreier mit Schokolade in der Jackentasche.

Wie einst in Celle ließ sie sich von den Soldaten Hedda nennen. Wenn sie ihren Ford Escort an den Wachen vorbei durch das Tor steuerte, tauchte sie in ein Sperrgebiet mit eigenen Gesetzen und eigener Sprache ein. Der holzgetäfelte Speisesaal für die Feldwebel reichte zwar nicht an die Eleganz eines britischen Offizierskasinos heran. Aber auch wenn nicht immer weiße Tischtücher aufgedeckt wurden, so bemühten sich die Soldaten doch, ihre untergeordnete Stellung im Mittelbau der Militärhierarchie durch vornehme Manieren und adrette Kleidung aufzuwerten. Und wenn eine Frau aus dem Auto stieg, dann liefen sie um die Wette, um ihr die Tür aufzuhalten. Auch das weibliche Kantinenpersonal hofierten sie mit ihrem Kavaliersgebaren.

Hilde wechselte zwischen Früh- und Spätdienst, bereitete das Frühstück vor und servierte bei Abendgesellschaften Ale und Lammkoteletts. Zu den Aufgaben der Frühschicht gehörte es auch, die Soldaten zu wecken, die ohne Familienanhang in den Unterkunftsräumen oberhalb der Messe wohnten. Den allein lebenden Feldwebeln wurde sogar Tee ans Bett gebracht. Anteil am Privatleben ihrer Arbeitgeber nahm Hilde zudem, wenn sie bei den abendlichen Geburtstagsfeiern zu bedienen hatte.

Und sie beschränkte sich nicht auf die Erfüllung ihrer Pflichten. Sie nähte auch bereitwillig Knöpfe an Hemden oder besserte Anzugjacken oder Hosen aus. Sie wusste ja mit Faden und Nadel umzugehen und zeigte sich dankbar für Trinkgeld und Worte der Anerkennung.

So wurde sie von den Soldaten bald hoch geschätzt und erwarb sich den Rang einer »Mutter der Kompanie«. Sie sah manchen Kommandanten kommen und gehen, erlebte mit, wie ihre »Jungs« nach Nordirland oder zu den Falkland-Inseln abkommandiert wurden, wie Maggie Thatcher sich den Ruf einer »eisernen Lady« erwarb und Prinz Charles mit Lady Diana vor den Traualtar trat.

Wie eine Wanderin zwischen den Welten pendelte sie fünfzehn Jahre lang zwischen ihrer Wohnung in Walsrode und dem Engländer-Getto in Fallingbostel. Als sie in Rente ging, schenkten ihr die Kollegen aus der Sergeants Mess eine kleine Bronzefigur, die eine Serviererin darstellte. Wie eine Tänzerin nimmt sich die Frau mit der weißen Schürze aus. Und wer genau hinsieht, erkennt, dass die zierliche Bronzefigur Hilde nachgebildet ist.

Der Abschied vom Kasino fiel ihr nicht leicht. Doch sie kam bald darüber hinweg. Denn ihr eigentlicher Lebensmittelpunkt blieb ihr ja erhalten: Willi, der sie weiterhin mit kleinen und größeren Geschenken verwöhnte. Er nannte sie »Maus«, räumte ihr die Vollmacht über sein Bankkonto ein. Und er zeigte ihr die Welt. Um dem trüben Dezemberhimmel zu entkommen, reisten die beiden regelmäßig in den Süden – nach Spanien, Griechenland, nach Italien, Jugoslawien oder in die Türkei. Immer mit dem Bus oder Auto, nie mit dem Flugzeug. Vor dem Fliegen hatte Hilde Angst. Doch wenn die Reise auch etwas länger dauerte, die Ziele im Süden ließen sich auch auf dem Straßenwege erreichen.

So ging für Hilde doch noch die Sonne auf. Und während ihre Kräfte schon etwas nachließen, spürte sie endlich, wie schön das Leben sein konnte.

Ihren Sommerurlaub verbrachte sie mit Willi regelmäßig in den österreichischen Alpen, zumeist im Salzburger Land. Kein Gipfel war ihr zu hoch. Auch als sie die Sechzig schon überschritten hatte, wanderte sie noch auf steilen Pfaden in schwindelnde Höhen. Und wenn ihr jüngerer Weggefährte bereits schwitzend und schnaufend nach Atem rang, stemmte sie sich tapfer weiter nach oben. Die Aussicht, die Täler unter sich zu lassen und wie eine Königin der Lüfte über der Welt zu thronen, trieb sie an. Wenn sie in solchen Momenten ihr Herz hämmern hörte, dann war sie mit sich im Reinen. Und es öffneten sich Schluchten ihres Innern, die manch Verschüttetes offenbarten. Zuweilen geschah es dann, dass über den Wolken Gedichtverse in ihr aufblitzten, die sie traumverloren vor sich hin murmelte.

»Im Nebel ruhet noch die Welt,
noch träumen Wald und Wiesen:
Bald siehst du, wenn der Schleier fällt,
den blauen Himmel unverstellt.«

Die Zeilen hatte sie in einem Kalender wiederentdeckt. Sie konnte sie immer noch auswendig – Eugen hatte ihr das Gedicht einst beigebracht. Jedes Mal versetzte es ihr einen Stich, wenn sie an den Polen und dessen trauriges Schicksal dachte. Dann kam ihr der kleine Buchenhain auf Stockmanns Hof in den Sinn. Wie einsam sich der arme Mann wohl gefühlt haben mochte, als sie ihn damals dorthin geführt hatten? So weit weg von seiner Frau und seinen Eltern. Oft quälte sie der Gedanke, sie trage eine Mitschuld daran, dass er ein solches Ende gefunden hatte. Dass sie einer Frau ihren Mann genommen hatte und Eltern ihren Sohn.

Abwesend war Hilde in solchen Augenblicken – weit weg. Ohne selbst auf den Weg zu achten, folgte sie den Schritten Willis. Dem Himmel näher als dem Boden der Tatsachen.

So war es auch am 26. Juni 1986. Ein sonniger Tag mit außergewöhnlich guter Fernsicht. Ganz nah, aber doch unnahbar zeichnete sich das Felsmassiv des Großglockners mit seinen gleißenden Gletschern vor dem blauen Himmel ab. Hilde und Willi waren gleich nach dem Frühstück um halb neun zum Kitzsteinhorn aufgebrochen. Die Luft war klar und kühl. Gegen Mittag erreichten sie ein verharschtes Schneefeld, das auf der Nordseite im Schatten lag. Der Hang war steil. Wie üblich ging Willi voran, um Hilde mit seinen großen Fußabdrücken den Weg zu bahnen. Sie hatte zwar ihren Wanderstock vergessen, doch die Tritte ihres Begleiters gaben ihr Halt. Schritt für Schritt folgte sie den Stufen, die der ihr in den Schnee grub. Blind vertraute sie sich seiner Führung an und ließ ihre Gedanken schweifen. Wie eine Schlafwandlerin.

Doch plötzlich verfehlte sie den Tritt. Stolperte, stürzte, rutschte. Da war kein Halten mehr. Immer tiefer schoss sie den Hang hinunter, überschlug sich, schürfte sich Hände und Gesicht auf. Sauste dem Abgrund zu, ohnmächtig wie ein Baumstamm. Hilfe, wirbelte es ihr durch den Kopf. Hilfe.

Nach dreißig Metern bremste ein aufragender Felsen die Rutschpartie, die ihr wie eine Ewigkeit erschienen war. Sie verlor durch den Aufprall die Besinnung. Erst als Willi neben ihr stand, spürte sie, wie ihr das warme Blut übers Gesicht rann. Sie fühlte sich zwar benommen, aber noch kräftig genug, um selbständig zur nächsten Hütte abzusteigen. Dort bot ihr der Senn an, Hilfe zu holen. Doch sie zog es vor, den Weg fortzusetzen und aus eigener Kraft zu einer nahe gelegenen Seilbahn zu gehen. Natürlich, sie hatte Schmerzen in der Brust, die Beine wurden ihr weich. Doch ihr Wille trieb sie voran. Zwei Stunden war sie mit ihrem Begleiter unterwegs, bis sie blutüberströmt in die Seilbahnstation wankte.

Die erste Nacht verbrachte sie noch in dem kleinen Zimmer ihrer Pension. Im Bett wurden die Schmerzen immer stärker, sie konnte nicht liegen, kam nicht zum Schlafen.

Als Willi sie am nächsten Morgen zum Krankenhaus nach Berchtesgaden fuhr, stellte der behandelnde Arzt fest, dass sie sich mehrere Rippen gebrochen hatte.

Sechzehn Tage dauerte es, bis sie entlassen wurde. Doch die Wunden heilten. Die beiden verlängerten ihren Urlaub um zwei Wochen. Und Hilde erholte sich von ihrem Sturz, indem sie sich von Willi verwöhnen ließ. Bloß nicht hängen lassen, redete sie sich zu. Willi sollte ja nicht denken, dass er sich eine alte Frau angelacht hatte. Die Jugend, die sie mir im KZ geklaut haben, die häng ich jetzt einfach hinten dran.

Und bald schon verkehrten sich die Rollen. Nicht Hilde, sondern Willi, der nach außen hin so kräftige Bauarbeiter, geriet in eine gesundheitliche Krise. Noch bis zum Hauseingang schleppte er sich, als er an einem Septembertag des Jahres 1995 von der Arbeit nach Hause gekommen und mit weichen Knien aus dem Auto gestiegen war. Dann aber klingelte er und rief durch das Treppenhaus, dass er die Treppe nicht mehr hochkomme. Hilde lief sofort hinunter, doch da war er schon zusammengesackt. Sie vermutete, dass ihm wieder das Herz zu schaffen machte, das schon drei Jahre zuvor einmal ausgesetzt hatte. Aber diesmal war es ein Schlaganfall, der Willi aus der Bahn warf. Kein Wort konnte er hervorbringen, als er im Krankenhaus aus der Bewusstlosigkeit erwachte. Die gesamte linke Körperhälfte war gelähmt. Doch er erholte sich. Nach drei Tagen buchstabierte er lallend die ersten Wörter, nach fünf Tagen schaffte er es bereits wieder zu gehen.

»Hab ich mich nicht schön rasiert, Maus?«, begrüßte er Hilde, als die ihn besuchte.

Seine Arbeit musste er nach diesem Schlaganfall zwar aufgeben, und die linke Hand blieb gelähmt. Aber auf Reisen gingen die beiden weiterhin.

Das Ende kam unerwartet zwei Jahre später an einem nasskalten Dezembertag kurz vor Weihnachten. Erst wenige Wochen zuvor waren sie in eine ruhiger gelegene Wohnung in einem Mehrfamilienhaus mit Fahrstuhl am Stadtrand gezogen. Hilde hatte sich vorgenommen, die Gardinen aufzuhängen. Doch dazu sollte sie nicht mehr kommen.

Gleich nachdem sich Willi mühsam aus dem Bett erhoben hatte, klagte er über starke Schmerzen. »Kannst du mir nicht mal den Rücken einreiben«, bat er Hilde. »Mir tut alles so weh, ich kann nicht sitzen und nicht stehen.«

Mit einer Massage aber war es nicht getan. Willi brach erneut zusammen und stürzte auf den Boden. Als der Hausarzt kam, war er bereits tot. Herzinfarkt.

Und wie ein Vierteljahrhundert zuvor blickte Hilde wieder traurigen Weihnachtstagen entgegen. Ihre Wohnung verwandelte sich abermals in eine Folterkammer. Die Nachtgespinste kehrten zurück. Die Erinnerungen quälten sie, die an den Möbelstücken hafteten. So ließ sie sich noch vor der Beerdigung überreden, bis zum neuen Jahr auf den Bauernhof ihrer Schwester überzusiedeln. Zu Weihnachten schenkte Gertrud ihr zwei Bewegungsmelder in Gestalt eines Hahns und eines Hundes. Rührte sich etwas, fingen die batteriebetriebenen Plastiktiere an zu krähen und zu kläffen. Scherzartikel gegen die Angst. Sie brachten sogar Hilde zum Lachen und gefielen ihr so gut, dass sie gleich noch eine Kuh und eine Ente dazukaufte. »Bremer Stadtmusikanten« taufte sie ihre Beschützer. Und sie amüsierte sich nicht nur darüber, sondern baute sie tatsächlich jeden Abend, bevor sie ins Bett ging, vor ihrer Schlafzimmertür auf. Bestimmt würden die mit ihrem Gequäke jeden Einbrecher in die Flucht schlagen.

Die Tiere erinnerten sie an ihre leibhaftigen Hunde. Als ihr letzter Dackel gestorben war, hatte sie es nicht mehr übers Herz gebracht, sich einen neuen anzuschaffen.

So wurde es erneut einsam um Hilde. Schmerzlich wurde ihr bewusst, dass sie eine alte Frau geworden war. Wie über Nacht von der Geliebten zum Großmütterchen gealtert – noch dazu zum Großmütterchen ohne Enkelkinder. Nur noch an Tagesausflügen und Werbefahrten nahm sie teil. Mit den Urlaubsreisen war es vorbei. Sie arbeitete ihre Erinnerungen an die schönen Zeiten in den Alpen in Stickbilder mit Edelweiß und Enzian, mit Alm und Bergsee ein und hängte ihre kleinen Kunstwerke an die Wand. Mit wahrer Leidenschaft widmete sie sich auch sonst ihrer Handarbeit. Sie stickte und strickte, häkelte und klöppelte von morgens bis abends: Spitzendeckchen und Einstecktaschentücher, Schals, Strümpfe und Pudelmützen. Und nachdem sie zunächst nur Verwandte und Freundinnen beliefert hatte, sprach sich ihr Kunstgewerbe bald so weit herum, dass wildfremde Leute Bestellungen bei ihr aufgaben.

Das kleine Zubrot, das sie damit verdiente, konnte sie auch gut gebrauchen. Denn Anspruch auf Witwenrente hatte sie nach Willis Tod nicht. Sie hatte sich zwar ein zweites Mal verlobt, aber eben nicht noch einmal geheiratet.

Hildes Welt schrumpfte so auf ihre Wohnung zusammen. Abenteuer erlebte sie nun nur noch im Schlaf. Oft schlief sie beim Fernsehen ein und spönn den Film, den sie gerade gesehen hatte, im Traum weiter. Manchmal spulte sich aber auch ihr eigener Film in den Tiefen ihrer Seele ab.

Hildes Traum

Die Welt versank in Schnee. Es schneite und schneite. Zuerst war es nur ein unscheinbares Geriesel gewesen. Doch dann wurden die Flocken größer, leichter. Wie Federn. Ein weißgrauer Vorhang hing über dem Dorf. Schließlich kam auch noch Sturm auf. Der Wind heulte um die Hausecken und wirbelte den Schnee auf, dass man nichts mehr sah als lauter Weiß.

Die Fenster waren von gefrorenen Schlieren so überkrustet, dass Hilde nur noch erahnen konnte, was draußen vorging. Plötzlich hörte sie jämmerliches Jaulen. Mein Hund, durchfuhr es sie. Mein armes Hündchen. Ohne zu überlegen, stieg sie in ihre weißen Stiefel, zog sich ihren roten Mantel über, stürzte aus dem Haus.

Aus dem Heulen des Sturms erklang fernes Winseln. »Tiny«, rief Hilde in das Schneegestöber hinein. »Tiny.« Aber was nützte das? Sie musste sich auf die Suche machen, musste hinaus. Der Sturm bahnte ihr den Weg, fegte den Schnee zur Seite, sodass eine Art Gasse entstand. Angezogen von dem dünnen Winseln lief sie immer weiter und weiter.

Schon bald hatte sie die Häuser des Dorfes hinter sich gelassen, verlor die Orientierung, kam in einen großen Wald. Schwer lastete der Schnee auf den Zweigen der Bäume, zentnerschwer. Auf einmal schien es Hilde, als ginge sie über eine Eisfläche. Es knackte und krachte.

Nach einiger Zeit sah sie Häuser. Rauch stieg auf aus Schornsteinen, schwarzer Rauch. Schnee und Sturm hatten nachgelassen. Hilde irrte durch ein fremdes Dorf, das der Frost in einen Dornröschenschlaf versetzt zu haben schien. Alles war erstarrt.

Auf einmal vernahm sie ein durchdringendes Quieken. Mitten im Dorf schlachteten Männer ein Schwein. Das zappelnde Tier war an Stricken festgebunden, schrie aus Leibeskräften, während ein Mann mit blutiger Schürze ein Messer wetzte. Andere schleppten Kübel mit heißem Wasser herbei, einer schleifte einen Trog über den Schnee. Es roch nach Eingeweiden. Die frisch abgestochenen Schweine dampften ihre Lebenswärme aus.

»Blut rühren, Hilde«, riefen die fremden Männer lachend. »Blut rühren, he, he, he.«

»Das geht nicht, ich hab doch meine weiße Bluse an«, entgegnete Hilde, worauf die Männer noch lauter lachten. Sie sah, wie die Metzger sich gegenseitig die Hände auf die Schultern legten, hörte, wie sie sangen.

»Oh, Donna Clara, ich hab dich tanzen gesehn ...«

Danach fuhren sie mit ihrem blutigen Handwerk fort.

»Was ist denn hier los? Warum macht ihr denn alle Schweine tot?«, rief Hilde den Männern zu.

Erst lachten sie nur wieder. Dann antwortete einer warnend: »Wir haben die Pest im Dorf, Mädchen, Schweinepest.«

Hilde erschrak. Sie wollte flüchten, nichts wie weg. Doch das Gehen fiel ihr schwer, unsagbar schwer. Als sie sich schließlich an den Rand des Dorfes geschleppt hatte, setzte zu allem Überfluss Tauwetter ein. Der ganze Schnee schmolz dahin. Wo vorher noch eine Eisfläche gewesen war, breitete sich jetzt ein Fluss aus.

»Gibt es hier keine Brücke?«, fragte sie ein kleines Mädchen, das seinen Puppenwagen durch den Schneematsch schob.

Die Kleine schüttelte den Kopf. Und schwieg.

»Und wie komme ich hier wieder raus?«

Das Mädchen zuckte die Achseln.

Hilde bekam Angst. Es war nun auch schon dunkel geworden. Sie lief ins Dorf zurück, entdeckte ein Haus mit einer roten Tür und rot gestrichenen Fensterrahmen. Ihr schien es, als komme Musik aus dem Haus. Sanfte, zarte Harfenklänge. Da müssen freundliche Leute wohnen, dachte sie.

Klopfte. Lauschte. Hörte, wie sich Schritte näherten. Schließlich sah sie hinter dem Fenster neben der Haustür ein Frauengesicht. Sie erschauerte: Das war das Gesicht ihrer Mutter, sie hatte es ja oft genug auf den Fotos gesehen. Dort stand ihre Mutter. Keine Frage.

»Hallo«, rief Hilde. »Hallo, Mama. Darf ich reinkommen?«

»Auf dich haben wir gerade gewartet«, rief da die Frau mit harter Stimme und schloss die Fensterläden. Wumm.

Hilde kam es vor, als habe ihr jemand einen Schlag versetzt. Sie wankte weiter. Auch an den nächsten Türen, an die sie klopfte, erging es ihr nicht besser. Dabei erblickte sie immer Leute hinter den Fenstern, die genauso aussahen wie Menschen, die ihr einst nahe gestanden hatten. Sie war sprachlos. Einer sah aus wie Lesley, ein anderer wie Willi. Doch niemand ließ sie ein. Niemand. Alle schüttelten nur den Kopf, schlossen die Fensterläden, löschten das Licht, warfen ihr böse Flüche hinterher. Besonders böse funkelte sie eine Frau mit Lockenwicklern an, die Ann Heart glich, Lesleys Verflossener. »Scher dich zum Teufel, du Drecksau«, keifte sie.

Irgendwo ertönte ein Klingeln. Es musste aus der Telefonzelle kommen, die Hilde im Dunst entdeckte. Doch als sie darauf zusteuerte, war das gelbe Häuschen verschwunden.

Als sie die Quartiersuche schon fast aufgegeben hatte, entdeckte sie am Dorfrand eine kleine Hütte. Die Fenster waren dunkel. Sie drückte die Klinke. Die Haustür sprang auf. Stille. Hilde knipste das Licht an. Eine Frau richtete sich in ihrem Bett auf. Rosi Schneeberger.

»Ach, das ist aber schön, dass du mich endlich besuchen kommst. Ich hatte schon gar nicht mehr mit dir gerechnet.«

Hilde wunderte sich. Rosi hatte wieder so schöne blonde Haare wie damals. Sie musste jedoch auch daran denken, dass sie sich von der Dirne hatte fernhalten wollen. Wie angewurzelt stand sie vor dem Bett.

»Komm ruhig rein«, lockte Rosi. »Ich tu dir nichts. Bei mir unter der Decke ist es warm.«

Hilde zögerte.

»Na komm schon.«

Rosi streckte ihr die Hand entgegen. Da fühlte sich Hilde wie von einer unsichtbaren Macht angezogen. Ergeben kroch sie zu der ehemaligen Schicksalsgefährtin ins Bett.

»Wenn du dich schön unter der Decke versteckst, brauchst du keine Angst zu haben«, raunte Rosi.

»Warum soll ich mich denn verstecken?«

Rosi kicherte. »Ach, die kleine Hilde«, spöttelte sie nachsichtig lächelnd. »Weißt du denn immer noch nicht, wo du bist?«

Hilde schwieg.

»Weißt du es wirklich nicht?«

Hilde schüttelte den Kopf.

»Du bist in ein Räuberhaus geraten, du kleine Maus. Um Mitternacht kommen sie meistens zurück. Dann muss ich ihnen ihre Blutsuppe kochen und danach ein bisschen mit ihnen tanzen, na, du weißt schon.«

Hilde stockte der Atem.

»Eigentlich haben sie es mir streng verboten, jemanden ins Haus zu lassen. Sie haben gedroht, dass sie jeden in tausend Stücke zerhacken werden, den sie hier finden. Aber keine Angst. Wenn du dich unter der Decke verkriechst, geschieht dir nichts.«

Hilde zog sich die Decke bis über die Augen.

»Aber jetzt lass uns schlafen, sonst bin ich nachher zu müde.«

Angespannt lauschte Hilde in die Dunkelheit. Rosi schnarchte. Mit rasselnden Atemzügen und unregelmäßig auffahrenden Knurrlauten. Plötzlich schwere Schritte. Stimmen. Die Tür knarrte. Männer polterten herein. »Aufstehen, du Schlafmütze!«, schrie einer. Und im nächsten Moment schoss Rosi auch schon aus dem Bett.

Hilde hörte, wie jemand ein Feuer machte, mit einem Topf hantierte. Teller wurden ausgeteilt, Stühle gerückt. Die Männer sprachen in einer fremden Sprache, fluchten, höhnten, lachten. Hilde wagte kaum zu atmen.

Irgendwann trat Schweigen ein. Dann klapperten Löffel. Offenbar schlürften sie jetzt ihre Blutsuppe. Danach wurde getanzt. Die Männer schrien, Rosi kreischte. Endlich kehrte Ruhe ein.

Rosi kroch ins Bett zurück. Aus einem Nebenraum drangen Schnarchlaute zu Hilde herüber. Viel lauter und durchdringender als die von Rosi. Die Männer waren eingeschlafen. Gott sei Dank! Hilde atmete auf.

»Die Sonne geht auf«, flüsterte Rosi ihr zu. »Am besten, du verschwindest jetzt. Wenn die aufwachen, sind sie meistens schlecht gelaunt.«

Prompt ließ Hilde sich aus dem Bett gleiten. Leise schlich sie aus dem Haus.

Tatsächlich leuchtete es rötlich hinter den hohen Bäumen. In der Nacht hatte es wieder gefroren. Zum Fluss! Vielleicht war er jetzt zugefroren. Hilde lief auf den Wald zu. Wenn die Sonne erst wieder länger schien, würde das Eis wohl schmelzen. Sie hatte also keine Zeit zu verlieren. Sie lief, als ginge es um ihr Leben.

Als sie keuchend das Ufer erreichte, stellte sie fest, dass der Fluss tatsächlich von einer Eisdecke überzogen war. Vorsichtig setzte sie einen Fuß darauf – und brach ein. Aber das war vielleicht nur das weiße brüchige Ufereis. Zur Flussmitte hin sah es fester aus. Außerdem hatte sie ja keine Wahl. Sie setzte also ihren

Weg fort. Das Eis krachte bedrohlich, knackte, knisterte und donnerte.

Doch Hilde glitt darüber hinweg. Eine Wäscheleine, an der bunte Handtücher aufgespannt waren, wies ihr den Weg. Anfangs machte sie sich noch die Mühe, die Handtücher abzunehmen. Dann wurden sie ihr zu schwer, viel zu schwer. Und sie trennte sich von der Last.

Ehe sie es sich versah, war sie wieder in ihrem Dorf. »Oma«, rief sie laut. »Oma, ich bin wieder da.«

Niemand öffnete. Nach einer Weile kam eine fremde Frau im rosa Morgenmantel aus der Haustür geschlurft.

»Wo ist denn meine Oma?«, fragte Hilde.

»Hier gibt's keine Oma«, antwortete die Frau.

»Aber ich will zu meiner Oma, das ist doch unser Haus.«

»Euer Haus? Das wird ja immer schöner«, sagte die Frau. »Was bist du denn für eine?« Und dann: »Ach! – Ich glaube, ich hab von dir gehört. Ja, natürlich. Du musst hier vor langer Zeit gewohnt haben, vor sehr langer Zeit. Deine Oma ist tot, hast du das gar nicht gewusst?«

»Tot?«, fragte Hilde entgeistert.

Die Frau lachte. »Ja, was denkst du denn, mein Täubchen. Meinst du, wir leben ewig? Du bist schließlich auch nicht mehr die Jüngste. Du solltest dich mal im Spiegel betrachten. Wahrscheinlich bist du auch längst tot.«

Bevor Hilde etwas sagen konnte, hielt ihr die lachende Frau auch schon einen Handspiegel vor. Sie erschrak: Sie blickte in das Gesicht einer Greisin.

Hilde erschauerte. »Du willst mich bloß quälen, das ist ein Zauberspiegel, du alte Hexe«, rief sie. »So alt bin ich doch noch gar nicht.«

Plötzlich ein Fanfarenstoß.

Hilde schlug die Augen auf. Nur ein bläuliches Flimmern erhellte das dunkle Wohnzimmer. Der Fernsehapparat lief. Es war tief in der Nacht, kurz vor vier Uhr schon. Benommen schaltete sie das Fernsehgerät aus und schleppte sich ins Badezimmer. Ängstlich blickte sie in den Spiegel. Doch dann atmete sie auf: So tiefe Falten wie das Traumgesicht hatte sie zum Glück noch nicht.

Die Ersten im Haus gingen bereits zur Arbeit, als Hilde wieder in ihrem Bett lag. Sie schlief bis zum späten Vormittag. Es war doch ganz egal, wann sie aufstand. Sie versäumte ja nichts.

Eugeniusz Leśniewski, vermutlich vor einer Scheune in Jarlingen – an der linken Brustseite das Abzeichen »P«, das ihn als polnischen Zwangsarbeiter ausweist.

Else Meyerhoff im Jahre 1938 als Sechzehnjährige in dem niedersächsischen Dorf Jarlingen.

Else Meyerhoff 1940 in der Ausgehuniform des Arbeitsdienstes auf einem Bauernhof in Pommern.

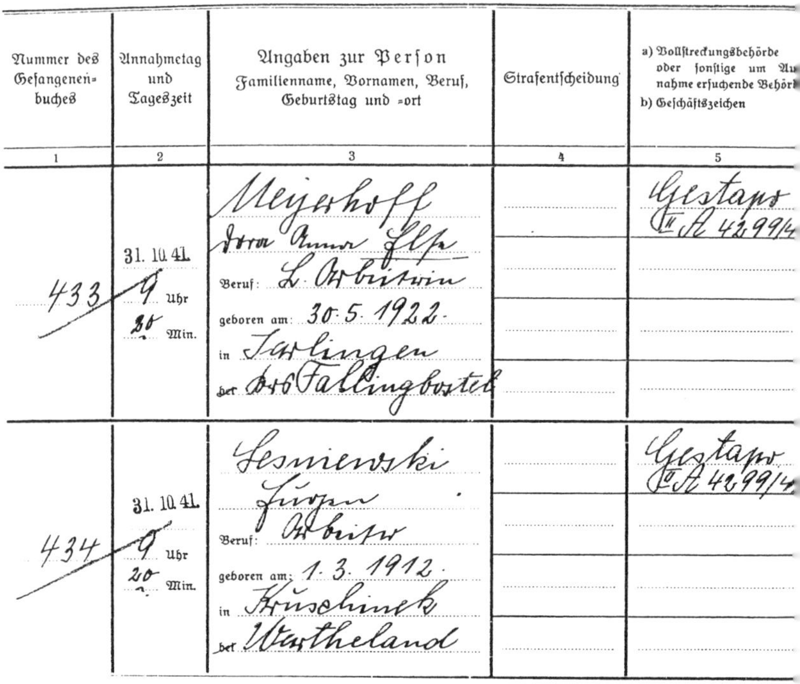

Nummer des Gefangenenbuches	Annahmetag und Tageszeit	Angaben zur Person Familienname, Vornamen, Beruf, Geburtstag und -ort	Strafentscheidung	a) Vollstreckungsbehörde oder sonstige um Aufnahme ersuchende Behörde b) Geschäftszeichen
1	2	3	4	5
433	31. 10. 41. 9 Uhr 20 Min.	Meyerhoff Dora Anna Else Beruf: L. Arbeiterin geboren am: 30. 5. 1922. in Jarlingen bei Krs Fallingbostel		Gestapo II A 4299/4
434	31. 10. 41. 9 Uhr 20 Min.	Lesniewski Eugen Beruf: Arbeiter geboren am: 1. 3. 1912. in Kruschinek bei Wartheland		Gestapo II A 4299/4

Auszug aus dem Gefangenenbuch des Zuchthauses Lüneburg. Die linke Seite dokumentiert die zeitgleiche Ankunft von Else Meyerhoff und Eugeniusz Leśniewski am 31. Oktober 1941 um 9.20 Uhr. Die rechte Seite weist aus, dass Else Meyerhoff die Vollzugsanstalt am 12. Dezember um 8.20 Uhr in Richtung Konzentrationslager Ravens-

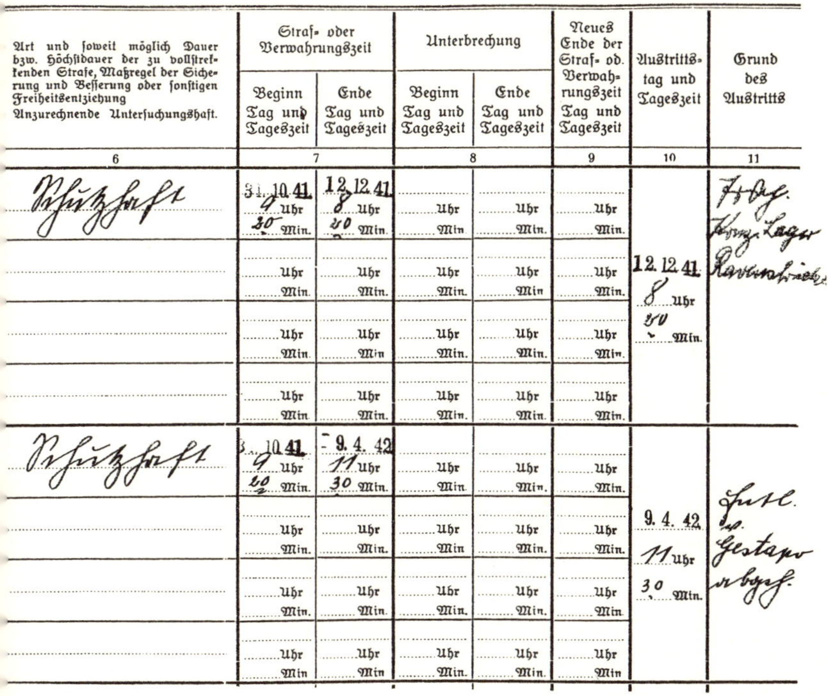

Art und soweit möglich Dauer bzw. Höchstdauer der zu vollstreckenden Strafe, Maßregel der Sicherung und Besserung oder sonstigen Freiheitsentziehung Anzurechnende Untersuchungshaft.	Straf- oder Verwahrungszeit: Beginn Tag und Tageszeit	Straf- oder Verwahrungszeit: Ende Tag und Tageszeit	Unterbrechung: Beginn Tag und Tageszeit	Unterbrechung: Ende Tag und Tageszeit	Neues Ende der Straf- od. Verwahrungszeit Tag und Tageszeit	Austrittstag und Tageszeit	Grund des Austritts
6	7	7	8	8	9	10	11
Schutzhaft	31.10.41 9 Uhr 30 Min.	12.12.41 8 Uhr 20 Min.	Uhr Min.	Uhr Min.	Uhr Min.	12.12.41 8 Uhr 20 Min.	[illegible] Konz. Lager Ravensbrück
Schutzhaft	31.10.41 9 Uhr 20 Min.	9.4.42 11 Uhr 30 Min.	Uhr Min.	Uhr Min.	Uhr Min.	9.4.42 11 Uhr 30 Min.	Entl. u. Gestapo abgeh.

brück verlassen hat und Eugeniusz Leśniewski am 9. April 1942 um 11.30 Uhr von der Gestapo abgeholt wurde – um zur Hinrichtung nach Jarlingen überführt zu werden.
Quelle: Niedersächsisches Hauptstaatsarchiv Hannover, Sign.: Hann. 86 Lüneburg, Acc. 34/90, Nr. 117.

Grabstein für einen Gehängten: Auf dem Friedhof Hamburg-Ohlsdorf wurde die Urne des Hingerichteten im April 1942 zunächst in einem Massengrab beigesetzt und 1964 in ein so genanntes Kriegergrab mit Grabsteinplatte umgebettet.

Der tanzende Fisch

Hier endet die Geschichte der Hilde Heart; hier beginnt die Geschichte einer Frau, die die Scham über ihre erlittenen Demütigungen überwindet und den Mut findet, ihr Gesicht zu zeigen und ihren Namen zu nennen: Else Hunt, geborene Meyerhoff.

Wie Hilde ist Else als junge Frau in den Sog eines der grausamsten Regime der Menschheitsgeschichte geraten. Und zweifellos hätte ihr Leben ohne den Zusammenstoß mit den braunen Machthabern einen ganz anderen Verlauf genommen. Dennoch ist Else Hunt nicht nur ein Opfer des Nationalsozialismus, sondern eine Frau mit einer persönlichen Lebensgeschichte. Um ihre Privatsphäre zu schützen, habe ich mich entschlossen, die Kunstfigur Hilde Heart an ihre Stelle zu setzen. Gleichzeitig verschaffte mir dieser Kunstgriff die gestalterische Freiheit, die Entwicklung meiner Hauptfigur in charakteristischen Szenen lebendig werden zu lassen. Denn trotz umfänglicher Recherchen ist es nicht möglich, in Erfahrung zu bringen, was ein Mensch vor mehr als einem halben Jahrhundert in bestimmten Situationen gesagt, gedacht oder gefühlt hat. Und da es mir als unseriös erschien, einer realen Person Gedanken oder Gefühle anzudichten, habe ich Else in die Figur Hilde verwandelt, deren Lebensgeschichte allerdings in allen Wendungen und Stationen mit der Biografie ihres Vorbilds übereinstimmt.

Doch dieser Kunstgriff wird nun überflüssig – auch darum, weil ich Else Hunt in der Folgezeit durch zahlreiche Besuche und Gespräche in ihrem Alltag begleiten durfte und damit unmittelbaren Einblick in ihre Entwicklung nehmen konnte.

Es war im November des Jahres 2000, als ich die damals Achtundsiebzigjährige das erste Mal in ihrer Wohnung in einem Mehrfamilienhaus am Rande der Kleinstadt Walsrode aufsuchte – zunächst nicht als Buchautor, sondern als Reporter der »Hannoverschen Allgemeinen Zeitung«.

Stolz präsentierte mir die kleine Frau mit dem Bubikopf die vielfältigen Erzeugnisse ihrer Handarbeit: umhäkelte und bestickte Taschentücher, Spitzendecken, Topflappen und natürlich die vielen Stickbilder an der Wand, die zumeist romantische Bauernhöfe in den Bergen darstellten. Und sie vertraute mir an, dass sie nicht nur zum Spaß häkle, stricke und sticke, sondern auch um sich ein kleines Zubrot zu ihrer kargen Witwenrente zu verdienen.

Fast hatte es den Anschein, als sei es ungewohnt für sie, mit ihren Händen einmal längere Zeit nicht zu arbeiten. In einem fort waren sie in Bewegung. Sie faltete und knetete sie, zupfte an der Tischdecke, stützte sich den Kopf, gestikulierte. Schließlich fiel es ihr wohl auch nicht ganz leicht, sich von einem wildfremden Menschen nach Dingen befragen zu lassen, über die sie ein halbes Jahrhundert lang den Mantel des Schweigens gebreitet hatte. Lieber hätte sie vermutlich noch weiter über ihre Handarbeit gesprochen. Und bevor das Gespräch beginnen konnte, musste selbstverständlich erst einmal der Tee gebrüht werden – nicht etwa mit simplen Teebeuteln zubereitet, sondern nach englischer Sitte: Tee in den Topf und dann durch ein Sieb laufen lassen. »Schmeckt doch auch viel besser.«

Und als auch der Gast Gefallen an dem edlen Getränk findet, huscht ein versonnenes Lächeln über das Gesicht der alten Dame. Doch schon wenig später schießen ihr Tränen in die Augen. Es ist nicht nur das Grauen im KZ, das sie so aufwühlt, es ist vor allem dieses tief sitzende Gefühl der Scham – die Scham darüber, ausgestoßen worden zu sein aus dem Kreis der vertrauten Dorfgemeinschaft. »Wenn alle einen schief angucken, dann zieht man sich zurück«, sagt sie. »Sie können sich ja nicht vorstellen, was es heißt, verachtet zu werden.« Die Stimme versinkt in heftigem Schluchzen.

Doch Else Hunt fängt sich wieder, beteuert, dass ja in Wirklichkeit gar nichts gewesen sei, erzählt weiter: von den Peitschenhieben und Tritten, von der sterbenden Pritschennachbarin, von gescheiterten Fluchtversuchen der Mitgefangenen, von der täglichen Angst beim Morgenappell, aber auch von dem Stolz auf ihr Geschick am Webstuhl und die Komplimente der Aufseherinnen. Die Erinnerungen schießen aus ihr heraus wie das trübe Wasser aus einer geplatzten Rohrleitung. Und die Ereignisse aus dem KZ vermischen sich mit anderen Erlebnissen. Sie erzählt von ihrer Rückkehr ins Dorf, der Zeit in England und den noch nicht so weit zurückliegenden Urlaubsreisen nach Österreich. Der zeitliche Ablauf gerät dabei zwar immer wieder durcheinander, doch die Details sind plastisch und klar. Und wenn gewünscht, nimmt Else Hunt abgerissene Gesprächsfäden wieder auf und beantwortet geduldig jede Nachfrage.

Erst als sich nach knapp drei Stunden meine Konzentrationsfähigkeit erschöpft hat, lenkt Else Hunt wieder den Blick auf vermeintliche Belanglosigkeiten ihrer Gegenwart. Und als sie dem Besucher ihre krähenden und kläffenden Bewegungsmelder vorführt, kehrt auch ihre Heiterkeit zurück. Das größte Vergnügen bereitet es ihr, mich mit einem Plastikkarpfen in Erstaunen zu versetzen. Wie die Trophäe eines Angelvereins mutet der Fisch im Ruhezustand an, der auf einem Brett befestigt ist und an der Wand hängt. Als Else Hunt aber dann einen Knopf drückt, beginnt das angenagelte Tier mit der getragenen Stimme eines Laienpredigers zu singen und im Takt mit den Schwanzflossen zu schlagen: »Don't worry, be happy.«

Die stolze Besitzerin wiegt sich im Rhythmus der Musik in den Hüften und signalisiert durch ihr Lachen, dass sie sich die Botschaft des Fischgesangs zu Eigen gemacht hat.

»Don’t worry, be happy.«

Aus dieser gelösten Stimmung heraus hat sie nicht einmal mehr etwas gegen ein Foto einzuwenden. Ob sie Wert darauf lege, dass ihr Gesicht später unkenntlich gemacht werde? Sie winkt ab. »Ach was, erkennen mich ja sowieso alle. Und warum soll ich mich denn auch verstecken?« Beim Vorgespräch am Telefon hatte sie noch die dringende Bitte geäußert, gar nicht im Bild zu erscheinen. Nun hat sie nicht einmal mehr etwas dagegen, dass ihr vollständiger Name in der Zeitung genannt wird.

Es war nicht das erste Mal, dass sich Else Hunt in einem Interview nach den Schattenseiten ihres Lebens befragen ließ.

Realschüler waren zuerst auf ihre verschüttete Geschichte gestoßen. Während einer Projektwoche an der Londy-Schule in Rethem bei Walsrode hatten die Jungen und Mädchen 1993 ihre Großeltern nach dem Schicksal der Kriegsgefangenen befragt, die während des Zweiten Weltkriegs auf den Bauernhöfen der Umgebung gearbeitet hatten. Dabei erinnerte sich eine alte Bauersfrau aus Groß Eilstorf daran, dass irgendwann im Frühling einmal alle Polen gezwungen worden waren, einer Hinrichtung auf einem Hof in dem Dorf Jarlingen beizuwohnen. Die Schüler waren entsetzt. Bisher hatten sie von den alten Leuten immer nur gehört, dass die Polen im Großen und Ganzen menschlich behandelt worden waren. Sie wollten daher genauer wissen, was es mit dieser Hinrichtung auf sich hatte.

Ihr Lehrer Detlef Gieseke trieb die Nachforschungen durch eigene Recherchen voran. So besuchte er jenen Jarlinger, auf dessen Hof die Hinrichtung einst stattgefunden hatte. Unter Tränen berichtete der inzwischen neunundachtzigjährige Altenteiler, wie Eugeniusz Leśniewski – einer seiner zuverlässigsten Arbeiter – nach einer Denunziation verhaftet und schließlich hinterm Schafstall aufgehängt worden war. Dabei, so mutmaßte der alte Mann, hätten die Nazis auch ihm, dem Bauern, einen Denkzettel verpassen wollen. Wegen seiner christlichen Gesinnung und liberalen Einstellung gegenüber Fremdarbeitern sei er schon zuvor in Ungnade gefallen.

Der alte Bauer erzählte auch von dem »Mädchen«, das seinerzeit aufgrund seiner Affäre mit dem Polen ins »Lager« gekommen sei. Nach einem längeren Auslandsaufenthalt lebe die Frau mittlerweile wieder in Walsrode.

Detlef Gieseke, der bereits seit Jahren im Rahmen einer Geschichtswerkstatt dem Schicksal der Kriegsgefangenen in der Lüneburger Heide nachgespürt hatte, horchte auf und forschte weiter. Über die niedersächsische Landeszentrale für politische Bildung erhielt er die Kopie eines Protokolls der Entnazifizierungskammer vom 1. August 1947. Es dokumentierte die Aussage des früheren Kreisobmanns der Deutschen Arbeitsfront im Kreis Fallingbostel, Wilhelm Witte, der auch mit Zwangsarbeitern zu tun gehabt hatte. Zur Zeit der Hinrichtung will Witte aber mit verdienten Arbeitern und Angestellten bei den Wagner-Festspielen in Bayreuth gewesen sein. Erst nach der Rückkehr habe er erfahren, dass ein Pole gehängt worden sei, der angeblich ein deutsches Mädchen vergewaltigt hatte, beteuerte er gegenüber dem »öffentlichen Ankläger« beim Spruchgericht Benefeld-Bomlitz.

Gieseke stieß noch auf eine weitere Zeugin – auf Vera Kölbetz, die einst als junges Mädchen aus Neugier mit dem Rad zur Hinrichtung nach Jarlingen gefahren war. Da sie die polnische Sprache beherrschte, schrieb Vera Kölbetz Briefe nach Polen, um mehr über den Hingerichteten zu erfahren. Doch das Ergebnis fiel enttäuschend aus. Und die Frau, die einst wegen der angeblichen »Rassenschande« ins KZ gekommen war, wagte niemand zu fragen. Man wollte ihr die Begegnung mit der Vergangenheit nicht zumuten, fürchtete um ihre Gesundheit.

Erst mehrere Jahre später unternahm eine Fernsehjournalistin den Versuch, mit Else Hunt ins Gespräch zu kommen. Mit Erfolg. Die WDR-Mitarbeiterin Erika Fehse, die an einem Film über die verbotene Liebe zwischen deutschen Frauen und Kriegsgefangenen arbeitete, gewann sofort das Vertrauen der Witwe.

Für Else Hunt begann indessen schon mit der Zusage der Boden zu wanken. Hätte ich bloß nein gesagt, dachte sie. Die Leute werden wieder mit dem Finger auf mich zeigen.

Und als habe sich ein inneres Ventil geöffnet, bestürmten sie schon in der Nacht nach dem ersten Anruf die so lange verdrängten Bilder. Das Schlimme war, dass sie mit niemandem darüber sprechen konnte. Sie wollte ja nicht wieder in die Rolle der Außenseiterin zurückfallen – verachtet und verspottet. Gerade jetzt, nach dem Tod ihres Lebensgefährten, war sie doch froh, wenigstens ihre Verwandten noch zu haben. Nicht ohne Grund hatte sie es immer vermieden, mit denen über ihre KZ-Zeit zu sprechen.

Doch als die Fernsehjournalistin sie schließlich besuchte, war es einfacher als befürchtet. Es tat ihr gut, ihrem Herzen Luft zu machen, und es beflügelte sie, dass sich jemand für die Dinge interessierte, die sie so lange allein mit sich herumgetragen hatte. Es sprudelte aus ihr heraus. Gern hätte sie mehr von den schönen Zeiten in ihrem Leben erzählt. Aber dafür interessierte sich die Fernsehfrau nicht besonders. Immer wieder die KZ-Zeit. Und immer wieder Eugen. Dabei hatte sie Erika Fehse gleich zu verstehen gegeben, dass sie eigentlich nie etwas Ernsthaftes mit dem Polen gehabt hatte. Sie lehnte es daher auch ab, mit den Fernsehleuten das Grab des Hingerichteten auf dem Friedhof in Hamburg-Ohlsdorf zu besuchen. »Warum? Wozu? Ich hab mit dem Menschen doch gar nichts zu schaffen.«

Nein, ihr reichten schon die Aufregung und der Trubel, als die Fernsehleute nach mehreren Vorgesprächen schließlich zu den Drehaufnahmen in Walsrode anrückten. Einen ganzen langen Sommertag belegte das Team ihre Wohnung mit Beschlag. Sie musste im Scheinwerferlicht Tee aufbrühen, Gemüse putzen, sticken und häkeln. Und sie musste sich wieder viele Fragen gefallen lassen. Die Nächte danach waren schlimm. Vor allem verfolgte sie das Bild jener Frau, die im Lager neben ihr bei lebendigem Leibe verfault war – von den Füßen aufwärts. Am selben Tag gestorben wie ihre Mutter. »Nimm mich doch ganz, meine Beine hast du ja schon«, hatte die Sterbende gesagt. Wie ein Spruchband flatterte dieser Klageruf durch die Nachtgespinste von Else Hunt.

Vier Monate vergingen, bis der Film ausgestrahlt wurde – spätabends im dritten Programm. Else Hunt war nur eine von vier Frauen, deren Schicksal Erika Fehse erzählt hatte. Sie sah sich den Film gemeinsam mit ihrer Schwester an. Auch manche Stationen ihres Leidensweges wurden gezeigt: das Untersuchungsgefängnis in Verden, das KZ Ravensbrück ... Doch die Bilder zogen an ihr vorüber, als habe das alles gar nicht viel mit ihr zu tun. Und mit ihrer Schwester wechselte sie kein Wort über ihre Eindrücke.

Immerhin war ihr Gesicht wie gewünscht abgedunkelt worden.

Doch trotz der Verschleierung und späten Sendezeit rief ihr Auftritt im Fernsehen einige Aufmerksamkeit hervor. Alte Bekannte, die sie bisher kaum beachtet hatten, sprachen sie auf die Sendung an und bekundeten ihr Mitgefühl. Bohrender hakten örtliche Geschichtsforscher nach, die Else Hunt nun als authentische Zeitzeugin für die dunkelsten Kapitel der NS-Vergangenheit weiterempfahlen. Bald schon ging ihr die ewige Fragerei auf die Nerven. Was bildeten diese Leute sich überhaupt ein? Wie kamen sie dazu, in ihrem Leben herumzuschnüffeln? Doch ein wenig schmeichelte ihr die allgemeine Beachtung auch, die ihr nun zuteil wurde.

Als drei Wochen vor Weihnachten der Artikel in der »Hannoverschen Allgemeinen« erschien, ging der Rummel erst richtig los. Dass sie für ihre furchtbare KZ-Zeit keinerlei Entschädigung erhalten hatte, erzeugte eine Welle der Empörung. Else Hunt konnte sich vor Anrufen nicht retten. Leute von nah und fern unterbreiteten ihre Hilfsangebote. Die örtliche Superintendentin sprach bei ihr vor, der Walsroder Bürgermeister lud sie zum Tee. Sogar Ministerialbeamte aus der Landeshauptstadt Hannover boten im Namen des niedersächsischen Ministerpräsidenten Unterstützung an.

Else Hunt war es eher peinlich, so öffentlich als Bittstellerin in Erscheinung zu treten. Abgesehen von symbolischen Entschädigungssummen von wenigen hundert Mark wies sie daher weitergehende Hilfsangebote freundlich, aber bestimmt zurück. Ihr graute davor, abermals Formulare ausfüllen zu müssen und in die Mühlen der Bürokratie zu geraten.

Sehr dagegen freute sie sich über ein Päckchen, das ihr eine Frau zum Nikolaustag schickte. Auch einige Weihnachtsgrüße mit angehefteten Zwanzig-Mark-Scheinen erreichten sie. Sie bedankte sich, indem sie den fremden Wohltätern kleine Häkeldeckchen oder bestickte Taschentücher als Gegengabe sandte. Es sollte ja nicht so aussehen, als ob sie Almosen einheimste.

Nicht alle Anrufe waren freundlich. Es kam auch vor, dass sie am Telefon beschimpft wurde.

»Dass du dich nicht schämst, mit so was an die Zeitung zu gehen«, fauchte eine alte Frau sie an. »Pfui Teufel.«

Bevor Else Hunt antworten konnte, hatte die Anruferin schon wieder aufgelegt. Sie brauchte lange, um sich von solchen Beschimpfungen zu erholen. Klingelte danach das Telefon, so ließ sie es klingeln, und es zitterte ihr die Hand, wenn sie es schließlich wieder wagte, den Hörer abzunehmen.

Anstrengend konnten aber auch die Solidaritätsbekundungen sein.

Ein frühlingshaft milder Abend im Januar 2001. Else Hunt hatte sich überreden lassen, im Walsroder Jugendzentrum über ihr

Schicksal zu sprechen. Ein Fernsehteam des WDR wollte sie bei ihrem Auftritt begleiten. Die Journalistin Erika Fehse war mit Kamerafrau und Tontechniker in ihre Wohnung gekommen, um sie abzuholen. Else Hunt raste der Puls. Der Schädel drohte ihr zu platzen. Am liebsten hätte sie abgesagt. Aber sie konnte die Veranstalter, die alles vorbereitet hatten, und die Fernsehleute, die von so weit her angereist waren, doch jetzt nicht im Stich lassen. So ballte sie mit eiserner Selbstdisziplin die Fäuste und ließ sich bereitwillig in den Mantel helfen. Doch plötzlich wurde ihr schwarz vor Augen. Sie sackte in sich zusammen, verlor einige Sekunden lang das Bewusstsein, fiel der Kamerafrau förmlich in die Arme.

Als sie wieder zu sich kam, war sie erstaunt, dass so viele Menschen um sie herumstanden. Die Fernsehjournalistin half ihr auf die Beine und stützte sie. »Geht es, Frau Hunt? Alles in Ordnung?«

»Es geht«, presste Else Hunt hervor. »Muss ja.« Und gestützt auf ihre Begleiterin ließ sie sich aus der Wohnung zum Fahrstuhl führen und zum Ort der Veranstaltung chauffieren.

Jeder Platz im Jugendzentrum war besetzt. Gut hundert Menschen waren gekommen, nicht nur Jugendliche, sondern auch viele ältere Leute. Jarlingen, das Dorf, in dem Hildes Tragödie ihren Lauf genommen hatte, war allerdings nur schwach vertreten. Gerade mal drei, vier Dorfbewohner wurden gesichtet.

Else Hunt schüttelte ihren Schwächeanfall ab. Das Lampenfieber legte sich, während sie über ihren KZ-Aufenthalt sprach. Sie spürte, dass ihr das Publikum wohl gesinnt war. Das stärkte ihr Selbstvertrauen.

Sie beteuerte, sie habe eigentlich gar nichts gegen Hitler gehabt. Doch sie verkniff es sich, dies näher auszuführen – zu erzählen, wie stolz sie gewesen war, zur BDM-Führerin ernannt worden zu sein. Dazuzugehören. Sie merkte, dass davon keiner etwas wissen wollte. Stattdessen berichtete sie von ihrer Heimkehr aus dem Lager, den letzten Kriegstagen in Jarlingen, der Übersiedlung nach England.

Aber die Fragen des Publikums bezogen sich fast ausschließlich auf das Leben im Lager. Wie es mit der Menstruation im KZ gewesen sei, wollte eine junge Frau wissen. Else Hunt machte die Frage verlegen. Leise murmelte sie ins Mikrofon, dass die Aufseherinnen »was ins Essen« getan hätten, um die Regel zu unterdrücken.

Am Ende gab es viel Applaus. Schulterklopfen, anerkennende Worte begleiteten sie bei ihrem Abgang. Sie war stolz. Stolz, dass ihr das, wofür sie sich so lange geschämt hatte, solche Anerkennung verschaffte.

Doch als sie im Bett lag, begann sich wieder alles zu drehen, und die bösen Bilder bestürmten sie aufs Neue.

Der Auftritt im Jugendzentrum machte sie noch bekannter. Das Fernsehen berichtete erneut, die Lokalzeitung informierte auf einer ganzen Seite. Wieder folgten Anrufe und Zuschriften. Und Else Hunt war hin- und hergerissen zwischen Stolz und Scham. Denn so manche ihrer Bekannten und Verwandten rieten ihr dringend, die Vergangenheit ruhen zu lassen.

»Don't worry, be happy« – oft war sie so niedergeschlagen, dass nicht einmal der tanzende Fisch sie aufzuheitern vermochte.

Ihr brauste der Kopf. Neue Schwächeanfälle warfen sie nieder. Immer wieder brach sie unvermittelt zusammen. Bei einem ihrer Stürze schlug sie so unglücklich mit dem Kopf auf eine Schrankkante, dass ihre Gesichtshaut im Krankenhaus genäht werden musste.

Als Ursache der Zusammenbrüche diagnostizierten die Ärzte extrem überhöhten Blutdruck. Nachdem sich die Behandlung mit Tropfen und Tabletten als unzulänglich erwiesen hatte, musste sie sich einen Herzschrittmacher einsetzen lassen. Viele Wochen pendelte sie zwischen Krankenhaus und Reha-Klinik, bis sie endlich wieder nach Hause entlassen wurde.

Zwischen den Fronten

Wieder kam der Frühling übers Land. In Else Hunts Wohnung aber blieb es November. Grau und trüb wurden ihre Tage. Die Krankheit setzte ihrem Bewegungsdrang Grenzen. Das Auto ließ sie nun lieber in der Garage stehen. Jetzt konnte sie nicht einmal mehr Fahrrad fahren. Trotz des Herzschrittmachers bestand aus Sicht der Ärzte immer noch das Risiko, dass sie erneut umkippen könnte. Hinzu kamen Schmerzen in der Hüfte, die ihr das Laufen zur Qual machten.

So blieb ihr nur die Möglichkeit, ein bisschen Frühling von ihrem Balkon aus zu erschnuppern. Sie mochte vor allem die Abenddämmerung. Dann wickelte sie sich in Wolldecken ein und richtete den Blick von ihrer kleinen Aussichtsplattform auf den nahen Benzer Wald, vor dem oft Nebelschleier hingen. Und während der Verkehrslärm der Kleinstadt allmählich erstarb, schallte das Vogelgezwitscher immer lauter aus dem nahen Wald zu ihr herüber. Sie malte sich aus, dass es vielleicht die Seelen ihrer verstorbenen Weggefährten sein könnten, die als Vögel zwischen dem frischen Birkengrün umherschwirrten und Neuigkeiten über den Irrsinn der Lebenden austauschten. Eine schöne Vorstellung. Der Tod hatte darin etwas Befreiendes.

An einem Maiabend mischte sich das Klingeln des Telefons in das Vogelgezwitscher.

»Ja, bitte?«

Immer lag ein fragender Ton in ihrer Stimme, wenn sie sich am Telefon meldete, ohne ihren Namen zu nennen. Sie schien erfreut, als sie meinen hörte. Nach kurzem Vorgeplänkel teilte ich ihr den Grund meines Anrufs mit. »Ich würde gern ein Buch über Sie schreiben, Frau Hunt. Was halten Sie von der Idee?«

»Ein Buch? Über mich?« Sie war so überrascht, dass sie kicherte. Die Vorstellung schien sie zu erheitern. Doch ein wenig fühlte sie sich wohl auch geehrt. Letztlich hatte sie es nicht bereut, ihre Geschichte in der Öffentlichkeit ausgebreitet zu haben. Viele freundliche Leute hatte sie dadurch kennen gelernt, viel Zuspruch erfahren. »Warum nicht?«, antwortete sie daher nach einem Moment des Innehaltens. »Von mir aus.«

Und prompt einigten wir uns auf einen nächsten Gesprächstermin in wenigen Tagen.

Die Aufregung der ersten Pressebegegnungen hatte sich gelegt. Die Schattengestalten bereiteten ihr keine schlaflosen Nächte mehr. Dennoch spürte ich, wie qualvoll es immer noch für sie war, über Einzelheiten des Lagerlebens zu berichten. Mehrere Bildbände über das KZ Ravensbrück hatte ich bei einem meiner Besuche angeschleppt, um ihrer Erinnerung auf die Sprünge zu helfen und ihre Zunge zu lösen. Doch damit war ich an eine Grenze gestoßen, die sie keinesfalls überschreiten wollte. Es reichte ihr, in Gedanken die Lagerstraße entlangzugehen. Sie musste dabei nicht auch noch das Krematorium und den Stacheldraht vor Augen haben. Nein, sie wollte nicht die Kontrolle über ihre Erinnerungen verlieren, nicht ganz versinken im Sumpf der Vergangenheit.

Ähnliches erlebten alle, die sie nach Eugen fragten. Immer wieder hatten sie nachgebohrt, was denn nun wirklich gewesen war, die Geschichtsforscher, die Presseleute. Sie spürte, dass sie ihr nicht recht glaubten, wenn sie beteuerte, dass sie nichts gehabt habe mit diesem Polen. Das ärgerte sie.

Auch ich sprach sie beharrlich auf die vermeintliche Affäre an – horchte sie aus nach jener Geburtstagsfeier, zeigte ihr Fotos vom

Grab auf dem Friedhof in Hamburg-Ohlsdorf. Doch sie blieb bei ihrer Darstellung. Ein wenig ins Grübeln geriet sie, als ich ihr die Eintragungen aus den Gefängnisbüchern von Verden und Lüneburg präsentierte. »Geschlechtsverkehr mit einem Polen«, hatte jemand fein säuberlich in die Spalte »Strafentscheidung« geschrieben. Unmittelbar über Else Meyerhoff war Eugeniusz Leśniewski aufgeführt, dem »Geschlechtsverkehr mit einer Deutschen« vorgehalten wurde. Exakt zur gleichen Zeit wie dieser war sie laut Eintragung von Bomlitz im Untersuchungsgefängnis Verden eingetroffen. Unter »Annahmetag und Tageszeit« stand bei beiden: »21.10.41, 14 Uhr«.

Und zur selben Zeit wie Eugen hatte sie das Gefängnis in Verden auch in Richtung Lüneburg verlassen. »Austrittstag und Tageszeit: 30.10.41, 18 Uhr 15«.

Am selben Morgen wie der Kriegsgefangene war sie laut Gefängnisbuch auch im Zuchthaus von Lüneburg aufgenommen worden – und zwar am 31. Oktober 1941 um 9 Uhr 20. Nur der »Austrittstag« unterschied sich.

Da bestand eigentlich kaum ein Zweifel darüber, dass sie gemeinsam mit Eugen unterwegs gewesen war. Warum aber hatte sie Eugen nicht gesehen? Hatte er etwa in derselben grünen Minna gesessen wie sie selbst? In der Zelle nebenan? Vor ihren Augen verborgen?

Else Hunt schloss diese Möglichkeit nicht aus. Sie konnte sich das aber alles nicht erklären. Ein dunkler Fleck in der Erinnerung? Es hatte den Anschein. Auch der zeitliche Ablauf ihres Transports nach Ravensbrück warf Fragen auf. Während das Lüneburger Gefangenenbuch den 12. Dezember 1941 als Tag der Abreise zum KZ vermerkte, beharrte Else Hunt darauf, dass sie erst am 20. Dezember unterwegs nach Ravensbrück gewesen sei. Was geschah in der Zwischenzeit? Dauerte die qualvolle Fahrt in die Uckermark mehrere Tage? Else Hunt zuckte die Achseln. Sie wollte sich schließlich auch nicht ganz im Gestrüpp dieser unheilvollen Geschichte verlieren. Das alles lag doch schon so weit zurück.

Und mittlerweile war ein Mann in ihr Leben getreten, der ihre Gegenwart reicher machte – ein Freund aus Jugendtagen. Er rief Erinnerungen in ihr wach, die noch frei waren von Schmerz und Schande. Erinnerungen an den Duft von Heu und Kartoffelfeuer, an Schützenfest und frühe Liebe, an Wärme und Geborgenheit in der dörflichen Gemeinschaft. Ein Mann, der die achtzig schon weit überschritten hatte, aber immer noch die Kraft besaß, sie glücklich zu machen – die Wochenenden und Feiertage mit ihr zu verbringen, sie mit dem Auto abzuholen, ein wenig zu verwöhnen. Nennen wir ihn Heinz Krumwieh, wie jenen Jugendfreund, den Hilde Heart an einem schönen Septembertag im Wartezimmer ihres Arztes trifft, jenen alten Herrn mit den Bauernpranken und der Kartoffelnase.

War es möglich, im Alter von achtzig Jahren fortzuführen, was mit achtzehn abgerissen war? Diese verrückte Idee verursachte ihr Herzklopfen, versetzte sie in eine prickelnde Stimmung wie schon lange nicht mehr. Sie legte wieder mehr Wert auf ein attraktives Make-up und kleidete sich in fröhlichen Farben. Und obwohl ihr das Gehen immer noch schwer fiel, flatterte sie auf einmal wie ein später Zitronenfalter durch die Welt.

In manchen Momenten allerdings zeigte es sich, wie weit das Leben die beiden Jugendfreunde von einst auseinander geführt hatte und wie schwer es war, die tiefe Kluft zu überbrücken, die sich dabei auftat. Denn »Heinz Krumwieh« war als Soldat der Reichswehr für Hitler-Deutschland in den Krieg gezogen und am Ende in russische Gefangenschaft geraten. Und er sah es gar nicht gern, wenn Else öffentlich mit ihrer »KZ-Geschichte« in Erscheinung trat und damit ausschließlich die hässliche Seite eines Systems verkörperte, dem er um ein Haar sein Leben geopfert hätte.

Und er empfand es als ungerecht, dass das Leiden und Sterben in russischer Kriegsgefangenschaft gar nichts mehr zählen sollte. Auch er hatte doch seine schlimmen Erinnerungen. In unablässigem Redestrom erzählte er immer wieder von der Kälte, der mörderischen Arbeit und dem Hunger in Sibirien. Anfangs hatte Else noch den Versuch unternommen, ihre KZ-Erinnerungen dagegenzusetzen. Doch er ging darüber hinweg wie eine Dampfwalze. Und da hatte sie es schnell aufgegeben und ließ ihn nun einfach reden. Oft ärgerte sie sich darüber, dass er nur seine eigene Leidenszeit gelten ließ. Aber dann war sie wieder gerührt, wenn er sich am nächsten Tag bei ihr meldete und mitfühlend nach ihrem Befinden fragte. Auch als sie zwei Wochen ins Krankenhaus musste, weil der Blutdruck erneut hochgeschossen war, besuchte er sie dort. Immer war er da, wenn sie ihn brauchte – ein schönes Gefühl.

Mit unvermindertem Argwohn und Unbehagen betrachtete es der alte Mann indessen, dass »seine« Else schon wieder dabei war, sich einem Reporter zu offenbaren. Noch dazu ihre gesamte Lebensgeschichte! An einem Nachmittag, als Else Hunt beim Arzt und »Heinz Krumwieh« allein in ihrer Wohnung war, bekam er unverhofft Gelegenheit, dem Kerl von der Zeitung den Marsch zu blasen, als der wieder einmal anrief.

»Lassen Sie bloß die Else in Ruhe, Meister, die haben Sie schon ganz krank gemacht mit ihrer Fragerei«, hielt er mir vor. »Als ob das nicht ausreicht, was Sie alles schon gebracht haben. Was soll denn der ganze Quatsch? Interessiert doch heute keine Menschenseele mehr. Das Einzige, was Sie damit bewirken, ist, dass Sie Else noch verrückter machen und ins Grab bringen.«

Mehrmals versuchte ich, den alten Mann zu unterbrechen, gab zu bedenken, dass es Else Hunt letztlich gut tat, über ihre KZ-Zeit zu sprechen, dass es viele gebe, die sich dafür interessierten, und dass sie schon vorher unter Herzbeschwerden gelitten habe – doch ich kam nicht dazu, auch nur einen Satz zu Ende zu bringen.

»Die traut sich bloß nicht, nein zu sagen, wenn sie gefragt wird«, unterbrach mich mein Gesprächspartner. »So ist sie immer schon gewesen. Ich kenne sie länger als Sie, glauben Sie man.«

Daraufhin beklagte er die Ungerechtigkeit, dass immer nur von den Schandtaten der Deutschen berichtet werde und so gut wie nichts über die Grausamkeiten der russischen Kriegsgefangenschaft. Und er legte mir nahe, mir ein Beispiel an dem Heidedichter Hermann Löns zu nehmen, wenn ich unbedingt ein Buch veröffentlichen wollte. »Der konnte noch schreiben, das war noch ein richtiger Dichter.«

Es war zwecklos, diesem rhetorischen Geschützfeuer argumentativ entgegenzutreten. Und so fand das Telefonat schließlich ein abruptes Ende. Doch bei allem Ärger über »Krumwiehs« Uneinsichtigkeit hallten die Vorwürfe noch lange in mir nach. Hatte ich es vielleicht wirklich zu weit getrieben? War ich nicht doch ein wenig schuld daran, dass ihr Blutdruck immer wieder in die Höhe schoss und diese unerklärlichen Schmerzen sie aus der Bahn warfen?

Es fiel mir nicht leicht, ein weiteres Mal bei Else Hunt anzurufen. Doch glücklicherweise zerstreute sie meine Bedenken und Selbstvorwürfe, als ich mich überwunden hatte. Und sie betonte, wie sehr sie sich auf das Buch freue. Natürlich aber wollte sie auch ihren Freund nicht verlieren und bestand auf einer strikten Trennung.

So pendelte sie zwischen zwei Fronten. Von »Heinz Krumwieh« ließ sie sich zurückholen in eine Zeit, in der sie noch vollwertiges Mitglied der dörflichen Gemeinschaft gewesen war, umfangen von der Wärme der Hofküche. Von dem Journalisten ließ sie sich zurückführen in die Krisen und Katastrophen ihres Lebens, die in ihrem Innern weiter schwelten.

Vermutlich fühlte sie sich oft ausgesaugt von mir, wenn ich meinen Notizblock zuklappte und sie mit ihren aufgewühlten Gefühlen allein ließ. Hinzu kam, dass ihr Zustand sich verschlechterte. Nur unter großer Kraftanstrengung gelang es ihr, sich noch durch ihre Wohnung zu schleppen. Manchmal war der Schmerz in der Hüfte so schlimm, dass sie gar nicht gehen konnte, sondern am Boden entlangrobbte. Der Weg zum Telefon wurde für sie in solchen Momenten zur Qual.

Vergebens hatte sie an einem kühlen Sommernachmittag gerade versucht, in die Küche zu kommen, um sich ein Glas Wasser einzugießen, da klingelte schon wieder das Telefon. Der zermürbende Kampf gegen die eigene Hinfälligkeit hatte alle Kraft zur Selbstbeherrschung aufgerieben.

Sie gab sich gar nicht erst die Mühe, ihrer Stimme einen freundlichen Ton zu verleihen. Ihr »Ja bitte?« klang an diesem Tag wie das Röcheln einer Todkranken. Doch in dem verfehlten Bemühen, sie ein wenig aufzumuntern, ging ich in lockerem Ton darüber hinweg.

»Ja, hallooo, liebe Frau Hunt. Wie geht's denn?«, fragte ich.

Da verlor sie die Beherrschung. »Lass mich in Ruhe«, herrschte sie mich mit ohnmächtiger Wut an. »Ich kann nicht mehr.«

Sie legte den Hörer auf, ohne eine Antwort abzuwarten. Später entschuldigte sie sich für ihr Verhalten und berichtete mir, sie habe sich kraftlos am Boden gekrümmt, gepeinigt von höllischen Schmerzen. Glücklicherweise war zwei Stunden später »Heinz Krumwieh« gekommen.

Drei Wochen musste sie nach diesem Zusammenbruch wieder im Krankenhaus verbringen. Die Ärzte konnten nicht viel mehr tun, als die Dosis ihrer Schmerz- und Herztabletten zu erhöhen. Dennoch bestand sie darauf, mit ihrer Erinnerungsarbeit fortzufahren, als ich mich mit Weintrauben und dem Ausdruck schlechten Gewissens bei ihr im Krankenhaus zurückmeldete.

Sie hielt Wort. Und als ich sie nach der Entlassung aus dem Krankenhaus in ihrer Wohnung besuchte, ließ sie es sich nicht einmal nehmen, mir einen Tee zu kredenzen – natürlich auf englische Art. Sogar ihren Karpfen ließ sie wieder tanzen.

»Don't worry, be happy.«

Besuch aus Polen

An einem heißen Junitag des nächsten Jahres schließlich konnte ich mich für die vielen Teestunden revanchieren. Ich hatte Else Hunt zu Kaffee und Erdbeerkuchen eingeladen. Und an unserem Gartentisch im Schatten eines verwilderten Mirabellenbaums saßen auch noch andere Gäste – zum Beispiel eine Frau aus Polen.

Zuvor hatte ich mich im Heimatland von Eugeniusz Leśniewski auf Spurensuche begeben. Schon von Deutschland aus hatte ich alles Mögliche versucht, um mehr über den erhängten Lehrer zu erfahren: das Rote Kreuz und Veteranenorganisationen angeschrieben, Staatsarchive und Gedenkstätten kontaktiert, Aufrufe in polnischen Zeitungen veröffentlicht. Doch all dies war nahezu vergeblich gewesen. Es schien, als habe es Eugeniusz Leśniewski nie gegeben. Und manche Auskunft aus Polen deutete auch darauf hin, dass man nicht mehr an der schmerzlichen Geschichte rühren wollte, die ja nicht nur mit Tod, sondern auch mit Ehebruch verbunden war.

Um mir selbst ein Bild von dem Landstrich zu machen, in dem Eugeniusz aufgewachsen war, fuhr ich im Januar 2003 nach Polen – nach Włocławek, ehemals Leslau. Die Hundertzwanzigtausend-Einwohner-Stadt an der Weichsel hatte noch vollauf damit zu tun, die Schlacken des Kommunismus abzuschütteln, um ganz frei für den Kapitalismus zu werden. Die Papierfabriken, die einst vielen tausend Menschen Arbeit gegeben hatten, waren geschlossen, neue Arbeitsplätze in ausreichender Zahl nicht in Sicht. Nur die westlichen Konsumtempel schossen aus dem Boden – Einkaufszentren und Supermärkte, betrieben von deutschen, norwegischen, englischen und amerikanischen Investoren, den neuen Herren im Land.

An Konsumgütern herrschte kein Mangel mehr. Nur fehlte es den meisten am nötigen Geld, um all die Herrlichkeiten der Wohlstandsgesellschaft auch zu erwerben. Manche ertränkten ihre Verzweiflung in Wodka. Andere versuchten, auf direktem Wege an Handy oder Auto zu gelangen: Die hohe Kriminalität machte der Übergangsgesellschaft schwer zu schaffen. Die Ladenbesitzer hatten ihre Schaufenster vergittert, Polizeistreifen patrouillierten durch die Einkaufsstraßen, vor dem Betreten zahlreicher Orte wurde gewarnt. Dennoch verging keine Nacht ohne Raub und Überfall, und die Polizeisirenen zerrissen die nächtliche Stille.

Angesichts solch drängender Gegenwartsprobleme hielt sich das Interesse an der Vergangenheit in Grenzen. Dennoch waren etliche Bürger der Stadt bereit, mich bei meiner Spurensuche zu unterstützen – mir Wege zu betagten Zeitzeugen und verstaubten Aktenschränken zu bahnen. Als besonders hilfsbereit zeigte sich der Chefredakteur der »Gazeta Pomorska«, Karol Poliński, der mir einen Fahrer und Dolmetscher zur Verfügung stellte. So blätterte ich in fleckigen, speckigen Kirchenbüchern, sprach mit schwerhörigen Urgroßmüttern, früheren Zwangsarbeitern, mit Historikern, Küstern, Pfarrern, Lehrern und Archivaren. Und niemand hatte jemals etwas von Eugeniusz Leśniewski gehört.

Am Ende aber wurde ich doch noch fündig. Im Archiv des Rathauses von Włocławek entdeckte ich eine Eintragung, die die Geburt von Eugeniusz Leśniewski unzweifelhaft bezeugte. In den Amtsbüchern fanden sich weitere Angaben zur Familie des Erhängten. Der Zufall wollte es, dass die zuständige Sachbearbeiterin auch noch den gleichen Familiennamen wie Eugen trug. Und Mira Stojak-Leśniewska erklärte sich bereit, Nachforschungen in ihrer weit verzweigten Familie und auf dem Amtswege anzustellen. Nach anfänglichen Schwierigkeiten wurden die Recherchen schließlich von Erfolg gekrönt. Als ich bereits wieder zurück in Deutschland war, stieß die Stadtangestellte auf eine Nichte des Ermordeten, auf Teresa Chabasinska. Die sechsundfünfzig Jahre alte Witwe lebte mit ihrer sechsundachtzigjährigen Mutter zusammen in einer kleinen Wohnung in Chodecz, zwanzig Kilometer von Włocławek entfernt. Teresas Vater war bereits seit einigen Jahren verstorben, hatte aber mit seiner Tochter manches Mal über seinen Bruder Eugeniusz gesprochen.

In mehreren Briefen teilte Teresa Chabasinska mir manch wertvolles Detail mit.

»Seine Frau wird mich bestimmt gehasst haben«, entfuhr es Else Hunt, als ich ihr einen Zwischenbericht erstattete. »Ich hätte ihr gern gesagt, dass da gar nichts war.«

Doch dazu war es zu spät. Józefa, die Witwe des Hingerichteten, lebte nicht mehr. Die Enttäuschung über den angeblichen Seitensprung ihres Mannes muss groß gewesen sein. So fühlte sie sich frei, schon bald nach dem Krieg ein zweites Mal zu heiraten. Sie brachte mehrere Söhne zur Welt, die so gut wie nichts über den ersten Mann ihrer Mutter erfuhren.

Aus der Ehe zwischen Józefa und Eugeniusz waren offensichtlich keine Kinder hervorgegangen – die Berichte des alten Jarlinger Heidebauern, auf dessen Hof Eugeniusz während des Krieges gearbeitet hatte, bestätigten sich nicht.

So gab es niemanden in Polen, der Interesse daran zeigte, das Grab des Erhängten zu besuchen. Und das hatte nicht nur mit mangelndem Interesse zu tun.

Eugeniusz war für seine Familie gestorben – nicht nur physisch, sondern auch im übertragenen Sinne. Ähnlich wie seinerzeit Else, die sich nach ihrer Rückkehr aus dem KZ in ihrem Dorf verächtlichen Blicken ausgesetzt sah, wurde auch Eugeniusz bei den Seinen zur Unperson. Die angebliche Liebe zum Feind machte beide zu Verfemten. Über den Tod hinaus wurde Eugeniusz

Leśniewski von seiner eigenen Familie mit Missachtung gestraft. Ehebruch war das eine, die Affäre mit einer Deutschen das andere – und vielleicht noch schlimmere –, was ihm in seiner Heimat nicht verziehen wurde. »Das war die Strafe Gottes«, so hatte einst Bruder Władysław gegenüber seiner Tochter die Hinrichtung des vermeintlichen Ehebrechers kommentiert.

Und die Tochter hatte zunächst sehr daran gezweifelt, ob es Sinn mache, die peinliche Geschichte wieder aufzurühren und sich einem deutschen Journalisten anzuvertrauen. Doch nach den ersten Briefen entschloss sich Teresa Chabasinska, über den Schatten der Vergangenheit zu springen – und das Grab ihres Onkels sechzig Jahre nach der Beisetzung auf dem Friedhof in Hamburg-Ohlsdorf zu besuchen.

Sie hatte zwei rote Grablichter im Gepäck, als sie an einem Junitag des Jahres 2003 in aller Herrgottsfrühe mit dem Bus aus Polen in Hamburg eintraf. Da Teresa Chabasinska kein Deutsch sprach, hatte ich eine Polnisch sprechende Bekannte gebeten, sie nach Hamburg zu begleiten – Vera Kölbetz, die Frau, die damals als junges Mädchen zur Hinrichtung nach Jarlingen geradelt war.

Teresa Chabasinska war erstaunt über den herrlichen Parkfriedhof und das gepflegte Grab mit den Rosen und dem Grabstein, in den fein säuberlich die Lebens- und Sterbedaten des Onkels eingemeißelt waren. Gerührt faltete sie die Hände.

Doch in die Rührung mischte sich auch Irritation. »Ich verstehe das nicht«, entfuhr es ihr. »Warum setzt man einem Menschen, den man umgebracht hat, einen so schönen Grabstein?«

Dass nicht die Nazis den Grabstein gesetzt hatten, sondern erst die Nachgeborenen im Jahre 1964, beantwortete die Frage nur unvollständig. Warum hatten sie den Erhängten nicht einfach verscharrt, um ihre Schandtat zu verbergen? Deutscher Ordnungssinn? Die Polin schüttelte verwirrt den Kopf.

Doch Teresa Chabasinska war nicht nur nach Deutschland gekommen, um dem Toten ihre Ehrerbietung zu erweisen. Sie wollte auch die Frau kennen lernen, die ihr Onkel angeblich einst geliebt hatte. Denn Eugeniusz hatte seine Affäre mit der Deutschen nicht geheim gehalten, sondern seinem Bruder Władysław davon in mehreren Briefen berichtet – und der hatte seiner Tochter viele Jahre später davon erzählt.

Else Hunt war einverstanden. Und so arrangierte ich die Begegnung zwischen der Polin und der Deutschen im Schatten des Mirabellenbaums – mit Vera Kölbetz, der Augenzeugin der Hinrichtung, als Dolmetscherin.

Zu einer wirklichen Begegnung kam es dann aber doch nicht. Fassungslosigkeit, Befremden spiegelten sich in den Augen der Besucherin aus Polen, als Else Hunt ihr entgegenhumpelte. Es war nicht, wie wohl erwartet, die gebeugte Greisin in Schwarz, die ihr da die Hand entgegenstreckte, sondern eine kleine, alte Dame in jugendlicher Verpuppung – mit Bubikopf und Turnschuhen und der Leuchtkraft eines Kanarienvogels, die eng geschnittene Weste im gleichen fröhlichen Farbton gehalten wie die knielange Caprihose: gelb wie Vanillepudding.

Der Katholikin in der dunklen Seidenbluse fehlten die Worte. Auf Eugens Nichte machte die fünfundzwanzig Jahre ältere Deutsche den Eindruck einer Zirkusprinzessin. Erst später entlud sich die Verblüffung der Polin in befreiendem Lachen. Im Augenblick des Zusammentreffens war Teresa Chabasinska so verwirrt, dass ihr nur Höflichkeitsfloskeln über die Lippen kamen.

Aber auch Else Hunt, verstört von den Blicken der Missbilligung, unternahm nicht den Versuch, das Eis zu brechen, das trotz der Hitze eine herzliche Begegnung verhinderte. Artig reichte sie der Frau aus Polen die Hand, tapfer lächelnd ließ sie sich mit ihr fotografieren. Doch Fragen stellte auch sie nicht. Wie bei einer Geschichte, die sie eigentlich gar nichts anging, hörte sie zu, als

Teresa unter der strahlenden Junisonne von den Briefen erzählte, in denen Eugeniusz von seiner Affäre mit einer Deutschen geschwärmt hatte.

Ungläubig dann starrte sie auf das Foto, das Teresa aus Polen mitgebracht hatte. Es zeigt einen Mann, der auf einem Stuhl vor einem Holzschuppen sitzt. Die Beine übereinander geschlagen, in stolzer, aufrechter Haltung blickt der Mann nachdenklich in die Kamera, während Rauch von einer Zigarette aufsteigt, die er elegant in der rechten Hand hält – eingefasst von einer Zigarettenspitze. Eugeniusz. Ohne Zweifel: Es ist die Pose des Intellektuellen, die der Mann mit der hohen Denkerstirn für das Foto eingenommen hat. An der linken Brustseite der dunklen Anzugjacke prangt ein Abzeichen, das möglicherweise den Buchstaben P darstellt – P wie Pole. Demnach wäre das Foto in Deutschland entstanden und würde mit hoher Wahrscheinlichkeit Eugeniusz Leśniewski als Zwangsarbeiter in dem niedersächsischen Dorf Jarlingen zeigen.

»Da sieht er aber jung drauf aus«, sagte Hilde. »So hatte ich ihn gar nicht mehr in Erinnerung.«

Sie richtete den Blick nach oben, zu den Schatten spendenden Mirabellenzweigen. Über den nahen Gartenteich flatterte ein Zitronenfalter. Die Luft stand still, die Vögel schwiegen.

Die alte Frau in der gelben Caprihose atmete tief durch – so als wollte sie Kraft schöpfen. »Sah ja wirklich gut aus«, murmelte sie anerkennend, doch mehr zu sich selbst. »Ich hätte mal ruhig mit ihm tanzen sollen, damals«, sagte sie später. »Schlimmer wär es dadurch auch nicht gekommen.«

Nachwort

Es war eine ganz harmlose Geburtstagsfeier, die Else Meyerhoff zum Verhängnis werden sollte. Es wurde gewitzelt und gelacht, geschlemmt und gebechert. Im Radio lief Schlagermusik, und irgendwann kam einer der Gäste auf die Idee, Else zum Tanzen aufzufordern. Unter normalen Umständen hätte die neunzehn Jahre alte Landarbeiterin nicht lange gezögert. Denn Else Meyerhoff tanzte leidenschaftlich gern.

Doch die Geburtstagsfeier fand an einem Oktoberabend des Jahres 1941 statt. Die Nationalsozialisten hatten Deutschland in einen Krieg gestürzt und die Bevölkerung zur Wachsamkeit gegenüber dem »Feind« ermahnt. Und zu den Feinden zählten eben auch jene 290 000 polnischen Kriegsgefangenen, die sich in Landwirtschaft und Industrie als »Zivilarbeiter« nützlich machen »durften« – ebenso wie die übrigen zwangsverpflichteten Ausländer, deren Zahl in die Millionen ging.

Da die meisten deutschen Landwirte, Bauernsöhne und Knechte vom Acker aufs Schlachtfeld beordert worden waren, wurde die Hilfe der Polen gerade auf den Bauernhöfen sehr geschätzt. Anders als in der Fabrik kamen sich Deutsche und »Fremdarbeiter« besonders bei der Arbeit in Stall und Scheune ziemlich nahe. Und weil es an deutschen Männern mangelte, kamen sich deutsche Frauen und polnische Männer gelegentlich auch menschlich nahe – manche wurden sogar intim miteinander. Die Nationalsozialisten beeilten sich daher, den Umgang mit Hilfe von Erlassen auf das Notwendigste zu beschränken. So war es schon verboten, gemeinsam am Tisch zu sitzen. Auch die Benutzung öffentlicher Verkehrsmittel war den »Arbeitern polnischen Volkstums« unter Androhung von Strafen untersagt. Um zu verhindern, dass sich die Zwangsarbeiter als Deutsche »tarnten«, wurden sie per Erlass verpflichtet, »auf der rechten Brustseite eines jeden Kleidungsstückes« ein Abzeichen mit dem Buchstaben P zu tragen. Wurde jemand ohne dieses Abzeichen erwischt, musste er es sich gefallen lassen, gleich auf der Straße von Polizisten mit Fußtritten und Ohrfeigen an seine Stellung erinnert zu werden. Solche Behandlung war durch einen »Strafenkatalog« offiziell abgedeckt. Zudem konnten Geldstrafen zwischen fünf und zwanzig Reichsmark verhängt oder die Überführung in ein »Arbeitserziehungslager« angeordnet werden.

Noch strengere Strafen drohten, wenn Deutsche und Polen sich gemeinsamen Vergnügungen hingaben. Im Falle von sexuellen Kontakten hatten Zwangsarbeiter gar mit der Todesstrafe zu rechnen.

»Haltet das deutsche Blut rein«, forderte ein NSDAP-Merkblatt, das im Frühjahr 1940 jeder deutsche Bauer bekam, der Ausländer beschäftigte. »So wie es als größte Schande gilt, sich mit einem Juden einzulassen, so versündigt sich jeder Deutsche, der mit einem Polen oder einer Polin intime Beziehungen unterhält. Verachtet die tierische Triebhaftigkeit dieser Rasse! Seid rassebewusst und schützt Eure Kinder. Ihr verliert sonst Euer höchstes Gut: Eure Ehre.«

Die »Strafvorschriften zum Schutz der Wehrkraft des deutschen Volkes« vom 25. November 1939 lieferten die juristische Grundlage für die Verfolgung der uneinsichtigen Deutschen. Nach der Verschärfung durch die »Verordnung über den Umgang mit Kriegsgefangenen« vom 11. Mai 1940 war alles untersagt, was nicht unmittelbar die Arbeit erforderlich machte. Unter Strafe standen danach Schenkungen aller Art (von Briefmarken, Streichhölzern bis hin zu Alkohol), der Austausch von mündlichen und schriftlichen Mitteilungen privater Natur, Zuwinken und selbstverständlich Gespräche über »kriegswichtige Angelegenheiten«.

Ein wesentliches Ziel der Verordnung bestand darin, sicherzustellen, dass die deutschen Frauen ihren zum Kriegsdienst einberufenen Männern an der »Heimatfront« die Treue hielten. Entsprechend wurde das Gesetz gehandhabt. Der hannoversche Historiker Raimond Reiter (»Frauen im Dritten Reich in Niedersachsen«) stellt fest, dass der Anteil der Frauen an Urteilen des Sondergerichts Hannover zum »verbotenen Umgang mit Kriegsgefangenen« bei siebenundneunzig Prozent lag. Wenn deutsche Soldaten sich gemäß des Landserliedes auf ihren Eroberungsfeldzügen »in einem Polenstädtchen« mit einem »Polenmädchen« amüsierten, dann krähte kein Hahn danach, geschweige denn ein Jurist. Bei Frauen hingegen wurde der Beischlaf mit Nichtdeutschen als schweres Verbrechen behandelt. Dabei blieb es der Willkür von Gestapo, Polizei, Sicherheitsdienst oder örtlicher Parteileitung überlassen, ob die »Verfehlungen« ordentlichen Gerichten, Sondergerichten oder außergerichtlichen Instanzen zugewiesen wurden. Wenn Amtsgerichte sich derartiger Fälle von »GV« (Geschlechtsverkehr) annahmen, trieb die Beweisführung oft bizarre Blüten. Sie stützte sich fast immer auf Denunzianten. So wird in einem Urteil des Amtsgerichts Peine vom 27. August 1944 ein Bauer zitiert, der die beschuldigte sechsundzwanzigjährige »Haustochter« dabei beobachtet haben will, wie sie sich im Gehölz mit einem serbischen Kriegsgefangenen traf und ihn umarmte. »Aus den Bewegungen der beiden meint er auch schließen zu können, dass sie sich küssten«, heißt es in der Urteilsbegründung.

Die beschuldigte »Haustochter« wurde aufgrund von Aussagen dieser Art zu acht Monaten Gefängnis verurteilt. Die verhängte Haft war oft nur ein Teil der Strafe. Viele der überführten Frauen mussten es sich gefallen lassen, dass man ihnen die Haare abrasierte und sie mit einem Schild um den Hals durchs Dorf trieb, bevor sie hinter Gitter kamen. In der niedersächsischen Kleinstadt Gifhorn ging der örtliche NSDAP-Kreisleiter im Februar 1940 so weit, einer Frau persönlich die Haare abzuschneiden, weil sie die »deutsche Frauenehre in gröblichster Weise beschmutzt« habe.

Auch aus dem brandenburgischen Nauen ist ein ähnlicher Vorfall überliefert. In den Nachmittagsstunden des 12. November 1940 wurde hier laut Rolf Hochhuth (»Eine Liebe in Deutschland«) eine Frau mit kahl geschorenem Kopf und in Säcke gekleidet durch die Straßen geführt. Die Frau hatte eine Tafel zu tragen, auf der stand: »Ich bin ein verkommenes Subjekt, weil ich mich mit einem Polen eingelassen habe. Deswegen gehe ich ehrlos aus dieser Stadt ins Zuchthaus.«

Mit Rücksicht auf das Ausland ordnete Hitler im Oktober 1941 an, die öffentliche Diffamierung künftig zu unterlassen. Zuchthaus und Konzentrationslager drohten indessen nach wie vor allen deutschen Frauen, »die mit Kriegsgefangenen in einer Weise Umgang pflegen, die das gesunde Volksempfinden gröblich verletzt«, wie es in jener Verordnung vom November 1939 hieß.

Das »gesunde Volksempfinden«, das die Nationalsozialisten immer wieder bemühten, bezeichnet indessen im Kern vorurteilsbeladene, spießbürgerliche Grundeinstellungen, die sehr viel älter sind als die NS-Bewegung – Haltungen, die in ihrer unverwüstlichen Dumpfheit auch das »Dritte Reich« überlebt haben. Auch die ersten Gastarbeiter, die während der Wirtschaftswunderjahre nach Deutschland geholt wurden, erregten Anstoß, wenn sie sich nicht darauf beschränkten, den Deutschen als Arbeiter zu Diensten zu stehen. Der »Umgang« mit ihnen war verpönt. Während die Schlagersänger ein romantisches Hohelied auf die »kleinen Italiener« anstimmten, konnte es italienischen Gastarbeitern passieren, dass man sie lynchte, wenn sie sich an deutsche Mädchen heranwagten.

Wie die Nationalsozialisten die bürgerliche Doppelmoral ins Extrem trieben, zeigt sich am deutlichsten an ihrem Umgang mit der Prostitution. Einerseits wurden Prostituierte »zum Schutz von Volk und Staat« interniert, andererseits richtete die SS eigene Bordelle ein und führte Frauen mehr oder weniger zwangsweise der Prostitution zu. Die bis ins Absurde getriebene Doppelmoral spiegelt sich auch im Schicksal der Prostituierten Rosi Schneeberger wider, die zwar als Kunstfigur angelegt ist, sich in ihrer Lebensgeschichte aber eng an der Wirklichkeit authentischer Fälle bewegt. Frauen wie Rosi Schneeberger waren nach dem Ende des Nationalsozialismus nahezu der gleichen Ablehnung ausgesetzt wie zuvor, wenn sie sich nicht zur vollständigen Selbstverleugnung entschlossen.

Else Hunt dagegen lebte als junge Frau bis zu ihrer Internierung im Einklang mit den Normen und Werten der nationalsozialistischen Gesellschaft. Sie bekleidete auf dörflicher Ebene sogar einen Führungsposten im »Bund Deutscher Mädel«. Sie wusste also, dass sie Abstand zu einem Polen zu halten hatte. So gab sie denn Eugeniusz Leśniewski auch einen Korb. Ihre Begründung jedoch rief die Wächter des Systems auf den Plan: »Wenn Hitler tot ist, können wir tanzen.« Vor allem diese unbedachte Antwort auf Eugeniusz Leśniewskis Aufforderung zum Tanz war es vermutlich, die sie ins KZ brachte.

Eugeniusz musste die vermeintliche Affäre bekanntlich mit dem Leben bezahlen. Hunderten von Zwangsarbeitern widerfuhr Ähnliches. Der Historiker Ulrich Herbert (»Fremdarbeiter. Politik und Praxis des ›Ausländereinsatzes‹ in der Kriegswirtschaft des Dritten Reiches«) berichtet von der Exekution eines siebzehn Jahre alten Polen in Gotha am 24. August 1940. Neben fünfzig Polen, die zwangsweise zusehen mussten, nahmen hundertfünfzig Deutsche aus der Umgebung an der Hinrichtung teil. Freiwillig.

Der polnische Jude Marian Ryż war achtzehn Jahre alt, als er am 16. November 1942 gemeinsam mit dem polnischen Landsmann Józef Ratajczak auf dem Gelände des Arbeitserziehungslagers Hallendorf bei Braunschweig erhängt wurde. Beide Polen hatten auf einem Bauernhof in dem niedersächsischen Dorf Wierstorf gearbeitet. Sie wurden beschuldigt, mit so genannten Pflichtjahrmädchen verkehrt zu haben. Marian Ryż, der seine jüdische Herkunft in seinem Wehrpass verschwiegen hatte, stammte aus Lipno – einem Städtchen, das nur wenige Kilometer vom Heimatort Eugeniusz Leśniewskis entfernt liegt.

Auch Andrzej Szablewski ist in dieser Region aufgewachsen. Ebenso nah beieinander liegen die Umstände, die zur Hinrichtung des Zwangsarbeiters aus Radziejów führten. Szablewski wurde im Alter von siebenundzwanzig Jahren am 13. März 1942 auf dem Gut Hohenbuchen in Hamburg-Poppenbüttel wegen einer verbotenen Liebesbeziehung gehängt. Der Gutsverwalter hatte Szablewski vermutlich aus Eifersucht beschuldigt, ein Verhältnis mit der verheirateten Erntehelferin Hildegard Lütten zu haben. Wie Else Hunt hatte auch die Hamburgerin das vermeintliche »Verhältnis« zunächst bestritten, schließlich aber gestanden, weil ihr die Freilassung in Aussicht gestellt worden war. Wie Else Hunt kam die Hamburgerin nach so genannter Schutzhaft ohne Gerichtsverfahren ins Konzentrationslager Ravensbrück. Dort war sie fast zeitgleich vom 8. Mai 1942 bis zum 12. Februar 1945 interniert – getrennt von ihrem kleinen Sohn Harry, der zum Zeitpunkt ihrer Inhaftierung gerade ein Jahr alt war.

Wie Else Hunt hat auch Hildegard Lütten nach ihrer Entlassung mit ihrer Familie nicht über ihre Erlebnisse in Ravensbrück gesprochen. Wie Else Hunt hat sich auch die Hamburgerin vergeblich um Haftentschädigung bemüht. Der Haftgrund »Liebelei mit einem Polen« galt nicht als entschädigungswürdig.

Verwendete Literatur

Ariane Barth, Die Reeperbahn, Hamburg 1999

Claus Füllberg-Stolberg u. a. (Hg.), Frauen in Konzentrationslagern, Bremen 1994

Ulrich Herbert, Fremdarbeiter. Politik und Praxis des »Ausländereinsatzes« während des Dritten Reiches, Berlin 1985

G.-R. Hunold (Hg.), 1384–1984 Jarlingen, Ahrsen – die Geschichte unseres Dorfes, Walsrode 1984

Rolf Hochhuth, Eine Liebe in Deutschland, Reinbek 1978

Anja Lundholm, Das Höllentor. Bericht einer Überlebenden, Reinbek 1988

Raimond Reiter, Frauen im Dritten Reich in Niedersachsen, Pfaffenweiler 1998

Andreas Seeger, Der Tod eines Zwangsarbeiters, Bremen 2003

Rolf Steininger (Hg.), Vergessene Opfer des Nationalsozialismus, Innsbruck 1999

G. Zörner, Frauen-KZ Ravensbrück, Frankfurt am Main 1982

Gaby Zürn, Von der Herbertstraße nach Auschwitz, in: Opfer und Täterinnen. Frauenbiografien des Nationalsozialismus, Nördlingen 1987